KEYPOINT'S
LIBRARY
关键点文库

民营企业
战略投资的
知与行

陈迪明 陈 颖◎著

中国大型民营企业战略投资之道

奥克斯集团百亿战略投资实录

'跳出浙江、发展浙江'最为鲜活的企业样本

八年跨度、六大项目、百亿投资的全景展示

亲身经历、亲力亲为、亲笔创作的"三亲"作品

奉献充满实战记录、智慧思考的民企战略投资"四书五经"

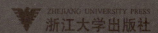
ZHEJIANG UNIVERSITY PRESS
浙江大学出版社

浙江人经济现象

浙江省委书记赵洪祝说：浙江省已进入"浙江人经济"时代，浙江经济多了一个"孪生兄弟"，而且这个"孪生兄弟"正为中国经济注入活力。

浙江省委政策研究室调查报告显示：600万浙商在省外投资规模超3万亿元，创办各类企业26万多家、各类专业市场2000多个。

本书大揭秘：民企战略投资，是新时期浙江民企的新创造、新经验。浙商又一次抢占了发展制高点。

实践出真知

裴长洪

中国社会科学院经济研究所所长

案头摆着奥克斯集团投资副总裁陈迪明先生关于民企战略投资的专著打印稿。我记得是在 2010 年 11 月,我主持的社科院国情调研课题组在宁波进行阶段性成果研讨会,并且深入企业进行调研、考察。在奥克斯集团访问期间,不仅听到了陈总关于奥克斯集团成立以来发展历程的介绍,也听说他自己正在计划将奥克斯集团八年多来在战略投资方面的工作进行案例总结并结集成书。没有想到,短短几个月,这本来自企业一线、来自企业高层管理者亲自总结提炼的著作已经完成,十分不易,十分难得!

由于工作的缘故,浙江是我经常去的地方,无论是与政府、高校、企业界的合作,还是一些讲座、论坛等,几乎每年都与经济界各方面的人士经常交流、沟通,使我在学习、研究中收获良多。宁波更是遍地都有可学之处的地方,2010 年当时我所在的中国社会科学院财贸所还与宁波市政府合作成立了"城市教育竞争力研究中心",宁波因为特殊的地理位置和经济发展,常常被研究机构与学者锁定为案例研究对象。记得我曾这样解释过:"从当今流行的行政和经济区划看,宁波集多种角色于一身:计划单列市、副省级城市、长三角经济圈重要城市、浙江省内重要城市、沿海重要开放城市等。这样一个具有多维身份的城市,必然在众多的观察和研究领域有相当的典型意义。"因此,当陈总向我们介绍奥克斯集团战略投资的理念、经历、成果时,以至于最终文字成稿,我都有一种强烈的认识与感觉,来自宁波企业的这份案例总结与思考也一定具备很强的现实价值与全国意义。

首先是统一性。案例的视角不是以不同区域的不同企业为研究对象,而是一个区域的一家企业;同时作者本身就是奥克斯集团战略投资的副总裁,所写即所行;更为重要的是陈总在此职位上连续八年的经历,也让内容与思考具有很强的统一性。第二是成长性。奥克斯集团在战略投资领域从幼稚到成熟,经历挫折、收获成功,一种以年代、项目为主线的案例总结与分析,也很好地体现出了企业在全新领域的学习与提升能力,具有很强的借鉴价值。第三是故事性。每个案例由于都是作者亲身经历,所以没有写成新闻报道式的"面面俱到",而是着墨于许多很人性、很真实的企业高层、政府高层在战略投资、招商引资方面的喜怒哀乐,因此有着很好的可读性。第四是思想性。整书以案例加解析的结构成文,着重点不仅仅放在对案例的梳理与总结上,同时基于奥克斯集团战略投资的案例,又系统地总结了很多"陈氏理论",例如"四书五经"、"四定四性"等既通俗易懂又蕴含深刻的原创智慧。

新中国成立60多年、改革开放30多年,投资规模快速增长是我国经济建设的基本实践和基本经验,这是成功的,不能轻易否定。在我看来,无论是过去、现在,还是将来相当一个时期,仍然要把投资拉动经济增长放在第一位。同时加速增长还有一个经验是提高城市化水平。可以说,提高城市化水平,是加速经济增长的主战场。原因很简单,提高城市化水平是发展工业化、信息化、市场化和国际化的基本途径和空间载体,也是转移农村劳动力,发展农村经济社会的重要着力点。同时,它还是投资拉动的重要领域,既是投资的增长点,也是消费的增长点。我所提出的这些观点,事实上在这本书中也找到了佐证,大型民企的战略投资正在成为投资拉动与城市化水平提升的重要"推手"。

陆游曾有诗句言:纸上得来终觉浅,绝知此事要躬行。世界经济、中国经济正在面临越来越多的不确定性,以往的经验、理论在一定程度上也出现了滞后性与不适应性。要想更好地找到符合企业、符合国家未来发展的路径,就需要更多像陈迪明先生这样的,既从事着亲历亲为的实践、并且竞争最为具体的经济活动;同时又能够带着思考与总结的习惯与认知,深入地对新趋势、新动向进行梳理与提炼;并且能够积极、主动地与更多的企业家、专家分享、探讨,以期能够更好地推动更多的中国企业从"盲动型"走向"智慧型"。

陌生的熟人 行进的思者

黄江伟

2010 中国十大品牌专家　宁波关键点品牌策划有限公司首席咨询师

来宁波八年了,和迪明兄相识也有八年啦。

回头看这八年,基本上在宁波干了三件事:其一,个人持续八年为甬商在内的浙商提供围绕品牌管理、营销策划的咨询服务;其二,作为一个创业者,两年前开了家名叫关键点的品牌策划公司;其三,作为主要策划人,推动了"风云甬商"年度经济人物的评选及围绕甬商整体品牌提升的活动及案例总结推广。而幸运的是,这八年中几乎在不同阶段的不同状态中,都与迪明兄有着不少难忘的"交集",包括这本凝聚着他八年时间积淀与思考的文集。

认识迪明兄,缘于奥克斯集团。2003 年的奥克斯,正在展开包括汽车、手机、医院、房产在内的战略版图的大规模积极扩张,也吸纳、招募了不少来自五湖四海的各界精英。迪明兄是 2003 年 2 月进入集团的,我是 2003 年 9 月进入集团的,我们的办公室在一个楼层。在那段时间里,迪明兄对于不少奥克斯集团中高层来讲是一个神秘的人物。以前是鄞县主管财贸的副县长、现在是集团战略投资的副总裁,至于具体干什么、干了什么,对于那个时候的我们来讲,既是十分神秘的,也是不便打听与沟通的。对他的接触与了解，也仅限于对以往背景及现在职务等有限信息的了解。随着时间的推移，由于其女儿陈颖在大学所学专业及出国留学等缘由，我们经常就营销专业及论文等私事一起交流、沟通，一来二往，成为工作环境中极为尊重的兄长与朋友。

而对这位熟人的陌生感，始于我自身创办公司的这几年。我是2006年离开奥克斯集团的，虽然每年与迪明兄也经常见面、聊天，但更多是一起叙叙旧、海阔天空漫谈些事情。而恰恰也是在近几年，"实业奥克斯"、"宁波奥克斯"之外，"投资奥克斯"、"全国奥克斯"的品牌形象逐步开始清晰，而南昌、上海、天津、深圳、海南所对应的中西部开发、长三角龙头、环渤海湾经济圈、深圳扩市、国际旅游岛等国家大战略布局的背后都看到一些奥克斯的"动作"。此时的我所曾经熟悉的奥克斯对我来讲陌生了，曾经熟悉的迪明兄对我来讲陌生了，于是我更想知道在每年宁波工业经济风云榜数字背后奥克斯的变化、郑坚江的变化、民企战略规划的变化。事实上，当迪明兄打开话匣子，与我畅聊这八年来他所从事的工作、他所经历的故事、他所感悟的点滴时，我是十分震惊的。因为这个熟人此刻对我来讲是"陌生"的，陌生的程度甚至有点让我觉得未曾与他、与这家企业熟悉过。

这种震惊有几个方面，其一，迪明兄连续八年在一家企业担任负责战略投资的副总裁、经手覆盖全国东西南北中六大项目的百亿投资，在我有限的"知道分子"看来，这可能是绝无仅有的；其二，奥克斯这八年多的战略投资过程经历了自身汽车退市、国际金融危机等重大外界变化因素，同时又与国家大政方针的宏观布局紧密关联，体现出草根民企在做大做强实业之后的新动向、新变化；其三，奥克斯集团所从事的几大项目投资，不仅有"工业＋地产"，也有"体育＋旅游"；不仅有"主打创意产业的总部经济"，也有"主打绿色主题的低碳经济"，形式多样，与区域、政策的结合度较强；其四，迪明兄在进行本职工作的同时，已经在积极思考与总结围绕民企战略投资的"门道"，有些理念与方法的总结已经具备很高的水准。

迪明兄围绕民企战略投资的第一堂课是在我公司讲的，之后我又在上海的宾馆里、高校的课堂中、奥克斯集团的会议室里听过了他围绕不同案例进行的总结与思考。承蒙他的抬爱，我们经常有空一起就这些案例的总结与理论的梳理进行交流与探讨。我本质上是一个文字工作者，所以深知去总结八年过往所需花费的精力与辛苦，当然也与他一起分享着一字一句逐步成文的欢喜与欣慰。看到这个文集的最终成稿时，我对迪明兄说，这算是完成了官、产、学的融会贯通啊，也是对更多甬商、浙商在未来战略投资领域提供了一本难能可贵的实践版教材。

每个个体在充斥着经济性的社会中，每个行为的驱动与结果也许都是可以用经济化的指标去评价与衡量的，就像迪明兄作为奥克斯的投资副总裁，每一次项目从构架与成功，也都获得了来自董事长、董事会的褒奖与肯定。而与此同时，每个个体又是有着很强的社会属性的，将八年多的职场感悟、将八年多的思考点滴、将更多个日日夜夜，在没有任何经济利益的驱动下，用二十几万的文字沉淀下来、发酵出来，他是希望奉献给更多的企业家朋友、奉献给社会、奉献给从弱小走向成熟的民营企业群体。这恰恰也是我在做项目咨询之余，最感兴趣、最愿意付出的一项事业，所以我要向迪明兄起身致敬！

战略投资是"马不停蹄"的，而迪明兄能够做一个行进中的思者，才使得自身的经历、奥克斯的经历没有仅仅成为一种行为、一种记录，而是通过这样系统性的总结与提炼，能够看到更多民企战略投资的规律性、更大的普遍性、更强的借鉴性，这也是我们每个人能够从这二十几万文字中获得的精神与力量所在。

从浙江人与浙江人经济谈起

该用怎样的语言,解码浙江人的创业创富奇迹?

该用怎样的途径,获知浙江人经济究竟有多大?

临近 2010 年岁末,一份被浙江省委书记赵洪祝称之为"比较客观全面,从中我们了解了省外浙江人经济的发展状况和特点,也听到了促进省外浙江人经济持续健康发展的意见建议"的《关于促进省外浙江人经济与浙江经济互动发展的调查报告》新鲜出炉。这份报告显示,省外浙江人数量达到 600 余万人,占浙江总人口 5000 万的 10％多;浙商省外投资总规模超过 3 万亿元人民币,其中从浙江输出的资本约 1.3 万亿元,由当地经营收益转为投资的资金达 8000 亿元;浙江人省外创办各类企业 26 万多家,各类专业市场 2000 多个,浙江人在省外所创造的年销售规模已与浙江全省的年 GDP 总量相当。

同样一则来自官方的资料称,50 万浙江农民走出浙江,在省外承包土地 3000 万亩,与浙江全省现有耕地面积相当,等于在省外再造了一个浙江农业。

浙商海外投资也有了新图谱,从浙江省商务厅公布的数据中获悉,截至 2010 年 4 月,浙江全省经核准的境外企业和机构共计 4075 家,累计中方投资额达到 42

亿美元。有150多万浙江人在海外经商,浙江企业境外投资的境内主体数和境外企业数已连续多年居全国第一。

浙江省的自然条件是"七山一水二分田",历来就缺铁、少煤、无油,资源禀赋紧缺,内外市场制约程度较高。然而,这些因素"倒逼"浙江人走出去寻求活路,勤劳、智慧、勇于开拓成为浙江人的精神食粮,从而"走出去"也最终成为浙江人的专长。

我最推崇浙江省工商行政管理局局长郑宇民在一篇《沧海横流方见英雄本色——写给激流勇进的民企六十个典型》文章中,这样一段描写浙江人的文字:

改革开放三十年市场之路,浙江人是拾荒者,更是拓荒者。在历史的缝隙里,浙江人怀着最朴实的向往以决然的行动走上了一条历史性的变革之路。

他们变废为宝、点石成金、空穴来风、无中生有,把市场经济的"活力"演绎得生龙活虎;

他们千山万水、千言万语、千辛万苦、千方百计、前赴后继、坚忍不拔,把改革开放的"艰辛"阐释得淋漓尽致;

他们是改革的试验者,是开放的试金石。因为他们的存在,才确立了我们改革开放的最伟大的成果——造就了一大批真正意义上的市场主体;因为他们的实践,才积淀了改革开放的最宝贵的财富——足以支撑市场主体去搏击市场的企业家精神。

浙江人经济被作为一个经济概念来定义,当追溯至2004年。《中国财富》评出了2004年中国十大经济概念。该杂志认为,一个经济概念的流行,预示着这个经济名词相关联的领域兴起,比如"浙江人经济"。同时入选十大经济概念的有"总部经济"、"拇指经济"、"F1经济"、"搜索力经济"、"循环经济"、"科普经济"、"体验经济"、"奥运经济"、"直接经济"。《中国财富》是这样诠释浙江人经济的。该杂志称:

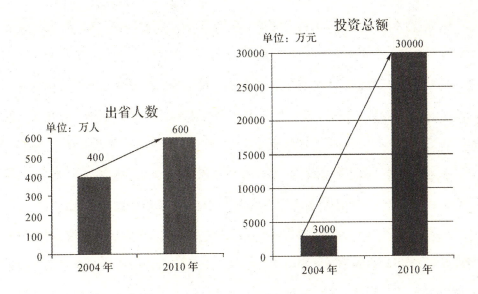

出省人数增加 50%，投资额增加 9 倍

图 1　浙商出省攻城略地创造"浙江人经济"

"浙江人经济"不是"浙江经济"。前者是 GNP 概念，后者是 GDP 概念。更重要的，后者是一个地区经济的概念，前者更多的是文化概念。

浙江人之所以敢打出"浙江人经济"的旗帜，大概有以下几个原因。第一，浙江人在浙江省以外的人数众多，已达到某个"数量级规模"。据浙江商会的估计，浙江省以外的浙江人总数在 400 万—500 万之间（其中 160 万是温州人）；第二，这个巨大的在外投资兵团拥有强大的财力和市场运作能力；第三，浙江人的文化基因十分明显。浙江文化的一面是"恋家不守土，敢闯知进退，爱财不惜财"，其核心则是强烈进取、吃苦耐劳的商业品质。

"浙江人经济"正在对全国产生影响，因而这不仅是浙江人的经济现象，也是全国性的经济现象。

今天,你若想知道浙江人经济究竟有多大,我赞同要"三看":浙江省内的、全国的和世界的。一个是浙江人在浙江省内的经济,一个是浙江人在全国范围内的经济,一个是浙江人在国际上的经济。现在统计和了解的仅仅是在浙江省内的这一块经济,真正参与国内市场、国际市场,利用国内资源、国际资源的情况还无法了解得一清二楚,尽管浙江省有关部门通过省外各地调研刚获得一份最新数据。但是,有一点可以肯定:"哪里有市场,哪里就有浙江人","敢为人先的奇思妙想、四两拨千斤的创富传奇",风光无限的浙江人引领中国创业创富群体的最强音。

今天,当您了解到"浙商"成为具有世界影响的中国现代第一商人群体的时候;当您看到23年来始终沉迷于饮用水生意的宗庆后2010年登上福布斯中国大陆首富榜的时候;当您列数中国500强企业发现浙江和浙江籍企业总是位居前列的时候,您会同我一样,对浙江人和浙江人经济高看一眼,对浙江人和浙江人经济给予信赖与尊重。

阮加文在《当浙商成为首富》一文中曾这样写道:宗庆后今天所拥有的财富很少有人望其项背,但他的商业实践在庞大的浙商人群中并不是独一无二的,类似的"草根"随处可见。万向老板鲁冠球原来是打铁的,正泰老板南存辉原来是修鞋的,被称为东方好莱坞的横店影视集团老板徐文荣原先是种地的,饰品大王周晓光原来是一个走街串巷的女货郎。相同的草根出身,相同的创业精神,相同的经营理念——在过去的30年中,使越来越多的浙江商人因此走向成功。

浙商研究院院长吕福新教授于2004年对"浙江人经济"发表过精辟的论断,他指出:浙商的优势,是在"体制改革和市场形成的先发优势"以及"专业市场和传统产业的集聚优势"的基础上,形成"个人独立和关系展开的主体优势",浙商并非少数商业精英或儒商,而是成群或联合的,具有国民性或民众性。

曾获中国经济学界最高奖"孙冶方经济科学奖"的许小年教授,也对浙江人经济感慨颇多。他在"2009浙商大会"上说:"我特别喜欢浙江,因为浙江'很生动、很丰富'，来到浙江就感觉充满活力，心情也很放松。"他又说："浙江是市场化程度最高的区域，对于浙江而言，企业家是最为宝贵的资源。"

2004 年，对于浙江人来说是一个重要的时间节点。在这一年，时任浙江省委书记的习近平提出了一个重要的战略思想，这就是著名的"跳出浙江，发展浙江"的科学论断。

"跳出浙江，发展浙江"，是一句口号，更是一面旗帜。它令浙江人欢欣鼓舞，因为他们早就是这个口号和旗帜的实践者了；它激发浙江人昂起头、挺起胸，大踏步走向全国、走向世界，因为在他们身后有政府撑腰做后盾。

由《浙商》杂志、浙江在线新闻网站、钱江晚报联合推出，以广大网民和读者投票多少为序并经有关专家评审通过，《"跳出浙江、发展浙江"战略确立，浙江、浙商将在更广阔天地寻求发展》，入选 2004 年浙商最有影响力 10 大新闻事件。专家评语是这样的：

> 亚当·斯密曾说，一个国家的发展，一个国家财富的增长是跟市场的扩张和专业化的分工这两者的互动紧密联系在一起的。把"跳出浙江，发展浙江"作为战略部署提出来，虽然与浙江省多年来的发展模式一脉相承，但也意味着新一轮战略部署已经有了更多的内涵和更高的层次。跳出浙江，发展浙江，在浙江为全国发展做出更大贡献的同时，浙江也必将获得更快的发展。

今天的浙商，已成为财富的象征，已成为最成功、最具影响的中国商人的代名词。浙商的每一步前进，浙商的每一种探索，都带有全国性的示范和标杆意义。

《浙商》杂志自推出《浙商 2004 全新版图》以来的 6 年间，浙江在全国各地（除浙江外，不包括港澳台）经商办企业的人数增加了 50％以上，而浙商在省外的投资总规模更是之前的 10 倍之多,如今的省外浙商正向大项目、大企业、大平台集聚发展。省外浙江人经济的发展,为创业地注入了新的活力,成为推动当地经济发展的一支重要力量。

"浙江人经济"拓展浙江经济。有两件事情让浙江人感到骄傲:一是浙江凭借先行先发优势,成为全国经济发展速度最快、最活跃的地区之一;二是 600 万＋150 万的浙江人活跃在全国乃至全球各地,做生意、办实业、赚大钱。

"浙商最大的天赋和才能就是整合资源的能力。有人夸赞,正是这样的能力,使得浙江这个资源小省成为经济大省。""一遇雨露就发芽,一有阳光就灿烂",有人用它来描述浙江人的文化基因和以创业创新为核心的浙江精神。事实确是如此。"粮食飞地"、"工业飞地"、"资源飞地"等,一个个新经济概念在浙江人的智慧创意下应运而生。

我是地地道道的浙江人,遗憾的是未能成为一名浙商老板,只是一名帮着浙商老板谋划走出去攻城略地的职业经理人。但我是第一个将浙江民企走出去攻城略地的行为概括为"民企战略投资",并将自己亲身经历的八年工作和实战投资案例总结成文,深挖理论,最终形成"民企战略投资知与行"的第一人。

名词解释:民营企业战略投资

所谓民营企业战略投资,指的是在民营企业发展战略导引下,为推动企业转型升级,提升竞争能力,在企业一定产业基础上,通过项目包装谋划、同政府沟通交流、投入资本要素等一系列策略行为,从而获得企业长期发展所需战略资源的经济活动。

"战略投资",改变了以往民营企业"片面追求规模、盲目跟风投资、治理机制缺失"等低水平的传统扩张方式。"战略导引"、"产业基础"、"策行为"、"战略资源"是民营企业战略投资的四要素。民营企业做战略投资的根本出发点与目的就是推动企业转型升级,做大做强优势产业,提升企业竞争能力。

宁波和浙江地区的民营企业,其活力指数(经济影响力、品牌影响力、创新影响力、国际影响力)一直领跑全国。以浙江地区的民营企业为蓝本,其在改革开放以来三十年的发展轨迹,本人研究认为,可以划分为三个阶段,每一个阶段大体都经历了十年。

第一个十年,即上世纪80年代,基本上是以"产销倍增计划"为发展指导方针,这一方针有力地推动了宁波、杭州、温州、台州、绍兴、嘉兴等地,以民营企业为主体,带动农业和多种经营同步发展,农村经济全面快速增长,同时为吸纳农民充分就业、劳动致富起到了"蓄水池"与"助力器"的作用。浙江地区民营企业数量之多为全国之最,这阶段全省各地经济规模普遍出现了"三年翻一番、五年翻两番"的创业创富奇迹。

第二个十年,即上世纪90年代,走"三上一高"之路成为新的发展指导方针,强调企业上规模、技术上档次、管理上水平、提高经济效益。坚持立足企业的挖潜、改造、配套和提高;坚持以产品为龙头,调整行业、产品结构,推进技术进步,提高产品品质;鼓励发展横向经济联合,做大企业规模与产业集群;健全、完善行业管理和企业内部管理,向管理要速度、要效益。这阶段浙江地区大批龙头骨干企业一跃成为行业标杆。

第三个十年,即21世纪前十年,实施战略投资成为浙江民企转型升级的新理念新路径。对于战略投资,浙江民企认识最早、行动最快、表现最为活跃,他们带着企业的资源去整合全国甚至全球资源,走出去攻城略地,有力地促进了企业结构调整与产业转型升级,经济规模越做越大,企业竞争力越做越强。"跳出浙江,发展浙江",不但使资源小省的浙江突破发展"瓶颈",而且再度引领全国,创造了著名的

"浙江人经济"形象。

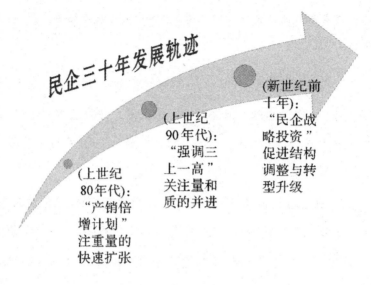

民企三十年发展轨迹

(上世纪80年代):
"产销倍增计划"注重量的快速扩张

(上世纪90年代):
"强调三上一高"关注量和质的并进

(新世纪前十年):
"民企战略投资"促进结构调整与转型升级

图2　民企三十年发展轨迹

　　浙江人总是赢在历史的拐点。21世纪的第一个十年,是中国经济走向全球化的十年,是世界经济格局发生质变的十年。浙江的民营企业率先走上战略投资之路,这是真正意义上的一种资源配置方式的改变:它是在市场经济条件下,不是由人的主观意志而是由市场根据平等性、竞争性、法制性和开放性的一般规律,由市场机制通过自动调节对资源实现配置,即市场通过实行自由竞争和"理性经济人"的自由选择,由价值规律来自动调节供给和需求双方的资源分布,用"看不见的手"进行优胜劣汰,从而自动地实现对全社会资源的优化配置。"跳出浙江,发展浙江"的战略思想,就是鼓励和引导浙江民企实施战略投资,促进转型升级。实施"走出去战略",使企业资源配置范围扩大,获取资源成本降低;使企业从本土化走向国际化;使企业抢占发展制高点,创造发展新优势,推动产业新跨越。

　　民企战略投资,是新时期浙江民企的新创造、新经验;是中国民企未来三十年发展高度的新理念、新路径;是中国经济保持长期持续稳定增长的最大源动力。

目 录

第三章

"进退之中"铸造"3W 创研智造"产业园 / 041

第四章

布棋天津打造北方总部基地 / 061

解析篇
民企战略投资有道

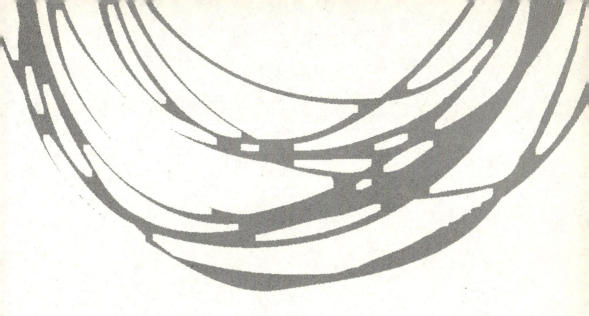

 案例篇

八年百亿的战略投资

"奥克斯杠杆定律"：给我一个理念支点，可以撬起一个"产业王国"。

产业结构
Industry Structure

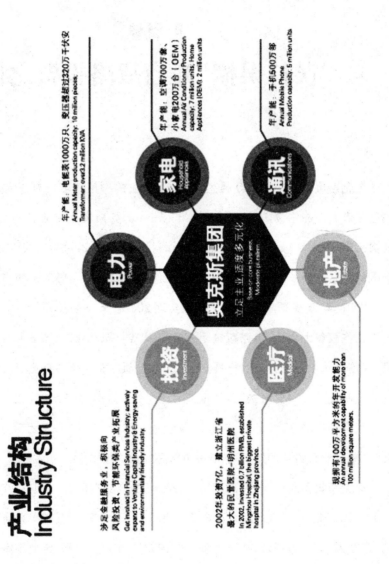

奥克斯集团
立足主业 适度多元化
Base on core business, Moderate pluralism.

电力 Power
年产能：电能表1000万只、变压器超过320万千伏安
Annual Meter production capacity: 10 million pieces, Transformer: over 3.2 million KVA

家电 Household Appliances
年产能：空调700万套、小家电200万台（OEM）
Annual Air Conditioner Production capacity: 7 million units; Home Appliances (OEM) 2 million units

通讯 Communications
年产能：手机500万部
Annual Mobile Phone Production capacity: 5 million units

地产 Estate
现拥有100万平方米的年开发能力
An annual development capability of more than 100 million square meters.

医疗 Medical
2002年投资7亿，建立浙江省最大的民营医院—明州医院
In 2002, invested 0.7 billion RMB, established Mingzhou Hospital, the biggest private hospital in Zhejiang province.

投资 Investment
涉足金融服务业，积极向风险投资、节能环保类产业拓展
Get involved in Financial Services Industry, actively expand to Venture Capital Industry & Energy-saving and environmentally friendly industry.

"误打误撞"开启战略投资之门

奥克斯集团是中国 500 强企业,民营企业的杰出代表。其总部设在东海之滨的著名港城——宁波。2002 年下半年以来,奥克斯集团站在产业领军者的高度,全面启动了"一大总部、六大基地"的战略投资布局。通过战略投资,优化了集团在全国最具活力的长三角、珠三角、环渤海湾区域以及中西部地区的产业布局。

2009 年,奥克斯集团年销售收入实现 201 亿元。在 2010 年 4 月召开的宁波市经济工作表彰大会上,奥克斯集团一举摘得"纳税 50 强"、"市长质量奖"、"软件 10 强"、"信息化和工业化融合标杆企业"、"创新创业综合标杆企业"等五项荣誉,创下了宁波制造业发展史上的"吉尼斯纪录"。在 7 月份由宁波市企业联合会、企业家协会联合颁布的 2010 年宁波市百强企业榜单上,奥克斯集团荣获"综合百强第五"、"制造业百强第四"、"宁波市最佳效益企业"等称号。

奥克斯集团通过"一大总部、六大基地"的产业布局,为企业年产销 200 亿向着500 亿发展奠定了基础,也为百年奥克斯打下了根基。它沿着正确的发展方向前进,正在为宁波、为浙江,甚至为整个中国制造,创造又一个典型样本。

我有幸在同一时期,在奥克斯集团担任了分管战略投资的副总裁,主持参与了一系列重大投资项目的策划、谈判与推进。作为一名民企战略投资职业经理人,我愿意以自己的所见所闻和所思所想聊一聊我眼中的奥克斯集团,谈一谈我对民企战略投资的颇多感悟,以飨读者。

第一次听民营企业家谈战略投资

先讲一讲我与奥克斯战略投资结缘的真实小故事。

记得 2002 年的 9 月 25 日,我慕名来到奥克斯集团智能工业城参观学习。

那时候,该集团的名称还是叫三星奥克斯,下属两大产业板块,主导产品分别是"三星电能表"和"奥克斯空调"。

三星奥克斯智能工业城占地面积 230 亩,建筑面积达 18 万平方米,其厂区规模,在经济发达的宁波地区来说,也已属于数一数二的现代化工业园区。它位于鄞州区新城东端,鄞县大道北侧,与宁波市南高教园区隔路相望,显得特别雄伟、壮观、醒目。

两个多小时的参观中,接待人员陪着我,从集团办公大楼展示厅,到空调、电表生产车间,再到职工生活服务中心,所见所闻,我都感到新奇,特别是奥克斯提出的企业文化和战略思想,感到富有哲理,鼓舞人心。企业带给我两大视觉冲击和两大思想冲击,至今仍记忆犹新。

两大视觉冲击

当我一踏上总部大门的第一级台阶,抬头就见到镌刻在大门两侧富有震撼力的对联,左边一句是"一切按有理服从原则办事",右边一句是"一切按经济价值规律办事",横批是"以人为先、诚信为本"。目睹"两个一切",凝神贯注,你势必会将个人的价值观自然而然地融入到企业的价值观之中。第一个视觉冲击就是个性化的企业文化理念。

当我一踏进集团展示大厅,抬头就看见一幅以中国地图为背景的产业分布图，图上镌刻着"奥克斯杠杆定律"：给我一个理念支点，可以撬起一个产业王国。目睹此景，你一定会被称雄世界的豪言而激动、振奋不已，内心里发出"英雄大有用武之地"的感叹。这是奥克斯企业带给我的第二个视觉冲击。

两大思想冲击

"今天的生活在二十年前是富翁，今天的生活在二十年后是贫民"。这是奥克斯用来阐释"一个以提高效率为中心的企业风格"而独创的"富翁贫民论"，它成为了奥克斯人共同的座右铭。这句通俗形象的人生自励格言，镌刻成一道蔚蓝的标语，高悬在员工餐厅正外墙，它给每个追求梦想的奥克斯人一种深刻冷峻的回味、思索和启示，从而居安思危，产生紧迫的忧患意识，鞭策自己，永不满足，不断进取，去开创事业的新天地。它警示着每一位员工，时间是金，时间却很无情；时间本身不会为你的生活、工作留下任何的精彩，只有效率才能把时间转化为财富。这是奥克斯带给我的第一个思想冲击。

第二个思想冲击来自于集团"未来三大战略"。按 2002 年企业销售或营业收入为主要评定标准，奥克斯以第 253 位的名次进入 2003 中国500 强企业榜单。但是，奥克斯的决策层觉得这个现状"远远不是企业的终极目标和所能取得的最大成就"。于是，企业发起了一场战略发展规划的大讨论，经过数月的上下对接和筹划，8 月份正式发布了奥克斯"未来发展三大战略"：产业扩张战略、资本运作战略以及国际化战略。排在第一的是产业扩张，奥克斯对外战略投资的时钟已经拨快。

我对奥克斯这艘企业航母是陌生的，但它每时每刻的成就，却让人惊叹不已。

"每个月来公司参观的外省、市党政、企业代表团人数多达千余人,一年累计超过一万五千人。"接待人员沾沾自喜地说。听了这话,我对三星奥克斯钦佩之情溢于言表。

参观结束后,在总部二楼宽敞的办公室里,集团董事长郑坚江单独会见了我。虽然已有七八年未曾见面,郑董事长还是热情地称呼我陈县长(1991—1994年,我曾任职鄞县人民政府副县长,分管财贸经济工作)。聊了几句家常后,他同我谈起了三星奥克斯的企业发展战略。

他微笑着,如数家珍般地介绍说:"三星电表已做到行业全国第一,很快成为行业全球第一;奥克斯空调已进入行业六强,下一目标争取成为行业前三。集团开始重视战略规划,对下一步发展有了新的打算,将依靠管理和技术创新,进一步优化资源结构,强化核心竞争力,形成新的经济增长点;在主导产业上,巩固扩大电力产业的同时,将集中力量做大做强家电产业和移动通讯产业,正在全面推进'3558工程';将涉足战略投资项目,投资7亿元建造明州医院,于四季度就破土动工;下一个项目准备投资现代物流园区,正在向市里争取园区项目开发权……"

我简直不敢相信,一个从四明山革命老区山沟沟成长起来的、从未跨进过高等学府大门的"草根"企业家,开口说战略,闭口谈投资,经纶满腹,韬略在胸,志在大业。

民营企业的异军突起和高速发展,是我国改革开放的重要产物。上世纪80年代后期和90年代,国家和地方政府鼓励引导民营企业走"三上一高"发展之路,即"企业上规模、技术上档次、管理上水平,提高经济效益"。眼前的三星奥克斯,无疑是宁波、浙江乃至全国民营企业队伍中率先走上"三上一高"的标杆型企业。我边听边思考着。中国经济最具活力和增长潜力的企业组织形式,是广大的民营企业,特别是这支队伍中的骨干企业。已经上规模、有实力的民营企业,在全中国何止千家、万家,他们下一个发展目标与高度会在哪里?

　　从三星奥克斯参观学习回来后的几天里,我的脑海中始终回想着郑坚江董事长说的一番话:"起步阶段企业一直在产销倍增计划指导下把现有产业做大;未来的三星奥克斯,要在战略规划指引下,既要把企业规模做大,更要把企业做强、做优、做长久。"

　　三星奥克斯的行动告诉我:一个新的发展命题——民企战略投资,成为了新时期民企发展的高度和难题。奥克斯似乎已在战略投资上先声夺人、抢先一步。

简释:民企倍增计划与战略规划

　　产销倍增计划:在上世纪八九十年代,曾作为许多中国民营企业发展规划的名称、口号和旗帜,具有划时代的意义。农村以家庭联产承包责任制为核心内容的改革,极大地解放了农村劳动力,民营企业的发展为改变农村落后经济面貌、解决农民就业起到了巨大推动作用。产销倍增计划的提出和实施,有力地推动了东部沿海地区以民营企业为主体的农村经济的快速增长,同时为吸纳农民充分就业起到了"蓄水池"的作用。"三年翻一番,五年翻两番",是民营企业的伟大壮举。"营销精英"、"技术师傅"、"财税专家"成了这个时代的香饽饽,因为他们能给企业直接、快速带来效益。

　　企业战略规划:在本世纪初,能像三星奥克斯那样,从发展高度上认识战略规划重要性的民企还不多见。用战略思维、战略方法谋划企业发展,是民企队伍中的"大智者"。用管理大师彼得·德鲁克的话说,企业战略要解决和回答的是这样两个最基本的问题:我们的企业是什么? 它应该是什么? 因为历史的经验一再证明,只有具备长远规划的公司才能坚守自己的航向,按既定的计划、方案向目标挺进,不会盲目从事,不为短期利益断送长远前程,从而从小到大、从弱到强。"3558 工程"是三星奥克斯集团在 2002 年下半年制定的第一个战略发展规划,具体是指奥克斯空调要在 3 年内达到 500 万台销量,5 年内达到 700 万台销量;奥克斯手机要在 5 年内达到 3000 万部销量,8 年内达到 7000 万部销量。

"友情出演"开启投资总裁职业生涯

2002 年 9 月 25 日那一次三星奥克斯之行,我还收获了一份意外的喜悦,郑董事长邀请我加盟奥克斯。他诚挚地对我说:"奥克斯事业需要人才。"

想不到时隔三月,我以"友情出演投资总裁"的方式,亮相"宁波现代商贸物流园区开发权招标会"。

事情的起因与经过是这样的:

2002 年下半年,浙江民企掀起了一股物流园区的投资热,这些企业大多是以实业为背景。当年在宁波也曾发生了一起"物流园区开发权招标事件"。

宁波现代商贸物流园区项目,是宁波市于 2002 年重点规划实施的项目。由市计划委员会牵头,市规划局、鄞州区政府一起确定项目选址与用地面积。项目选址确定在宁波市区东南城乡接合部下应镇潘火地段,位于东部新城以南、高速公路潘火出入口以东,内外交通便捷;规划用地面积 720 亩,预估投资 15 亿—20 亿元人民币。项目性质为城市服务业基础性设施,现代商贸物流公共服务与运营平台。市里出台新政,政府只做规划,开发权交给大型民企。

消息一经公开,原本还算平静的民企"大佬"们,一下子按捺不住了,不到一周时间里,就有上百家民企老板赶到市计委和市贸易局咨询,其中有 20 家当场表示有投资意愿,物流园区开发权一下子"火"了,有的还开始找关系、通路子。

在这么多企业参与竞争面前,究竟选哪家企业来做,谁都不敢拍这个板。面对民企高涨的投资热情,市里决定用公开招标方式,鼓励企业参与公平竞争。

距离 2002 年岁末只剩下几天时间了，宁波市计委商贸处突然电话通知了有意向参与投资的企业，定于三天后的上午在市计委二楼会议室召开招标会，规定投标企业需要派代表登台发言，阐述投标理由。

接到会议通知的当天上午，郑坚江董事长立即调兵遣将，我也被紧急召见，开会商量对策。

其实，摆在面前的路只有一条，必须在三天时间内撰写出一份高质量的投标书。但是所有意向投标企业都遇到同样一道难题，市里没有制定统一格式的招标书，任由企业发挥。

这是一招妙棋！这样的做法，看似要求很宽，其实标准更高，是对企业重大投资项目谋划水平的一次综合素质大考评。在奥克斯的紧急碰头会上，郑董事长把信任的目光投向了我。

我平生第一次碰上重大投资项目招投标，既没有这方面的知识积淀，也没有这方面的实际工作经验积累，如果说个人能力方面有一点长处的话，那就是在党政机关工作十几年，想问题的系统思维能力和动手写文章的能力还算有一点。

临阵受命，没有推辞，要说把握性有多大，还真不敢承诺，但是充满信心。我说："尽最大努力，打好这一场攻坚战。"

受命当天下午，利用过去在市党政机关工作过的便利条件，我先直接奔到宁波市计委商贸处和市贸易局市场处，上门征询相关领导的意见与建议，查阅文件资料，获得了政府的需求信息；然后，我又跑到市新华书店，选购有关物流园区和专业市场规划建设方面的工具书，一口气买了 6 本回家。通宵未眠，快速通览了从新华书店买回来的 6 本书，标注了相关章节中的重点内容。

第二天上午，依据从市级业务主管部门、奥克斯企业和物流园区书籍三个方面搜集得到的资料信息，开始梳理撰写标书提纲。当题目正式确定为《宁波现代商贸物流园区投资规划报告》，并列出每个章节要撰写的大体内容后，时钟指针已指向正午,用餐后休息片刻。

下午,请来在杭州大学念书的女儿陈颖回家帮忙。(她现在是管理学博士、浙江财经学院教师)

我边撰写,她边帮我打字,两人夜以继日,一份长达万字的《宁波现代商贸物流园区投资规划报告》,一气呵成。

在招标会的前一天下午,我终于把文稿送到郑坚江董事长手上,他喜出望外,阅后连声夸奖:"写得好!写得好!"

奥克斯对物流园区开发权志在必得。

招标会是在市计委二楼会议室举行的。会议由时任宁波市计委主任的陈利幸(现为中共宁波市委常委、北仑区区委书记)主持。他首先介绍了到场的评委,并公布了招标规则——每家企业代表陈述投标理由,发言时间不能超过15分钟。

现场报名参加投标的企业有12家。陈利幸主任话毕,前11家企业代表纷纷抢着上台发言,他们的形式都采用董事长或总经理亲自登台亮相,但陈述的内容几乎是一个模板:介绍企业+表明态度+表示决心。

奥克斯参加会议的有郑坚江董事长、何锡万副总裁和我。我友情出演了奥克斯的投资总裁,从容不迫地最后一个上台发言。我先将准备好的《宁波现代商贸物流园区投资规划报告》分发到各位评委手上,然后在规定的时间内既全面又扼要地阐述了物流园区的战略目标定位、区块功能布局、建设进度安排、投资资金来源、运营管理机制、效益风险评估、企业投资理念等七个方面核心内容。

我的发言一结束,整个会场响起了热烈的掌声。我心想,这标非奥克斯莫属。当我回到原座位坐下,看到主持人从七位评委手中拿到评审结果,当场宣布:"奥克斯中标。"

"物流园区开发权招标事件"一结束,我开启了新的职业生涯:2003年2月正式受命担任奥克斯集团分管战略投资的副总裁。

旗开得胜,令人高兴不已。物流园区开发权招标会的胜出,既是我从事战略投资管理工作的一次热身,也算是一个良好开端。

物流园区开发权招标会带来的思考

宁波现代商贸物流园区开发权"争夺战"以奥克斯中标告终。但是,招标会上的情景在我脑海里一直挥之不去,直到今天,我仍然思考着这样一些问题:

◆ 一个投资额在 15 亿－20 亿元的物流园区项目,引来百余家民企登门咨询,20 家表示有投资意向,12 家敢于公开亮相参与竞争,这说明宁波和浙江民企暗涌着战略投资潮,中国民企蕴藏着内在的投资源动力。

◆ 从物流园区开发权事件中不难看出,东部沿海发达地区的民企,投资欲望高得出奇,但大多数民营企业家对战略投资的认识是十分模糊的,他们的做法还是把自己束缚在"能人经济"时代,大胆起用职业经理人,接受"知识经济"还要走较长的路。

◆ 战略投资既是一门新兴学科,又是一项具体实践,真正懂得战略投资实务操作的高手少之又少。假如说,12 家投标企业都请职业经理人主持参与投标策划活动,开发权花落谁家就难以预料了,胜出的不一定是奥克斯。这一事件预示着,经济高速发展的中国,需要有更多从事战略投资理论研究的专家学者和实务操作的职业经理人共同谋划企业的未来。

◆ 对于中国的大多数地区来说,城市公共基础性设施普遍还是很落后,急需大量投资建设上新项目,或对落后的设施进行大规模升级改造。宁波市采取的"政府负责规划、民企出资建设,做好项目包装、公开公平竞争"的做法,既体现了政府解放思想、敢作敢为的精神,又体现政府公平、公正、公心的良好作风,同时还引导、鼓励民间投资。这一做法是值得推广与借鉴的。

轻装上任踌躇满志

2003年农历正月初八,奥克斯集团新年第一次经营管理工作会议在宁波逸夫剧院召开。

上午八时,来自全国各地的千余名奥克斯精英,个个身着正装,精神饱满,意气风发,斗志昂扬,鼓乐声中列队步入会场,为节日的宁波增添了一道亮丽的风景线,过往行人无不为之惊讶,纷纷驻足观望。

这一天,我和同时新任命的集团总会计师一起,并肩出席大会,也被隆重而高涨的会议气氛所感染。

走马上任之后,两项工作任务摆在面前:一项是宁波现代商贸物流园区的立项报批工作;另一项是空调产业对外战略扩张的前期谋划工作。

前一项,有了投标时的一份报告材料,工作相对轻松多了。项目建议书(即立项报告)以我为主负责起草,与区、市、省三级计委的联络、协调工作也由我为主来开展。当该项目被正式列入浙江省重点建设工程项目之后,就转交专业经营管理团队负责实施,我不再具体分管这一项目。

后一项,是奥克斯集团第一个对外战略投资的重大项目,即空调产业的对外战略扩张。因此,每一个阶段、每一个环节都要仔细考虑,从投资理念到路径选择,从项目分析、选址、考察、谈判到签约落地,都要梳理得清清楚楚。

曾记得,半年前,以客人身份来到奥克斯参观学习,心情自然感觉坦荡、轻松;两个月前友情出演投资总裁,一举赢得物流园区开发权,虽然旗开得胜,但这仅仅是个案。而今天,以高管身份走进企业,受命担任分管战略投资副总裁一职,有着特别的使命与责任,心理上和工作上的压力扑面而来。

何谓民企战略投资?有哪些先进理念与成功做法可以学习、借鉴?怎样成为一名合格的战略投资职业经理人？

为了搞清楚这些问题，我查阅了许多书籍与资料。但是，基本上找不到完整的答案，也没有现成模式可以照搬照抄。所以，我只能靠边工作边学习、边实践边探索、边总结边提高……

八年的职业生涯，我每时每刻都在学习中成长，八年后的今天，我或许对战略投资职业经理人这个岗位有了更加成熟的想法。

解读战略投资职业经理人岗位

● 岗位要求

战略的本义是筹划和指导全局的方略。

从事战略投资的职业经理人，一定要擅长分析筹划和统一协调，具有丰富的职业历练，有谋划力，即从全局、长远的角度思考问题的一种能力。要胸怀大局，要系统思维，要不断加强学习。

● 角色定位（双重性）

战略投资职业经理人既是战略投资人的委托人。要学做三国时期的诸葛亮，善于审时度势，胸怀"三分天下"的远大抱负，精于谋略，帮助刘备成就蜀国大业。

同时，又是政府招商引资的对接人。要做好项目提报，做好项目对接，以得到政府认同。

所以，战略投资职业经理人是战略投资人沟通政府关系的使者、桥梁与纽带，赢得各方信任是做好项目的关键。

● 角色风险

高危职业中的"高危"岗位。原因如下：

（1）投资规模少则几亿，多则十亿、数十亿，责任重大；

(2)政府招商门槛越来越高,项目谈判斗智斗勇;

(3)同投资人、政府要经营好信任,不断巩固信任;

(4)要从政府、投资人利益博弈中找到平衡点。

● **角色行为**

自我激励:不断学习,知难而进;

自我平衡:项目气势磅礴,心态平和自然;

自我约束:严于律己,克服诱惑。

战略投资职业经理人既要有"志当存高远"的人生境界,又要有健康、平和的心态,同时不断陶冶自己的情操。

"读懂企业"是战略投资职业经理人的必修课

我与其他从事生产经营管理、市场营销策划、产品销售服务、资金财务管控的许多职业经理人一样,到奥克斯集团担任分管战略投资的副总裁,也属于"空降兵"一类。

"空降兵"是指企业直接从外部引进的高管人员——职业经理人。他们的加入往往会使一些企业浴火重生;然而更多时候,在人们视野里,"空降兵"像中了魔咒一般,像流星划过天空,美好却短暂。

"空降兵"们踌躇满志地进入企业,为何却在人们的一声叹息中黯然离去? 为什么企业高薪引进的人才,最后却被视为庸才而遭逐客之令? 这不得不令人静心思索。既然我是一名"空降兵",同样面临这样三个问题:怎样融入企业? 怎样履行职责不辱使命? 怎样开创新的局面?

《孙子兵法》云:"知己知彼,百战不殆;知己不知彼,一胜一负;不知己不知彼,每战必败。"联系我的"空降兵"职业生涯,所谓知己又知彼,也就是说要读懂企业,读透企业，进而读懂自己，使彼此之间了解个性，做到文化相融，相辅相成，相得益彰。

一个企业的发展有着她独特的成长过程与文化理念。当一个企业已经发展到一定规模的时候，她所希望的"空降兵"像接力赛的选手一样，接过接力棒，擅长冲刺、加速跑，去完成某一项"夺冠"的使命。

作为一个从外部引进的高管人员，首先一定要了解企业组织、人事、流程和制度安排，了解企业的行事风格及文化特点。如果你不了解企业情况，你就无法在日后经营管理中做到挥洒自如。所以，我认识到，不读懂、读透企业，是无法开展项目策划活动的。

我把读懂企业放到"履新"的首要任务，列入个人重要议事日程内容来安排。采取的方法是：加强学习、用心钻研，边工作边学习，边实践边探索，边总结边提高。

入职后的两三个月时间里，我几乎通读了《三星奥克斯报》、《奥克斯报》、《三星文化》和《奥克斯文化》等企业内部报刊、杂志(奥克斯前身叫三星集团，又名三星奥克斯)。后来，我还成为了《奥克斯报》和《奥克斯文化》的忠实读者。

我还主动同集团品牌企划部、市场策划部和新闻中心的专业人士打交道、交朋友，像黄江伟、李晓龙、黄金龙、冯洪江，在国内品牌、营销策划界都是知名人物，我刚进奥克斯企业时，他们也都是奥克斯的职业经理人。我虚心向他们学习请教。

通过努力学习，使自己在较短时间内比较全面地了解了奥克斯集团的发展历史、发展轨迹、发展特点、发展成就、发展战略、企业文化和核心竞争力要素；领悟不同时期企业的价值观、文化理念与战略取向，明确了自身的工作方向与目标；使自己的思想行为很快与企业的文化理念融入到一起；使自己的个人价值观和企业的价值观趋向一致；也使自己的分管工作很快纳入轨道，为开创工作新局面打下了扎实基础。

通过深入学习和研究，我还撰文诠释了奥克斯"创业之路、成功之道"，文章从人才、营销、产品、投资、管理、企业文化等六个方面,探讨了奥克斯高速增长的原因,揭示奥克斯成功的奥秘所在。我把自己学习研究的心得体会,同集团企划、策划、新闻中心的同事交流,还赢得了他们的肯定。

奥克斯成功理念

用人理念：人对了,企业就对了

营销理念：优质平价的"民牌"战略

产品理念：优质＋总成本领先

投资理念：发挥民企的机制特色、活力与优势

管理理念：精确、高效、务实、简单

文化理念：两个一切、一个提高

作为中国民企标杆之一的奥克斯集团,几乎每个星期都有多批次学习、参观团到来,多的时候甚至一天就有两三批。县、市以上一级的代表团,一般需要集团高规格接待,由高层领导陪同。我因一方面分管战略投资,另一方面对企业情况相对了解得比较多一些,所以重要来宾的接待,也就成了我的工作内容之一。

国家、省、市经济主管部门领导来企业调研,我常常也是负责接待、参加座谈的企业领导成员之一。我乐意接受这样的"差使",每次都会认真对待,准备好发言材料。因为这是广交朋友、了解全国各地信息、经济动向的好途径,也是迫使你与时俱进,不断学习,提高自身素养的好机会。

你只要认真、虚心、努力地去做好这些工作,不管是分内事,还是分外事,你就会乐在其中、受益匪浅!

我把读懂企业、读透企业,作为自己履职投资总裁的一门必修课,下苦功念好"企业经"。只有读懂企业,我才能深入地去理解企业将要实施的战略投资项目,才能正确地把握从项目分析开始直到项目签约落地的每一个环节,才算是进一步读

懂了自己。

奥克斯对外战略投资的出发点和目的是什么?

投资理念与投资行为怎样建立在科学发展观之上?

有哪些工作流程和哪几个重要环节需要梳理、规范?

我思考着这些问题,带着这些问题走上了工作实践,也开始了新的民企战略投资的探索之路。

2003年4月,奥克斯集团正式启动了第一个跨省区的对外战略投资项目:空调产业战略扩张。

"英雄城"打响战略投资"第一炮"

谁也不会忘记,2003 年春,一场突如其来的"非典"袭击中国,打乱了正常的社会和经济秩序,改变了社会的运行规则。外国人不敢来中国了,中国同胞之间传统的握手礼也不见了,取而代之的是举手礼。久别重逢的恋人戴着口罩热吻,分居两地的新人举行视频婚礼。但凡码头、车站、机场过往行人,宾馆、饭店、商场过往旅客,一概接受体温检测,只要体温一过"警戒线"(37℃),面临的将是隔离检查。这就是无孔不入、让人闻风丧胆的 SARS。

然而,就在这样的特殊时期,位于东部沿海城市宁波的奥克斯集团,与中部地区的江西省南昌市政府,企业职业经理人和政府招商官员正进行着"蜜月般"的亲密往来:一个是为了推进"3558 工程"实现冠军梦,攻城"略"地,谋划着空调产业的战略投资扩张;一个是旨在成为东部沿海家电产业梯度转移的最佳承接地,主动招商,立志做国内最大空调生产制造基地。双方代表义无反顾地投身于项目的考察与对接之中,真可谓是"'非典'何所惧、自有勇敢者"。

2003 年 6 月 24 日下午,世界卫生组织(WHO)在北京宣布解除北京旅游禁令,国家卫生部同时宣布中国抗击"非典"取得决定性胜利。奥克斯集团与南昌市政府经历了三个月的亲密来往,彼此之间有了更深认识与了解,项目落地条件已趋成熟。6 月 26 日下午,奥克斯空调南昌基地落户国家南昌经济技术开发区的签字仪式在江西宾馆隆重举行。这天,南昌正下着罕见的瓢泼大雨,江西宾馆宾客盈门,记者云集,一扫因 SARS 笼罩在人们心头的阴霾,一片喜气洋洋、欢声笑语的景象。次日,所有江西省城的主流媒体都在重要版面发布了这条令人振奋的消息。其中有一则评论是这样说的:

> 奥克斯空调项目落户南昌,不仅带来了投资,而且带来了抗击"非典"胜利后振兴经济的信心;这一事实证明,南昌是承接东部沿海地区产业转移的理想之地;还同时告诉江西人民,两年以后可以用上自己红土地上生产的空调。对于奥克斯来说,它吹响了空调产业冲向行业巅峰的冲锋号,在英雄城打响了战略投资的第一炮。

该项目是奥克斯集团对外投资的第一个最大生产性项目,同时也是江西省、南昌市当年洽谈、当年签约、当年动工的大型招商项目之一。签约之后,项目于 9 月 18 日破土动工,于 2004 年 12 月 18 日正式投产。在短短的 15 个月内将一座年产空调 150 万套的生产基地建成,成为了江西省工业项目建设新的里程碑。

为什么奥克斯第一个对外投资项目选择空调产业?为什么落户江西南昌而非其他地区?奥克斯的投资策略是什么?有哪些经验与不足?我主持并参与了项目的谋划、谈判、对接与推进,下面呈现给读者一个真实的民企战略投资故事。

战略指引

上世纪八九十年代,东部沿海地区的各级政府把发展民营企业放在突出位置,采取各种有力措施推动民企走"三上一高"之路,即企业上规模、技术上档次、管理上水平,提高经济效益。这是长三角、珠三角地区推动民企快速发展的强大引擎,

图 2-1　江西宾馆签约现场（右侧后排第4位系作者）

这一政策导向发挥了巨大作用，产生惊人效果。如民营企业最为发达的浙江省一跃成为中国经济大省。到了上世纪末、21世纪初，东部沿海地区的民企越来越受到劳动力、土地、资源等紧缺因素的制约，主动探索走出去发展企业的新路子。浙江省委、省政府因势利导、积极而为，提出了"跳出浙江，发展浙江"的战略新思想，鼓励浙江民企到中西部地区投资发展。"战略投资"成为了新世纪前十年民企做大做强的新潮流、新举动。像奥克斯、雅戈尔、杉杉、方太、华翔、金田铜业等一批知名大型民企，又一次在战略投资上先声夺人、抢先一步，成为新的标杆。"战略投资"是新时期民企发展高度的谋篇布局，是推动民企产业转型升级、优化企业结构的新路径，是提升民企发展质量的新起点。

奥克斯在前二十年里保持着年均50%以上的速度增长，步入21世纪后，它仍然像是一辆奔驰在铁道线上的高速列车，产业扩张欲望异常强烈。

2003年初，在以2002年销售收入为主要衡量标准的企业排行榜中，奥克斯集团列中国500强企业第253位；而在中国机械制造业中的排名更是位列第29位；还有一项是浙江省重点培育的27家百亿企业名单中，奥克斯集团位列第九；在宁波民企中列居第二。空调产业一马当先，以200万台的产销业绩进入行业前六。

奥克斯决策层觉得这个现状"还远远不是企业的终极目标和所能取得的最大成就",于是提出了"未来发展三大战略",即产业扩张战略、资本运作战略、国际化战略。这一战略规划的核心是,借助奥克斯良好的外部环境和先进的经营管理理念,结合企业的自身特点,规划和布局合理的产业架构,确保可持续发展,努力把奥克斯集团打造成为我国行业领先的巨型企业集团。"给我一个理念支点,可以撬起一个产业王国。"这是郑坚江董事长提出的奥克斯杠杆定律,它镌刻在以中国地图为背景的企业自行绘制的产业版图上。

在奥克斯三大战略规划中,排在第一的是产业扩张战略。2002 年 11 月,郑坚江亲自为集团制定了"3558 工程"的发展蓝图:奥克斯空调要在 3 年内达到 500 万台销量,5 年内达到 700 万台销量;奥克斯手机要在 5 年内达到 3000 万部销量,8 年内达到 7000 万部销量。为保证上述战略规划顺利实现,集团推出了四项重大措施,其中最主要的一项是,每年至少安排 10 亿元用于战略投资,5 年内(到 2008 年)投入 40—50 亿元,建成 2—3 个占地面积累计达 2 平方公里的现代科技工业园。

同时,集团董事长郑坚江基于企业自身的文化,提出了奥克斯对外战略投资的几点想法:

> 奥克斯有两个独特基因,体制上是民营企业,主导产业是制造业。一定要选择适合本企业特点的投资方向、投资项目和投资区域;要对项目科学论证,审慎决策,贯彻"两个一切、一个提高"(即一切按经济价值规律办事,一切按有理服从原则办事,一个以提高效率为中心的企业风格)的企业文化理念,遵循市场经济规律和有理服从原则办事,切忌急功近利。

他一再地告诫投资经理人团队:"投资其实就是投资人和经理人的智慧体现,是投资人和经理人对市场的综合考评。奥克斯已经有了很大的规模,做出的每一项投资决策也可能会直接危及到整个集团的发展与稳定。"因此,"集团内部要研究制定一套科学决策程序,避免在投资决策时出现好高骛远、盲目跟风附和的情况"。

谋划在先

古人云:"凡事预则立,不预则废。""预"就是谋划。

按照奥克斯集团"未来发展三大战略"部署,第一阶段比较贴合企业发展实际的是产业扩张战略。在郑坚江董事长亲自指导下,我主持了这一战略的开局之作。说句心里话,当时的我感到责任很重,压力很大。虽然三个月之前,我在物流园区开发权招标会上有过出色的表现,奥克斯中标赢得了"开发权",但这是多方面共同努力的结果,包括集团领导决策正确、企业综合实力强、前期准备工作细致等;我在接受任务后三天内写出的物流园区投资规划报告,也完全是基于原来积累的知识与经验;当天招标会上的胜出,从某种意义上说还带有幸运的成分,因为其他竞标企业准备得不太充分。现在我正式以集团副总裁身份分管对外投资,可以说是"新娘子上轿头一回",过去没有这方面的经历与工作经验,开始时有些紧张而不安;企业也没有这方面的成功案例与现成经验可以照搬照抄,一切需要从实践中学习与探索。

如何在履新中开好对外投资这个局呢?俗话说:"良好的开端是成功的一半。"我与助手张宁博士(时任集团战略投资部副经理)一起学习研究,从以下两个方面入手谋划:

一方面,确认企业对外投资开山之篇的产业选择。在奥克斯"3558工程"的发展蓝图中,描绘了两大行业的扩张:空调和手机。尽管两个产业都面临产销倍增的压力和动力,但相互比较就发现,当时的手机产业面临先天缺陷:因为没有手机牌照,自己生产的手机属于"非法黑户",不能入网,不具备战略扩张与品牌营销传播的条件。相比之下,空调产业则已经具备良好的行业地位、产业规模以及品牌基础和品牌传播方式。自 2000 年开始运用事件营销以来,从"爹娘革命"到"米卢代言";从"空调价格白皮书"到"吴士宏风波";从"中巴之战"到"一分钱空调";从"9·11 反恐计划"到"空调技术白皮书"等,每一次动作都大声张扬,从而使得"奥克斯空调"由默默无闻到闻达天下,从区域品牌到全国品牌。因此,此次重大对外投资项目以空调产业为基础做文章比较符合当时企业的发展实际。

另一方面,确认国内家电产业梯度转移的承接地。中国家电产业进入 21 世纪,由于本地土地资源、劳动力资源日益短缺,环境承载日益透支,产业特点从原先的以城市群为单元的珠三角、长三角、胶东半岛三大家电产业集群的规模化发展,逐渐开始向内陆地区转移,尤其表现在东部沿海的家电产业。我国中部地区有江西、安徽、湖北、湖南、河南、山西 6 省;西部地区有甘肃、青海、宁夏、陕西、内蒙古、新疆、云南、贵州、四川、广西、重庆 11 个省(市、自治区)。中西部 17 个省(市、自治区)的经济发展意识都十分强烈,谁能抢得东部地区家电产业梯度转移中的先机,成为主要的承接地,在激烈的竞争中胜出,将助推当地经济的快速崛起。这时候,国家也提出了"中西部崛起"战略,中西部地区通过一系列招商引资政策措施,催生并迎合东部沿海地区产业转移,成为了大势所趋。

梯度转移——中西部地区经济崛起的机遇所在

区域经济学中有一个重要理论——梯度转移理论,它的基本概念是:无论是在世界范围,还是在一国范围内,经济技术的发展是不平衡的,客观上已形成一种经济技术梯度。有梯度就有空间转移。生产力的空间转移,要以梯度的实际情况出发,首先让有条件的高梯度地区,引进掌握先进技术,然后逐步依次向处于二级梯度、三级梯度的地区转移。随着经济的发展,转移的速度加快,也就可以逐步缩小地区间的差距,实现经济分布的相对均衡。

梯度转移理论的科学性,决定了它对转移地和承接地制定家电产业发展战略的指导性,主要体现在以下三个方面:

(1)梯度转移理论强调区域经济发展必须遵循由不均衡发展到均衡发展的客观规律,主张区域经济布局以"效率优先"为原则,突破了平衡布局、均衡增长的传统模式。

(2)梯度转移理论强调长期、超长期的生产力布局、远景规划与统一整体设计,使地区性经济发展与生产力布局纳入整个中国的经济发展战略。

(3)梯度转移理论强调区域内各地区之间产业结构转换的接续关系,主张集中资金和资源实行重点发展,使产业或空间分布与地区经济发展战略重点联系起来。

我国改革开放三十多年来,珠江三角洲和长江三角洲地区,是中国区域经济中最具生机和活力的地区之一。近年来,珠三角、长三角的产业,尤其是家电产业,呈现加速向内陆转移的态势,为中西部省区主动承接产业转移、加快经济发展提供了难得的机遇。产业转移中获得经济质量提升、经济规模扩张,已是东部沿海地区政府和企业的共识。主动承接产业转移,发展本地经济,"只求所在、不求所有",成为中西部地区的共同发展观。

在国家"中西部崛起"战略号召下,在东部沿海地区家电产业向中西部梯度转移的大背景下,在奥克斯集团自身产业扩张战略指引下,企业在 2003 年初确立了以空调产业作为第一批战略扩张项目的对外投资主张,具体表述为:

◆ 在投资区域上,响应国家"中西部崛起"号召,确定了先从中部突破,再由近及远,首先考虑中部六省的省会城市所在地,其次是省会城市以外的经济发达城市;无论是选址在哪一个城市,项目都必须落户在国家级的开发区或高新区;

◆ 在投资方向上,贯彻工业切入、地产跟进的方针。工业项目投入大,回报慢,但对客地政府吸引力大;房地产政策性强,好地段好地块,风险小、回报快,可以弥补工业项目。计划房产开发用地争取达到工业用地面积的30%;

◆ 在投资规模上,原则上与宁波本土工厂规模基本一致,克隆奥克斯宁波空调厂,一次规划,二期建设,以降低一次投资过大而带来的风险。具体实施规模,要考虑拟投资地区的区域优势、零部件配套产业状况、土地供应与地价状况、政府政策扶持力度等。

集团决策层希望将第一个投资项目做成样板,这给项目前期策划工作提出了更高要求。我们战略投资职业经理人团队努力按照集团要求,力争将每一步工作做细做扎实。为了深入了解空调产业,做好项目分析与策划,我们多次召开空调公司内部座谈会和分析会,请市场总监李晓龙介绍分析全国空调产业分布情况,奥克斯空调市场竞争优势;请总工程师朱建军介绍空调制造技术,奥克斯空调的技术优势和产品优势;请总会计师、财务总监一起分析项目投资预算,制订投资计划;请工程部、设备部技术人员介绍建设程序、厂房布局和设备采购、安装时间等;请总裁办、信息管理部介绍异地项目信息化管理流程等;我们还在空调公司总经理陈光辉陪同下,下工厂生产车间、产品研发中心、市场营销部门学习、熟悉情况。我们边学习、边工作、边策划、边推进,一步一个脚印,谨慎、小心、低调、务实、科学地开展项目谋划。

老表传情

2002年12月底,奥克斯集团人力资源部的员工统计数据显示,整个集团员工已达 13000 名。巧合的是,宁波籍员工与外地籍员工的比例首次达到 1∶1,而管理干部中,宁波籍干部和外来干部的比例竟出现了 2∶3。地缘色彩一直是很多民营企业抹之不去的印记,而奥克斯与众不同。她告诉人们,民营企业一样可以打破狭隘的"地缘、情缘、血缘"观念,一样可以具有海纳百川的用人胸怀。

江西毗邻浙江,在奥克斯企业中江西籍员工相对较多,有两位已经成为公司中层领导骨干。一位是在集团总裁办公室担任副主任的黄金龙,他是九江人,毕业于南昌大学,在总裁办负责对外接待和总裁重要文稿的执笔工作,会讲会写,称得上是公司的"一支笔";另一位是空调事业部任全国市场总监的李晓龙,他也是九江人,毕业于中国人民大学,是奥克斯空调系列事件营销的主要策划人,在家电行业里是一位有着一定影响力的人物。他俩在公司任职多年,身居要职,又是总裁红人,与本人关系也处得不错,自然很早得知集团空调产业准备对外投资扩张的信息。李晓龙称,他 3 月中下旬在江西、安徽搞市场调研,借在南昌召开空调市场分析会之际,向南昌媒体和经销商透露了奥克斯空调产业准备向外投资扩张的信息。黄金龙则称,他参加江西省在宁波的一次招商会时,碰到南昌经济技术开发区招商局干部,无意间谈到了奥克斯对外投资意向。不管这种做法对奥克斯后来的决策带来了何种影响,但事实上反映出他俩,一方面是情系家乡,"老表情结"情有可原;另一方面,也是关心奥克斯空调产业的发展,所以才以无意方式有意地向南昌方面传递了"情报"。"非典"时期,国外客商已停止往来,南昌政府方面得到如此"重要情报",肯定是不会轻易放弃的。

3 月下旬,第一个来到奥克斯探听、证实消息的是南昌经济技术开发区招商局局长熊美友,他是一位老同志,富有招商工作经验,随行的还有邱均生、谭钟良两位年轻同志。那天,我正和张宁博士一起研究着空调产业项目投资的策略问题。在黄金龙引荐下,我放下手头工作,在公司小会议室会见了熊美友局长。他没有直接询问奥克斯的投资项目,只给我们介绍了南昌经济技术开发区情况,送给我们一套南昌市宣传资料和开发区招商手册。我也没有向他透露半点投资计划,只向他顺便咨询了南昌区域位置、交通状况及家电产业的发展现状。我们一见如故,相谈甚欢。他以招商局长的眼光,已估摸到奥克斯空调产业真有对外投资计划。之后的第三天,熊美友局长陪着开发区管委会陆萍副主任、王励局长又来了,这次是带着南昌市政府和开发区管委会邀请函来到奥克斯的,这一举动令我们十分惊讶,也着实打动了集团领导的心,何锡万(时任集团副董事长)等集团领导会见并宴请了他们。经过相互之间的交流沟通,我们答应择日赴南昌考察。

4月3日至5日,由集团副董事长何锡万带队,王海银(时任宁波奥克斯置业有限公司副董事长)、陈敏敏(置业公司副总经理)、黄金龙、张宁和我一行六人,实地考察了南昌经济技术开发区的投资环境。那时候,宁波至南昌高速公路尚未开通,两地机场尚未通航,路上行车时间需要八九个小时。3日早上6时,天微微亮我们已经启程,中午自带干粮充饥,下午3时终于到达南昌,招商局干部在昌九高速下罗出口处迎候,他们警车开道,浩浩荡荡地把我们接到凯莱大酒店入住。到了酒店,陆萍副主任和熊美友局长一再向我们解释,宁波至南昌高速公路和机场航班不久将开通,交通条件很快会得到改善,高速公路全线开通后只要六个小时车程。我们虽然路途劳顿,一路颠簸九个小时,再加上遇到"非典"时期,路上还要经过四个路卡,过往车辆行人都要停下来检测体温。但想到他们也是以同样方式往来于南昌和宁波之间,在热情欢快的情景之下,我们的疲劳感和对"非典"的担心即刻烟消云散。4日上午,同样警车开道,把我们接到开发区管委会,受到了国宾般礼遇,大门上方挂着大红横幅"热烈欢迎奥克斯集团领导莅临开发区考察",大门外道路两侧,开发区干部列队欢迎。上午主要是领导会见,听取开发区详细情况介绍;下午,实地参观考察了开发区已经投产的一些项目、道路等基础设施以及未开发的地块。通过一天时间的考察,我们对开发区的基本情况有了了解。3天行程2天在路上,5日返程那天中午路过常山,见有农家小饭馆开着,收拾得挺干净,我们不管 SARS

了,忍不住就在这户农家歇脚休息吃饭。为了安全卫生,只要了一只土鸡现杀煲汤、一斤野生河鲫鱼红烧和青菜一份,大家吃得甚是开心。黄金龙不小心鱼刺在喉,一路苦不堪言,回到宁波连夜到李惠利医院急诊方解痛苦。常山农家小饭馆,后来成了我们往来南昌与宁波通行路上的定点饭店,每次从南昌返程,就到这家小饭馆用餐,店主人也熟了,就点三个菜:鸡、鱼和青菜。直到第二年宁波至南昌高速公路开通,两地机场通航,我们再没有机会去这家小饭馆。因是"非典"特殊时期我们经历中的一部分,而且有"鱼刺在喉"的趣事,至今回想仍历历在目,经常会忆起常山农家小饭馆。

量身打造

通过互访,奥克斯第一个对外战略投资项目很快地聚焦在南昌。紧接着,双方不约而同地对投资项目做深度策划,进一步交流。南昌方面更加显得积极主动。时任江西省委副书记、常务副省长的吴新雄和江西省委常委、南昌市委书记的余欣荣,都亲自协调、过问此事,对开发区管委会做出明确指示,一定要为奥克斯空调项目量身打造,特事特办,通过奥克斯空调产业落户南昌经济技术开发区,以带动家电产业向南昌集聚。当时开发区内家电企业有江西鸿源数显科技有限公司、江西格林科尔电器有限公司、南昌齐洛瓦电器(集团)有限公司,主要产品有背投电视、空调、冰箱等。南昌市政府常务副市长龚建华抓督促落实,开发区管委会及时做出决策,将规划中的新加坡工业园1230亩土地调整为奥克斯项目用地(新加坡客商因中国的"非典"疫情暂时放弃了投资计划),并得到了南昌市经贸委、外经贸委领导的大力支持。时任南昌市经贸委主任的曾光辉(现为南昌市主管工业的副市长)、市外经贸委主任的崇尚林(现为开发区管委会主任)和市政府副秘书长兼市对外招商服务中心主任李国根(现任开发区党工委书记)等政府部门领导都参与了项目协调与对接工作。4月7日，开发区又派出陆萍、熊美友、王励等，带着量身定做的《关于在南昌经济技术开发区建立奥克斯工业园的设想方案》，冒着随时有被SARS病毒感染的危险，再次来到奥克斯集团。

奥克斯方面，也积极地展开了项目前期调研工作。前期工作小组于4月10日再次奔赴南昌，在全国市场总监李晓龙和空调公司南昌办事处的配合下，在四天时间里就以下十一个方面内容展开了深入细致的调查，包括：总人口、土地地价、投资强度、厂房造价、现有厂房租赁价、水价、电价、社会最低工资和社保费、3000KVA专用供电设备购置费与安装费、周边配套供应商、铁路公路运价与行程等。这次调查，为编制项目建议书、项目可行性研究报告，投资预算计划报告等摸清了相关真实数据，确保项目投资决策的科学性与合理性。

2003年4月16日，是一个非常特殊的日子。有了前面的工作铺垫以后，南昌市委书记余欣荣、市长李豆罗、常务副市长龚建华等带领开发区管委会、招商局的同志，一行十余人，专程到奥克斯"提亲"，同集团郑坚江董事长等高层就空调产业对外投资项目落户南昌进行正式磋商。书记、市长还在空调公司集体会见了江西籍员工，大打感情牌。郑坚江董事长终于明确表态："南昌是八一军旗升起的地方，是一座有着光荣革命传统的英雄城市；奥克斯起家于革命老区四明山脚下，同样有着红色情结，我们就不去别的地方了，尽管武汉、长沙、郑州、合肥等城市对奥克斯也有着同样吸引力，我们正式答应南昌市领导，在南昌经济技术开发区筹建年产空调规模达150万套的奥克斯（南昌）工业园。"当天晚上，书记、市长赶赴上海，开发区管委会、招商局的全体同志留在宁波，第二天继续与奥克斯就具体相关事宜进行对接。据陆萍副主任、王励局长后来透露，16日晚上他们入住开元大酒店，为庆祝奥克斯项目招商成功，集体过了一个狂欢夜，又唱又跳，又喝又闹，人人都喝得酩酊大醉，一直玩到午夜2点，走进房间就倒头大睡，连门都忘了关，第二天醒来惊吓得直吐舌头。这就是当年冒着SARS，远涉千里来到宁波招商引资的南昌经济技术开发区的干部们。

<h1 style="text-align:center">真诚互动</h1>

"成本最低、回报最快、效率最高、信誉最好"的"四最投资品牌",是南昌市大力优化投资环境的一个创举。在投资项目对接过程中,我们每时每刻都能体会到它的影响和作用。"四最"带给投资人一种磁性般的吸引力。双方最高决策层于4月16日拍板定案之后,紧接着的工作是,项目具体内容的对接和投资协议书的谈判敲定。

依据集团发展战略和对外投资理念,南昌项目确定为两个投资方向:一是在开发区投资建设空调生产制造基地;二是在南昌市区投资进行房地产项目开发。结合前期实地调查资料和南昌方面提供的《关于南昌经济技术开发区建立奥克斯工业园的设想方案》,我们于4月19日-21日起草了题为《"投资南昌、服务江西经济建设"项目意向书》,经集团领导批准之后,于4月22日上午正式函告南昌经济技术开发区管委会。

开发区管委会接函后于4月23日立即派出陆萍副主任和熊美友、王励两位局长率领工作小组前来公司,衔接具体投资事宜。

4月29日,开发区管委会《关于奥克斯集团来区投资有关问题的答复》正式函复奥克斯集团。

"五一"节过后,由本人负责起草投资协议书,领队参与协议条款的实质性谈判工作。我方会谈人员增加了财务人员和法律顾问,对方会谈人员增加了区财政局、规划局、土地局领导,前后经过一个多月时间的沟通、协商、谈判,求同存异,在大方向、大目标不改变的前提下,最终达成《关于兴办奥克斯(南昌)工业园项目投资协议书》,并于6月26日在南昌市江西宾馆正式签约。南昌市委、市人大、市政府、市政协四套班子的主要领导,奥克斯集团郑坚江董事长、何锡万副董事长、我以及空调事业部负责人等出席会议,见证了签约仪式。

项目签约落地之后,接下来的工作是新公司注册、土地受让、项目报批报建、规划、设计、建设、生产运营管理等,在奥克斯集团这些大量后续工作是由另外两个职业经理人团队(基建班子和生产班子)去对接和组织实施的。有关企业同政府关系协调处理,继续由我出面。由于内部交接工作做得比较细致,这个项目前后连贯性一直较好。我们从南昌当地一开始就招聘了一批骨干,像担任总经理助理兼办公室主任的曹建荣,一直在南昌公司发挥着至关重要的内外协调、上下沟通作用。

八年前奥克斯集团《"投资南昌、服务江西经济建设"项目意向书》原文摘录如下,让读者进一步了解项目深层情况。

"投资南昌、服务江西经济建设"项目意向书

江西,是中国革命的摇篮;江西人民为新中国的诞生和成长发展做出了巨大的贡献。南昌市为江西省会,全省政治、经济、文化、科技、信息中心,是一个有着光荣革命传统的英雄城市,"八一"军旗升起的地方。

三星奥克斯公司,是浙江省和宁波市重点培育、扶植的大型高科技工业集团企业之一,中国先进制造业的新秀。为了积极响应江西省和南昌市对我们公司到赣投资兴办实业的真诚邀请,集团公司研究认为"投资南昌、服务江西经济建设",是报答老区人民的机会,也是企业发展的机遇。为此,提出以下投资计划:

一、在国家南昌经济技术开发区独资创建奥克斯工业园区,为共同培育南昌市先进制造业做贡献。

1.项目选址:南昌经济技术开发区原规划的新加坡工业园地块,东临海棠路,西至香樟大道,南邻枫林大道,北至江西拓扑工程有限公司。用

地面积在 1000 亩左右。

2.投资规模:初步计划总投资规模为 8 亿—10 亿元人民币,一次性规划,分三年滚动建设,工业园全部建成后产值为 50 亿元,带动一批当地生产配套企业;吸纳安置当地劳动力 5000—7000 人,其中接受过高等教育或职业技术教育的各类人才超过 2000 人;三年内争取成为南昌市乃至江西省家电与电力产业的骨干龙头企业之一。

3.首批入赣项目:一期工程年产能 60 万套奥克斯杀菌空调器和年产能 200 万千伏安高科技电力变压器,计划在 2004 年 12 月底建成投产;二期工程空调项目扩大到 150 万套,变压器、箱变、开关柜项目总容量扩大到 500 万千伏安。(备注:奥克斯空调在江西市场 2003、2004 两年,同比递增速度超过其他省市,集团在 2004 年上半年决定将南昌项目空调产能扩大到 300 万套,一期 150 万套,同时取消了电力产品项目。)

4.发展目标:奥克斯空调器和高科技电力变压器建成投产,并在江西省及周边地区占有较大市场份额后,三星奥克斯集团的家电和电力智能化与自动化产品的部分生产基地也将迁移到南昌,最终将南昌奥克斯工业园建设成为三星奥克斯集团参与我国中西部大开发的重要产业基地。

二、独资组建奥克斯(南昌)房地产开发有限公司,为建设美丽的南昌现代花园城市做贡献。

1.投资方向:奥克斯(南昌)房地产开发有限公司的设立,主要投资南昌城区高、中档房产开发建设项目和南昌经济技术开发区商贸住宅配套项目等。

2.投资规模:视南昌方面供地情况而定。要求按工业园面积的 30% 提供城区房地产开发地块。

3.打造品牌:房地产项目的开发建设与奥克斯工业园项目的开发建

设,做到同步进行,相互促进,以利于打造企业品牌,形成规模效应,提升企业形象。计划用三年时间,将奥克斯(南昌)房地产开发有限公司发展成为参与南昌市城市建设骨干企业之一。

三、要求与建议

鉴于工业投资项目是属于长期的、扎根的项目,投资金额大,回报周期长,市场不确定因素多等原因,所以要求地方政府给予大力支持和扶植。

1.将建设奥克斯工业园列入江西省重点工程项目,享受国家及江西省、南昌市有关技改贴息及其他优惠政策,为项目尽快建成投产提供良好的软硬件环境。

2.为共同打造南昌先进制造业,培育地方优势企业和名牌产品,要求与政府相关部门协商,将奥克斯干式电力变压器、三星电能表等电力产品列入江西省、市、县电力主管部门的首选或推荐产品,与当地电力公司结成紧密的合作伙伴关系。政府机关、企事业单位集团采购,城乡电网扩容改造等,要求在同等情况下,给予三星奥克斯空调、变压器、电能表等产品倾斜性政策扶持。

3.在奥克斯工业园建设的同时,要求按工业园30%的面积确定南昌城区房地产开发地块,由合资或独资经营的奥克斯(南昌)房地产开发有限公司负责开发建设。奥克斯公司参与房产开发招标活动而中标的项目,要求将土地出让收入省、市留成部分的50%直接返还给奥克斯(南昌)工业园,用于工业园配套设施建设和当地工业生产配套厂家的扶植。

4.建议将奥克斯(南昌)工业园投资有限公司、奥克斯(南昌)房地产开发有限公司列入江西省和南昌市重点支持和培植的骨干企业,在进入资本市场、土地市场、技术市场等方面提供机会。

5.在达成一致意向后,请当地政府在原"关于在南昌经济技术开发区建立奥克斯工业园的设想方案"基础上,就奥克斯工业园和房地产开发项目做出明确的指导性意见和政策性文件规定。

以上投资意向与建议,请予研究。

宁波奥克斯集团有限公司

2003 年 4 月 22 日

共树标杆

本着"诚信、务实、高效"的办事风格,以"早投入、快见效"为指导方针,奥克斯年产能 150 万套家用空调一期工程于 2003 年 9 月 18 日破土动工,到 2004 年 12 月 18 日建成投产。建筑工程量达 17 万平方米现代化厂房,建设工期只用了一年零三个月,一举刷新了南昌市乃至江西省特大型工业项目规划建设最新速度。一个总装分厂四条自动生产流水线,两器、铜管、钣金、塑胶 4 个零部件分厂,完整组成奥克斯空调南昌基地,采用的设备是世界顶级的,如日本的日高精机"两器"生产线、SMT 贴片机、德国的瓦格纳喷涂设备、芬兰多功能数控及"机器人智能化技术"的冲床和折弯机、瑞士的 EMC 性能测试仪、丹麦高保真噪音检测仪等,被同行称为"设备联合国"。在投产典礼前两天,吴新雄常务副省长还专门到新落成的园区,我陪同他视察,他盛赞奥克斯企业风格与办事效率。

2004 年 12 月 18 日上午举行投产典礼,黄智权省长,分管工业的副省长、南昌市委书记、市长等主要领导,都亲自到会表示祝贺。黄智权省长在第一台南昌产空调上签名留念,这台省长签名的空调现收藏于南昌市博物馆。次日,江西省和南昌市各大主流媒体都在主要版面报道了奥克斯南昌空调生产制造基地开业投产盛况。

江西省委常委、南昌市委书记余欣荣在空调项目的投产典礼上,发表了热情洋

图 2-2　奥克斯空调南昌基地投产典礼现场

溢的讲话,原文如下:

余欣荣书记在奥克斯空调南昌项目投产典礼上的讲话

尊敬的各位来宾、女士们、先生们、同志们、朋友们:

在我们即将送走2004年,迎来2005年的时候,奥克斯南昌一期150万套空调器项目,今天在这里举行隆重的投产典礼。在这个喜庆的日子和令人难忘的激动时刻,我谨代表中共南昌市委、南昌市人民政府和430万南昌人民向以郑坚江为首的奥克斯人和不辞辛苦、加班加点、日夜奋战在南昌奥克斯工业园工地上的建设者们,以及为奥克斯落户南昌做出贡献的人员,表示热烈的祝贺和崇高的敬意。向百忙之中亲临投产典礼现场的各位领导、各位嘉宾表示热烈的欢迎和衷心的感谢。

奥克斯空调这个享誉中外的知名品牌,能够落户南昌经济技术开发区并顺利开工投产,首先是得力于奥克斯集团郑坚江总裁为首的经营层以人为本,求真务实,坚持科学民主决策和一切按市场规律办事,一切以提高经济社会效益为中心的经营理念,秉承"诚信、开放、高效"的企业文化和始终抱着一种与时俱进、不断超越自我的精神境界;其次是省、市领导及有关部门与社会各界的大力支持帮助。

近几年来,南昌市委、市政府大力实施以大开放为主战略,工业化为核心,积极打响"四最"品牌,努力打造南昌现代化制造重要基地,全市呈现经济提速、城乡变样、人心思上、人气兴旺的可喜局面。今年 1 至 10 月,全市规模以上工业完成工业增加值 141.2 亿元,同比增长 29.2%,在中部六省省会城市中列第 2 位,在全国 27 个省会城市中列第 5 位。

为使南昌早日建成区域经济中心和现代制造业重要基地,南昌成为中外客商低成本的投资洼地,市委、市政府在去年 5 月做出了《关于加快建设现代制造业重要基地的决定》的基础上,今年又先后与宁波、深圳等城市签订了合作建设南昌深水港协议,南昌深水港的建成将为企业产品和货物的进出口提供便捷快速的通道。最近,市委、市政府依照国家、省产业导向的有关政策,并充分借鉴沿海发达地区发展工业的先进经验,制定出台了工业发展"三十条"。"三十条"中,提出建设空调、汽车等十大产品制造基地,其中,2005 年 5000 万元用于制造业项目贴息和兑现有关政府性奖励,对投资超亿元项目进行规费减免、对大型出口企业补贴内陆运费、奖励企业开发研制新产品等。

企业的需要就是我们的责任,解决问题就是最好的投资环境,就是生产力。南昌市委、市政府今后将一如既往,与时俱进,不断优化投资环境,积极为奥克斯的发展营造一流的投资创业环境,提供更优更好的政策服务、法制服务和配套服务。

各位来宾，同志们，朋友们，我们将与奥克斯一起携手共进，共同开创美好的未来。衷心祝愿奥克斯越做越好，越做越强，越做越大，为中国的家电事业，为南昌的经济发展做出新的更大的贡献。衷心祝愿奥克斯的同志们身体健康、事事如意、合家幸福！

谢谢大家！

一期项目取得良好开局。投产试营运阶段，面对基础设施不完善、产业链配套薄弱、技术人员不足、劳动生产率低下等问题，奥克斯集团依托自身的创业经验和管理平台，结合南昌的实际，通过全体员工的艰辛努力，克服重重困难，保证企业生产顺利进行，2005 年空调销售收入 9.2 亿元，在南昌市工业销售收入排名第十八；2006 年销售收入增长 30%，排名第十七，上升一位；2007 年销售收入达 22.5 亿元，排名第十五，一路攀升。

奥克斯的到来不仅给南昌带来了巨额投资，同时也带来了先进的管理思想，先进的企业文化，先进的设备、技术、人才和品牌，以及由此产生的"产业集聚效应"，更为重要的是，奥克斯的到来真正展示了其所代表的东部沿海发达地区民营企业"诚信、务实、高效"的办事风格。

南昌奥克斯空调生产制造基地 2005 年年产 45 万套，2006 年 98 万套，2007 年 125 万套。在一期工程投产三周年之际（2007 年 12 月 28 日）南昌公司利用现有条件增添了柜机生产线，扩建了物流用房，使一期产能满足 180 万－200 万套规模需求，实现效率最大化。

随着奥克斯空调落户南昌，带动了江西家电业物流配送、配件生产、劳动就业等第二、第三产业的发展。直接解决劳动就业 3000 余人，带动配套企业跟进投资近 60 亿元，目前已在当地形成一定规模的空调产业链，培育当地配套企业 35 家，引进外来配套企业 60 余家。

　　在当地政府和集团领导的高度重视下,依托奥克斯集团良好的企业文化和管理理念,奥克斯南昌公司已经成为当地的标杆企业。公司总经理被评为江西省十佳创业能人。在奥克斯南昌公司的建设和发展过程中,中央及省、市等各级领导曾多次亲临公司视察指导,对南昌公司快速发展给予了充分的肯定。

　　国务院副总理吴仪、曾培炎,三位中央政治局委员薄熙来、汪洋、俞正声,国资委主任李荣融,原江西省委书记、现国务委员公安部部长孟建柱,以及苏荣、黄智权、吴新雄等江西省主要领导都亲临奥克斯南昌基地视察指导工作。

　　奥克斯南昌工业园现已成为南昌市工业参观基地,南昌市"3010"(即投资 10 亿元的工业项目 30 个,投资 30 亿元的工业项目 10 个)工程的标志企业之一。

图 2-3　奥克斯(南昌)工业园实景图

回眸昨日

　　八年,对于历史发展大潮,只不过是沧海一粟,犹如弹指一挥间,然而,就是这八年,却让我触摸到中国民营企业前进的脉搏,体会到了民企战略投资给产业梯度转移、先富带后富、东部帮中西部的重要性与必要性,感悟到民企投资是中国经济持续增长的源动力。

　　回忆 2003 年"非典"时期那一段为奥克斯南昌项目而做出的努力,我依然感到紧张而又充实,依然感到惊心动魄、快乐无比;与南昌市领导,与开发区管委会、招商局的同志们所结下的友谊,依然深情如故。我为亲身参与奥克斯第一个对外投资项目而感到自豪,为这个项目成为政府和企业合作的共同标杆而感到骄傲。

通过南昌项目的具体实践,我对如何做好战略投资有了更进一步认识。重大对外投资项目一定要做到三个符合:

◆ 对国家而言,要符合其产业政策导向;

◆ 对地方而言,要符合其发展规划导向;

◆ 对企业而言,要符合其战略目标导向。

回忆过去,我也发现一些考虑欠周、不够成熟的地方。作为一名民企战略投资职业经理人,应坚持实事求是的原则,客观地分析评价当时政府和企业所签订协议条款,双方之间做出的承诺;运用实践科学发展观,与时俱进,寻找政府与企业双方之间新的合作,双赢多赢的新路径、新方法。

回忆过去,考虑欠周之一,缺少对中部六省的省会城市与经济技术开发区的对比分析,没有比较就无法鉴别他们各自的投资优势与发展前景。

考虑欠周之二,项目规划上虽然体现了工业切入、房地产跟进的投资原则,但在实际执行中房地产跟进不到位。

考虑欠周之三,2003 年的招商政策与承诺,到 2010 年甚至以后再去兑现,难度会越来越大。干部调动,后人一般不太愿意再理前人老账,政策兑现成本越来越高。如果处理不当,还会引起双方之间的误解。

这段回忆,既是告诫自己,也是提醒别人。做战略投资项目,事关重大,是企业长期的行为,事先应该考虑更仔细、更全面周到,以少走弯路、少犯错误。

战略投资是一门科学,有其自身的规律性。谋划和实施项目,一定要尊重科学,遵照工作流程,不能操之过急、急于求成。战略指引是源头,精心谋划是前提,这是我从奥克斯(南昌)工业园项目推进中得到的深刻体会。

"进退之中"铸造"3W 创研智造"产业园

万商云集的大上海,被誉为中国的"经济之都"。这里商机无限,却又竞争激烈;这里既是外国商人进入中国市场的"桥头堡",又是国内企业志在必得的商业制高点。素有勤奋务实、勇于创新美誉的宁波商人,敢于走出甬城,在群雄逐鹿的上海滩,"想尽千方百计,走遍千山万水,说尽千言万语,吃尽千辛万苦",在世界级的战场上叱咤风云。据研究机构的数据统计,目前在上海,由宁波人控股,注册资金50 万元以上的企业有 23000 多家,仅注册资金就有 100 多亿元,投资规模居长三角16 个城市之首。上海的建筑产业、服装产业、房地产业、重工业、家具产业、餐饮产业、电子产业中,"宁波帮"已经成为当地一股不可忽视的经济力量。

作为宁波商人代表之一的奥克斯集团,从企业完成原始资本积累之后就没有停止过进军上海的步伐。投资形式层出不穷,设机构、租大楼、买物业……奥克斯在上海的投资历程曲折而漫长,初期效果甚微。但是艰难爬坡的奥克斯懂得总结经验教训,善于在前进中审时度势,成功地探索出一条促进地方经济发展最大化,发挥企业能量最大化,创造社会价值最大化的三赢投资渠道——"创意型工业地产"。其中,代表性项目——"3W 创研智造",荣获"2007—2008 长三角最具成长性高端现代服务产业基地奖"。

那么,奥克斯如何寻找到这条路径?怎样做好这类投资?在项目谋划、推进过程中有哪些不为人知的故事呢？请跟着作者的回忆，大家共同来寻找答案。

初探上海

上海和北京是最早认识总部经济的意义，并且也是最先推动实施"总部—制造基地"功能链条辐射作用的中心城市。发展总部经济，不仅为区域发展带来多种经济效应，同时提高区域知名度和信誉度，还完善了城市基础设施和人居环境，推进多元文化融合与互动，是一个"一举多得"的城市发展策略。

浙江民企到上海设立总部，无论是早期的生产型总部，还是发展到后来的投资型总部、管理型总部、研发型总部、营销型总部等，其出发点和目的都是一致的，旨在利用上海国际大都市的人才优势、信息优势、市场优势、品牌优势以及融资优势等。

宁波与上海更有说不完道不清的渊源与情结。对于上海，宁波具有两小时交通圈的地缘优势（宁波杭州湾跨海大桥未建成前需3－4小时），更具有80％宁波人有上海亲戚的人缘优势。宁波人愿意主动融入上海。上世纪七八十年代，宁波乡镇企业的发展很大程度上得到了上海的辐射。那个时候上海的"星期六师傅"带着他们的技术，有的甚至带着他们的资金，到宁波去搞加工点，宁波早期的乡镇企业就是这样发展起来的。三星奥克斯亦是如此，开始做电表零部件，也是靠着上海师傅技术指导，为上海国营企业电表整机做配件起家的，与上海关系源远流长。

同样是宁波知名民企的杉杉集团，在上世纪末将管理总部由宁波迁移至上海浦东后，对政府和企业都产生了轰动效应、示范效应和带动效应。上海市闸北区、长宁区、浦东新区等政府也纷纷向奥克斯集团抛来橄榄枝，主动提出优惠条件，邀请奥克斯将总部落户在上海。集团决策层那时候不是没有考虑过将总部移至上海，而更多的是怕被人误读，奥克斯仿照同为宁波市鄞州区的杉杉模式，棋出一路。

但是,她进军上海的步伐一点也没有放慢。

早在十几年前,奥克斯已在上海浦西设立电表和空调两个区域营销中心。2003 年上半年,直接隶属集团的研发、营销机构也在上海浦东悄然现身。先在浦东新区张江科技园租房设立了通讯手机研发中心,后又在浦东最繁华地段——陆家嘴,租用了黄浦江边震旦大厦七楼的一半楼层,设立了国际营销机构(上海威尔升进出口有限公司),可以说已经占据了上海浦东新区最中心的门户位置。但是一年过后,因震旦大厦高额租金带来的运营成本实在太高,人力资源部门和财务管理部门在开会时经常出现"每个座位需要花去多少租金却没有产生效益"的评论。于是,公司从长远利益考虑,决定改租房为买房。租房和买房的事属于公司行政部门管理,由集团总裁办分管副主任负责办理,他们花了不少时间,经过反复考察比较,最后集团花几千万元买下了位于浦东南路 1271 号的华融大厦 26 楼整个楼层,拥有了属于自己的物业,终于从名义上或形式上有了企业的上海总部。但是,不管是租还是买,行人和游客所看到的依旧是震旦和华融高耸云端的大厦,他们可能会对大厦别致的造型和绚烂的霓虹灯赞叹不已,但是丝毫不会意识到宏伟的大厦里整洁的橱窗、宽敞的办公桌椅中徜徉着奥克斯的一声声气息。

这就是奥克斯于 2003 年和 2004 年初涉上海时的情形。原以为"雨点很大",其实"雷声很小"。无论是租震旦大厦半个楼层写字间,还是买华融大厦整个楼层写字间,都只是在物业的持有形式上发生了一点点变化而已,对集团产业的转型升级、结构调整发挥不了多大影响与作用,没有带来根本性与实质性的突破。原因在哪里呢?我的回答是,它不是一项战略投资,是一般企业都在做的简单投资行为。

战略投资有四大要素构成,一是战略导引;二是产业基础;三是策略行为;四是战略资源。这是战略投资不同于其他简单投资的根本区别所在。

"在民营企业发展战略导引下,为推动企业转型升级,提升竞争能力,在企业一定产业基础上,通过项目包装谋划、同政府沟通交流、投入资本要素等一系列策略行为,从而获得企业长期发展所需战略资源的经济活动。"这才是民企战略投资。战略投资意义在于,它是企业发展战略的重要组成部分;是企业新阶段发展高度的谋篇布局;是企业量的扩大、质的提升的新起点、新路径。

奥克斯从来没有因为拥有华融大厦整一层的物业而沾沾自喜,也没有炫耀自己在上海设立了总部,决策层无时不在想,奥克斯在上海应有大举动,做一个战略投资项目,这既是形势所逼,也是转型需要。路在何方? 企业需要做出新的谋划与选择。

再涉上海

2005 年上半年,投产半年的奥克斯南昌空调制造基地开局良好,企业生产量充足,产品质量稳定,为实现集团提出的"3558 工程"起到了较大促进作用。同时南昌项目成功实施,使集团整体形象大为提升,中央及江西省、南昌市的各级领导多次莅临奥克斯南昌基地视察指导,规格之高,参观人数之多,几乎可以与宁波总部相媲美。南昌基地成了奥克斯名符其实的对外战略投资样板。此时,决策层又有了一个新的梦想,希望像南昌基地一样,在上海再造一个对外战略投资的样板项目。于是,新的任务再一次落到以我为主的战略投资经理人团队的肩上。

两年前谋划投资南昌项目,其项目定位十分清晰,做"有中生有"的文章,即:将集团的优势产业空调复制、转移一部分产能到南昌,厂房布局、设备购置、人员配备、运行管理等都有一套现成模式可以照搬照抄。投资的出发点与目的直接明了:第一是土地成本更低;第二是劳动力成本更低;第三是政府的优惠政策更多;第四是产销地市场反映更快。我们只要从土地资源、政策资源两方面跟当地政府对接到位,以最低成本获得项目用地和最优政策获得政府支持即可。那时候,江西省和南昌市主要领导都出面做工作,全力促成奥克斯空调项目落户南昌经济技术开发区。

而这次谋划上海项目所面临的情况大不一样:一是上海寸土寸金,土地资源紧缺、价格高;二是一线工人紧缺、工资成本高;三是上海政府方面招商导向是现代化高端服务业和先进制造业。因此,把工厂办到上海,搞单一生产制造,基本上是没有出路的。

那么,到上海投资,项目如何定位? 怎样谋划,才能打动当地政府? 这一连串的问题摆在了我们职业经理人团队的面前。

项目谋划是项目投资建设的前提和基础,项目实施要想有所突破,首先得在项目谋划上有所突破。谋划的起点是"敢想",谋划的过程是"会想",遇到新情况要"一直想"。这是我们职业经理人团队几年来对项目谋划所形成的基本思路与积累的基本经验。对于上海项目的前期谋划,我们采取的方法是集体讨论、发扬民主、广开言路、寻求共识。

经过多次研究,大家统一了以下认识:

第一,上海作为中国最具国际化、最有活力的城市吸引着众多民营企业家的眼球。对于浙江民企来说,上海被普遍认为是企业总部的首选地。此时奥克斯在沪企业已有 5 家,其中集团直属两家:一家是手机研发中心,一家是进出口公司;电力、空调、通讯三大事业部在上海均设有各自的区域营销中心,如果将这些资源进行有效整合和提升,已经有条件形成集团上海研发和营销总部。同时,奥克斯是最先导入管理信息化和技术信息化的企业之一,她切身体会到,信息网络技术的高度发达,使得企业总部和生产制造环节的空间管理和沟通成本大大降低,企业已有条件将总部与生产基地实现空间分离。

第二,智能电表技术产品创新快,同样适宜在上海走"研发—中试—产业化"的路子,属于技术密集型和资金密集型项目。上海人才资源丰富,市场信息灵,商机更多,建议集团将高端智能电表划一部分项目放在上海,同时可以为未来家庭智能化能源管理做好技术上和产品上的储备。

第三，如果政府方面允许部分工业土地用来打造民企总部基地，进行二次招商引资，凭借奥克斯在浙江、在宁波民营企业中的地位和影响，也有条件动员一批中小企业到上海发展。

"从奥克斯出发，建立营销和研发总部，推进智能电表产业化；从民企需求出发，工业地产开发，打造民企总部基地。以上两点成为我们谋划上海投资项目的出发点与目的。"

走访上海

有了上述基本思路之后，我们征得集团决策层同意，就采取"四步走"的策略，开始同当地政府沟通、交流与协商。

第一步，请"媒人"传话、牵线搭桥。

◆ 采取"以小博大、以巧博大"的方针。预测到宁波杭州湾跨海大桥建成通车后，宁波到上海市南汇、金山两区将更为便捷，计划先从两区中寻找合适的土地资源，面积在 300 亩—500 亩之间；

◆ 项目初步确定，以"研发和营销总部＋智能电表产业化"作为投资方向；

◆ 投资信息传递，请在金山区和南汇区有实业投资，并与当地政府关系融洽的宁波浙东建材集团和上海永乐电器公司做"媒人"，穿针引线。

第二步，请"媒人陪同相亲"，同当地政府见面接触。

我们先邀请宁波浙东建材集团董事长邱兴祝陪同到上海市金山区作了考察，花了一个上午时间实地察看了金山工业区，同分管副区长和区招商局、金山工业区领导进行初步交流，他们推出了两处意向性地块供我们选择。午饭后，我们又到浙东建材集团在金山的基地参观，当地镇委、镇政府主要领导得知我们的来意，特来迎接我们,并主动介绍浙东建材集团落户该镇的情况。从接触中我领悟到,城乡接合部位置虽好,民房拆迁、地面部分赔偿费用较高,要拿到这样的土地,同所在地镇政府合作是上上策,浙东建材集团已有先例。

隔天,我们又请上海永乐电器公司康桥物流基地负责人陪同,到南汇区康桥工业区进行了考察。康桥镇委副书记方冰海、副镇长祝正华和康桥实业公司总经理汤柳鹃、副总经理储林祥热情接待了我们。他们推荐的意向性地块面积300亩左右,北临规划中的秀浦路,与"华硕电脑工业园"隔路相望,与规划中的德国工业园只有一河之隔,位置较好。但是,这一地块中现有民房45幢,拆迁任务繁重,对此我们一再表示担心。方冰海副书记说:"正因为民房拆迁任务重,只有镇政府出面才有办法解决,群众工作靠基层干部做。"听了这话,我们同康桥镇政府的合作信心倍增。

第三步,两地比较分析,好中选优。

对金山、南汇两区的工业园区作了初步考察之后,我们就一方面从网上查询资料,从地理位置、交通状况、基础设施、周边环境、土地增值潜力、招商政策等一一进行了对比分析;另一方面,又实地进行第二次考察,重点调研周边已建和在建项目,土地使用状况,评估该地区未来的产业发展方向、企业集群的档次和城市化进程。经过比较分析,我们一致认为康桥地块优势明显,首先是政策优势,它毗邻浦东新区,享受浦东新区政策;其次是交通优势,它临近市东外环,两个航空港(虹桥机场、浦东机场)之间,交通便捷;最后是隐性优势,它城市化进程快,土地变性机会多。于是,我们向集团推荐了康桥地块。为了进一步搞清情况,统一思想认识,集团决策层又到康桥地块现场踏勘论证,然后才一致决定同康桥镇政府展开合作。

第四步,邀请康桥镇政府领导访问奥克斯。

第一次应邀来访的康桥镇领导有方冰海副书记、祝正华副镇长,康桥实业公司董事长及正、副经理共六人。我们请他们"一看、二听"。一看,就是参观集团总部展厅和空调、电表现代化生产流水线,还有明州医院、房地产楼盘等,使他们对奥克斯有一个"眼见为实"的印象;二听,就是用 PPT 方式向他们介绍集团发展历程和上海项目建议书,还对已有的 5 家在沪公司情况作了详细介绍,使他们增加了对拟投项目的信任度。

政府招商引资一般遵循两条原则:一是投入强度与进度;二是项目实在与可靠。我们从同康桥镇领导的交谈中看出,他们信任奥克斯、信任拟投项目。方书记一再表示,回上海后抓紧向南汇区领导汇报,争取得到区里支持。之后的二个月时间里,双方高层互有访问,增进了相互之间的了解与信任。那时候,我基本上有一半左右时间在康桥,同镇政府领导和康桥实业公司经理一起,向区政府汇报奥克斯项目,同区有关部门展开对接。在书记、镇长王正泉等镇领导的全力配合协助下,在区政府主管领导朱嘉骏副区长的协调支持下,项目进展顺利,终于在 2005 年 8 月正式签订了项目协议书。

"信任为源,双赢为本。"在"康桥项目"的对接沟通过程中,我对"信任"两字多了一点理解与认识。当今社会,处于信息爆炸的时代,政府有足够的视野去看透一家企业在宣传攻势背后的内容,有足够便利的渠道去了解一家企业的真实情况,最终找出最值得信任的理由或者最能够否认的原因。只要基于信任,达到双赢、多赢,无论是何类项目,都是能够做到落地开花结果。没有了信任,项目无从对接;没有了双赢,就失去了合作的基础。

有人问我,同政府打交道最重要、最难做到或做好的是什么? 我的回答是:"第一是信任,第二是信任,第三还是信任。"

信任来自于哪里呢? 首先来自于企业的综合实力,你同政府对话,底气源于企业实力。但是,你介绍企业、介绍项目,必须始终坚持实事求是的原则,坚持"让政府更理解具体内容而非更迷糊态度",坚持用最诚恳、最朴素的语言词汇同政府官员进行沟通、交流、协商;其次,来自于职业经理人自身的综合素质,包括逻辑思维能力、语言表达能力以及精神风貌与行为习惯等。政府官员与你从素不相识到相互了解再到彼此信任,需要的是你的诚恳、谦逊、真实、坦然,而不是虚伪、自傲、做作、拘谨。正所谓"路遥知马力,日久见人心"。

奥克斯"康桥项目"在 2005 年 9 月到 2006 年底一年多时间里所发生的一系列事件,足以证明坚持"信任和双赢"的重要性和必要性。

康桥镇政府为推进奥克斯合作项目的顺利实施,全力以赴、精心运作,将奥克斯项目上报并列入了南汇区和上海市 2005－2006 年度重点招商项目,他们尽最大努力争取到了 300 亩用地指标。如果离开康桥镇政府的努力,离开南汇区政府分管领导和有关部门的大力支持,这宗用地指标是很难做到一次性全部解决的。政府动用了跨年度的机动指标,可以说特事特办。

项目用地范围内 45 户民房的拆迁安置工作,摆到任何一个地方都是一道难题,将是一场攻坚战,它考验政府的魄力、决心和统筹力。而康桥镇政府未雨绸缪,精心计划,提前做好了安置房的建设,对村民晓之以理、动之以情,使拆迁安置工作有条不紊地如期展开。

奥克斯方面,信守协议承诺,按协议要求时间在康桥镇所在地注册了上海翔名实业投资有限公司,如期支付了项目用地定金。

同舟共济

"同舟共济",见文思义,双方在合作过程中一定走过了一段困难的历程,但是面对困难,双方都毫不气馁,互相帮助,同心协力,最终战胜困难,赢得美好未来。这段真实故事说来确实有些惊心动魄。

奥克斯以"价格杀手"成名,业界一直对它颇有微词,社会上争议也较多。然而,2005 年上半年奥克斯的"汽车退市事件",一下子把企业拖入危机泥潭,过去的争议声立即演变成非议声,企业声誉遭受重创。面对突如其来的危机事件,集团必须集中精力积极应对、谨慎处置,必须负责任地做好所有经销商、供应商以及2000多位车主的善后工作。如果处理不当,一旦殃及集团空调、电表等其他产业,后果不堪设想。大事当前,不容犹豫,奥克斯决策层当机立断,对所有在建、拟投项目一律采取紧缩政策,包括上海的"康桥项目"。

2005年9月6日下班前半小时,董事长把我叫到他的办公室,亲手交给我一份已打印好的退出"康桥项目"的函件。一看函件,我惊出一身冷汗,轻声地说:"放弃康桥项目太可惜了,以后要想得到同等位置、同等价格、同等面积的土地很少有机会。"但此时此刻,我非常理解企业的处境和董事长的心情。他是一位特别好胜、坚强不屈的人,特别要面子、视信誉比生命都重要的人,退出"康桥项目"实属无奈。他是尊重别人,遵守诺言,才考虑选择主动退出这条路的。我们两人静静地坐了片刻。我向董事长表态,请他放心地去处理集团更重要更紧迫的事,康桥项目的事交由我来处理。

回到自己的办公室,我一遍又一遍默念着这份函件,思绪万千,与康桥镇政府领导在一起开会、谈话、交流等合作情景历历在目,似乎就在眼前。下班铃声已响过多时,天色已暗,公司大院内一片宁静,我还没有回家的打算。董事长办公室灯火通明,他还在开一个重要会议,估计他今天又要熬到深夜了……

一夜没有合眼,我对康桥项目想了许多方案。第二天上午9时,我拨通了上海康桥实业公司汤柳鹓总经理的电话,告诉他明天上午我去康桥,有重要工作向镇领导汇报,请他转告方冰海副书记、祝正华副镇长,会面地点最好定在实业公司会客室。因为找书记、镇长办事的人多,在镇里会面,两位领导未必能静得下心来。汤总答应了我的建议。搁下电话后,我提笔起草会谈提纲,围绕"康桥项目"的退与缓,我设计了几套思路。经过反复斟酌,我得出的结论是,董事长内心十分留恋"康桥项目",奥克斯十分需要这样的项目,我去康桥镇政府对接,总的方针和原则是

"缓",所做工作要达到的目标和方向也应该是"缓",我想董事长肯定赞同我的想法
与观点。

"缓"中怎样继续保持信任?"缓"中怎样维护好企业形象?这是一次政府关系
管理能力,以及妥善处理好特定时期特别事件能力的考验。康桥项目事关重要,事
关企业长远利益。"退"是在万不得已情况下,是没有缓冲余地前提下的无奈之举。
我一再地告诫自己,一定要拿捏好分寸。我始终认为,企业遇到困难,不妨如实地
向政府讲出来,这样才能得到他们的理解和支持。因此,我去康桥的出发点和目的
是,通过坦诚的交流,博得康桥镇政府领导的谅解,支持我们的想法,继续信任我
们,给我们一个"缓"的机会,一个再度合作的机会。

9月8日上午10时30分,上海康桥实业公司会客室。方冰海、祝正华两位镇
领导和汤柳龍总经理,再加上我,一共四个人,会谈在友好的气氛中进行。因大家
相互之间非常熟悉,信任程度又比较高,所以双方会谈不再讲客套话,开门见山,想
说啥就说啥。

我先开场:"受董事长郑重委托,我向你们三位领导汇报奥克斯当前处境。退
出汽车产业的举动,给奥克斯品牌、形象造成了严重不利影响,需要在一段时间内
集中各方面力量来妥善处理这起危机事件。为渡过难关,集团决定暂停所有未开
工项目,包括'康桥项目'"。

我接着说:"自第一次碰面到现在的六七个月时间里,我们双方之间合作是非
常愉快的,我们十分珍惜这份感情和友谊,十分想与康桥镇政府保持长久的合作伙
伴关系。但是,根据目前企业的状况,我们无法按协议时间上马开工。为维护我们
双方在前一阶段合作中结下的深情友谊,为信守奥克斯信誉,为使康桥方面不因奥
克斯对项目延后而带来利益上的损失,考虑再三,我们有退出或暂缓实施康桥项目
的想法。今天特来征求你们几位领导的意见。"

我的话音一落,方冰海副书记就直言不讳地说:"近来镇领导十分关注奥克斯

汽车事件的动向,因为网上各种各样的消息都有。但总的一点可以肯定,康桥镇委、镇政府还是相信奥克斯集团,相信郑坚江董事长,相信你们一定会很快妥善处理好这起危机事件。奥克斯集团是有实力、讲信誉的,不会因为这起事件,企业就倒退了,企业就不发展了。眼前遇到的困难,想逃避也逃避不了,镇里与你们一起分担困难,风雨同行,同舟共济。"

接着,方冰海副书记问我:"根据你们自己判断,这起危机需要多长时间才能平息?"

"慢至半年,快至三个月,和经销商、供应商以及 2000 多位车主的经济补偿问题基本达成一致意见,补偿款到位,售后服务单位委托好,事件就平息了。"我作了这样的回答。

汤总秘书小陈进来沏茶,送上水果盘。大家起身,会谈稍作休息。我站到窗前凝视远方。他们三人利用这一空隙,聚在一旁轻轻地用南汇方言交换着意见,三人不约而同地点头示意。我虽然听不懂他们交谈的内容,但我已基本能猜出他们在谈什么,点头又意味着什么。小陈秘书给四位沏好茶后又离开会客室。我们回到原座位,会谈继续进行。

方书记微笑着提高了嗓音,他一字一句地说:"只要奥克斯想继续做这个项目,我们镇里等你们!你们处理危机需要半年,我们就等半年;你们需要一年,我们就等上一年!民房拆迁安置,汤总掐算了一下,需要 8-10 个月时间,前期需要支付拆迁安置费 3000 万-4000 万元,这笔费用全部可以考虑由康桥实业公司先予垫付,不要影响工作进行,也不要让别人怀疑,以为我们的合作项目进行不下去了。"

字字铿锵有力,感人肺腑。听了这话,我肃然起敬,立即站起来,与方书记、祝镇长、汤总一一握手,并代表董事长向他们一再表示感谢。

男儿有泪不轻弹,我强忍住从眼眶中即将喷涌而出的热泪,心里激动万分。我拿出随身携带的那一份函件,动情地说:

"今天我是带着退出康桥项目函件来的,但不敢面呈各位。现在看到你们坚定的立场、信任的姿态、友好的态度,我从你们身上深切地感受到康桥镇委、镇政府的博大胸怀,你们真是急企业所急,想企业所想,做企业想做。现在,请你们收下这份信函,相信我不是为放弃康桥项目而来,奥克斯守信用、讲友谊、重感情,会重启这个项目,一定会做好这个项目,不会辜负康桥镇政府和你们三位领导的殷切期望。"三位领导点头微笑。

方书记继续说:"这函件我们收下,今天立一个君子约定,这件事只限于我们四人知道,不向镇里其他同志转达,也不向区里汇报。项目前期推进工作由康桥实业公司继续进行,请陈总回公司向郑董事长汇报康桥镇政府的态度。"

回首往事,我再也控制不住自己的泪水,任它顺着面颊流下……

2005 年四季度,我们分管战略投资的职业经理人团队,与康桥镇政府保持着经常性联络与往来,密切关注着上海的经济动向与政策导向。康桥镇领导一直在精心呵护与奥克斯的合作关系。2005 年岁末,镇委、镇政府把 2006 全镇经济工作会议破例选择在宁波开元大酒店召开。这是镇领导特意做出的安排,他们把参观考察奥克斯集团作为会议的一项内容,通过组织村以上干部、企业界代表到奥克斯参观,亲眼目睹奥克斯的实力与形象,让大家打消由于汽车事件所带来的种种顾虑与猜测。会议还组织了一场自编自导自演的文艺晚会,奥克斯也派出了文艺小分队前去助兴,气氛和谐、反响热烈。

决战上海

时钟指向 2006 年。从汽车事件中恢复过来的奥克斯,在重大项目投资上表现得更为理性,更加强对项目前期可行性分析与科学论证,决心以最好的答卷回报康桥镇政府的长期信任与支持。镇经济工作会议结束后,在奥克斯集团总部,双方高层坐在一起重新讨论奥克斯康桥项目定位与发展目标。双方经过充分讨论，在以下两个方面形成了共识：

一是大力发展总部经济、创意经济、楼宇经济是上海市委、市政府提出的新的战略思想，应该抓住这一新的发展机遇，充分利用现有 300 亩项目用地，规划企业总部园区，为更多民企量身打造营销总部或研发总部用房，以此整体提升每亩土地的产出率，使项目产生更大社会效益，为合作双方康桥镇和奥克斯带来更多经济利益；

二是奥克斯深知江浙的民企都有上海情结，都愿意到上海发展。基于自己有上海发展的经验与教训，康桥地处城乡接合部，有独特区位优势，发展前景看好，对中小企业有吸引力，引进中小企业把研发、智力项目放在总部园，可以做到创意经济、总部经济、楼宇经济的有机结合。

项目新的定位与目标基本确定之后，2006 年项目推进工作也就有了正确方向。打造创意产业园区，对于当时的南汇康桥工业区来说非常需要，因为这是当地经济发展薄弱点、忽略点，却是最有可能的爆发点和经济增长点。因此，新的项目建议很快得到了区委、区政府的肯定与支持，双方坚信"快鱼吃慢鱼"的道理，决定吃"头口水"。

2006 年是奥克斯康桥项目关键的一年。

一方面康桥镇政府和康桥实业公司加大了民房等地面建筑物的拆迁力度，规划中的秀浦路等基础工程也进入施工建设阶段，使土地出让条件和项目建设施工条件更趋成熟；另一方面，奥克斯加强力量，抓紧项目前期分析与调研，先后对浦东张江科技园以及长宁、松江、嘉定、青浦等区已建或在建企业总部园进行实地考察和比较研究，形成全新的项目开发思路。

2006 年下半年，奥克斯站在新的战略高度，引进了以胡清为总经理的上海翔名实业投资有限公司专业运营管理团队；一份汇集多名专家设计理念，借鉴多个企业总部园区开发经验，具有奥克斯时代个性特色的"3W 创研智造"产业园区项目可行性研究报告通过评审。为使园区规划设计达到国内一流水平,与国际同类高标准园区接轨,委托上海创盟国际建筑设计有限公司进行园区总体规划与建筑方案设计;"上海杰星"担纲全程营销;工程建设和物业管理均通过公开招投标方式,挑选综合实力雄厚、技术力量强、管理经验丰富的浙江舜杰建筑集团组织建筑施工,上海外高桥物业管理有限公司担任管家,承包整个园区的物业管理,该公司为一级资质,在上海市属于顶尖物业管理公司之一,以确保园区物业管理达到一流水准,成为智慧安保园区。

"创研智造"的理念"3W"——"Wealth、Wisdom、World",寓意"财富、智慧、世界"。项目定位是,新的、高端的,只对高技术含量、高成长性、高素质的企业开放的产业综合体。

图 3-1 "3W创研智造"产业园品牌标识

"创研智造"提供的不仅仅是建筑,还有生态的发展环境,先进的服务理念,完善的基础设施，合理的商业配比，快速的信息及技术交流平台等，是能够将产业集群效应发挥到极致的理想平台、财富新领地。2008 年 6 月，"3W 创研智造"荣获"2007—2008 长三角最具成长性高端现代服务产业基地奖"，名声鹊起。

"3W 创研智造"产业园净用地面积 280 亩，规划建筑面积为 32 万平方米。一期工程 21 万平方米，由 1 幢 14 层的综合配套楼和 111 幢 5-6 层独栋、双拼和联排商务研发楼组成。2009 年底交付使用，到 2010 年 6 月，已引进企业 52 家。二期工程 11 万平方米正在建设中。

"3W 创研智造"产业园雄踞大浦东康桥核心领地，地处由"陆家嘴—外高桥—国际空港、深水港"所构成的"浦东金三角区域"中心位置，紧邻张江科技园，A20 罗山路、申江路出口。两港半小时经济辐射圈，海陆空立体交通；张江、金桥、外高桥等知名园区的产业辐射；外环线、中环线罗南大道、沪芦高速以及轨道交通 11 号线的贯穿等得天独厚的区位优势，将使"3W 创研智造"成为未来人才和财富的集聚地。

奥克斯集团同康桥镇政府几年来建立的良好合作关系，大大增强了集团在康桥镇加大投入、集中资源、尽力打造一流项目的信心。为此，于 2007 年，先将上海威尔升进出口有限公司注册地移至康桥镇，同时新增上海奥克斯家电销售有限公司，加上 2006 年注册的上海翔名实业投资有限公司，使奥克斯在康桥镇所在地的注册公司达到 3 家。2008 年又新增了上海奥克斯电气销售有限公司，2010 年 6 月又新增注册资金达 5 亿元的上海奥克斯商业地产有限公司。2007 年以来的四年，奥克斯在康桥镇所在地公司的销售收入连年大幅增长，上交税金连年翻番，为康桥镇经济增长、税收增长做出了积极贡献。

图 3-2 "3W 创研智造"产业园规划图

表 4-1 康桥镇奥克斯企业销售收入与税收统计表

年度	销售收入(单位:万元)	税费金(单位:万元)
2007 年	61059	627
2008 年	71452	1803
2009 年	142222	4584
2010 年	超 200000	10040

2009 年 5 月,南汇区并入浦东新区后,原康桥镇委书记、镇长王正泉上调区领导机关任职,他仍然经常惦记着奥克斯康桥项目。现任书记奚建国、镇长陈明虎走马上任后,就立即到奥克斯集团总部访问,巩固发展友谊。康桥镇政府从 2007 年起,把"3W 创研智造"产业园区列为全镇重点项目,并写进了政府工作报告,加大对外宣传力度,与奥克斯一起开展招商。

康桥感悟

　　"康桥项目"从考察、洽谈到对接、推进的过程中,前期经历了涅槃重生般的艰辛历程,后期有幸遇到了南汇区并入浦东新区带来的发展大机遇,我直接主持参与该项目,从内心深处产生了浓浓的感情,从这一战略投资项目中感悟出许多新的道理。

感悟之一:"有中生有","无中亦生有"

　　民企战略投资有两条路径。奥克斯之前做的江西"南昌项目",属于"有中生有",以现有空调优势产业为基础,复制、转移一部分项目到中部地区,实现企业低成本扩张,提升企业规模、效益和声誉。

　　而上海"康桥项目",策划的第一步也是基于集团另一个优势产业——电力产业,做"有中生有"文章。可是,随着情况的不断变化,奥克斯及时捕捉到新的机遇,巧妙地将原先构思的企业营销研发总部及智能电表产业园,同上海市鼓励发展的创意经济、总部经济、楼宇经济进行了合理对接,由此转化为"无中生有"的操作模式,诞生了"3W创研智造"产业园。这是民企战略投资一个创新点,也是奥克斯对外投资的一个新亮点。

感悟之二:信任为源,双赢则为本

　　这是民企战略投资的基石。奥克斯集团与康桥镇政府领导在合作中建立的"相互信任、同舟共济,风雨同行、合作共赢"的过程与结果,带给大家一种政府企业关系处理的新境界、新做法以及新经验。共同的真诚至爱,悉心呵护,不仅使"3W创研智造"产业园独领风骚,而且使合作双方引以为傲。

"康桥项目"还告诉我们,一个成功的企业,必须同时兼备两种能力,一种是做好企业内部运营的能力,另一种是政府公关能力,成功的政府公关可以让企业的发展事半功倍。

感悟之三:创意经济,引领新上海

"3W创研智造"产业园项目,不但迎合了上海市发展战略,得到政府方面的支持,而且项目本身也就是一种创意,是智慧的结晶。

上海市经委和市统计局 2005 年编制出版了《上海创意产业发展重点指南》,有学者撰文指出,2006 年是上海创意产业发展的元年。创意产业是上海市"十一五"期间新一轮经济增长的重要支撑,是上海市"科教兴市"主战略的重要组成部分,目标到 2010 年,上海创意产业增加值达到全市 GDP 的 10% 以上。用 10 年至 15 年时间,把上海建成亚洲最有影响的创意产业中心之一,用 20 至 25 年时间,使其成为全球最有影响的创意产业中心之一。已经有着"2007—2008 长三角最具成长性高端现代服务产业基地"称号的"3W创研智造"产业园,无疑将成为上海市新浦东创意类企业的集聚地之一。

感悟之四:典型引路,续写新篇章

奥克斯决定在上海康桥花费更多精力、投入多倍资源,在产业转型升级中发展壮大自己;在战略投资项目推进中,为康桥集聚人才,创新经济发展模式再做贡献。

康桥镇政府决定再选一块优质土地资源同奥克斯合作。选址位于上海市中环线南侧三林社区(南汇区)NH101—02(用地代码 M1),净地面积约 164 亩左右,容积率 2.5,用地性质为研发商务,规划打造地标式的中国民企总部园。2010 年 11 月 26 日,项目投资协议在上海正式签约,奥克斯集团上海研发和营销总部计划率先迁入该园。

图 3-3 "中国民企总部园"投资协议签约现场

(图中签字握手者左侧为作者、右侧为陈明虎镇长)

愿"3W 创研智造"产业园区和"中国民企总部园",成为企业与政府精诚合作、倾心打造的"康桥经典",铸造辉煌。

第四章

布棋天津打造北方总部基地

在奥克斯决策层的视野中,天津具有统筹环渤海湾及北方的影响力。为此,奥克斯集团又于 2007 年 3 月做出重大部署:计划用 3—5 年时间,在天津打造奥克斯北方总部基地。

从 2007 年 3 月到 2010 年 12 月,时间过去了三年零九个月,奥克斯在天津的投资项目进展情况如何? 有哪些独特的做法值得借鉴? 其间发生了哪些耐人寻味的故事? ……

让我们共同来探寻吧。

探寻问题之一:为什么投资天津?

第一,奥克斯关注国家大事,领会国家战略意图。

天津滨海新区于 2006 年 5 月正式纳入国家发展战略。国家发改委专家曾指出,1978 年改革开放以来,我国经济的发展实际上是按照由点及线(带)、由线(带)及面的"点——线(带)——面"的轨迹展开的。上世纪 80 年代的深圳特区、90 年代的浦东新区都充分发挥了基础"点"、增长"极"的作用,由此形成了珠三角、长三角这样经济高速增长的区域。而在 2006 年 5 月正式纳入国家发展战略,成为综合配套改革试验区的天津滨海新区,又将扮演同样的角色,它将带动环渤海经济圈的崛起。

天津滨海新区——中国经济发展新的增长极

新世纪新阶段,党中央、国务院从经济社会发展的全局出发,做出了推进天津滨海新区开发开放的重大战略决策。党的十七大明确指出:"更好发挥深圳经济特区、上海浦东新区、天津滨海新区在改革开放和自主创新中的重要作用。"滨海新区成为继深圳经济特区、上海浦东新区后,又一带动区域发展的新的经济增长极。国务院在《关于推进天津滨海新区开发开放有关问题的意见》中,明确了滨海新区开发开放的指导思想、功能定位和主要任务,并批准滨海新区为全国综合配套改革试验区。

天津滨海新区包括先进制造业产业区、临空产业区、滨海高新技术产业开发区、临港工业区、南港工业区、海港物流区、滨海旅游区、中新天津生态城、中心商务区九大产业功能区和世界吞吐量第五位的综合性贸易港口——天津港。

第二,奥克斯积淀自身实力,勇抓战略机遇。

"上世纪 80 年代,深圳特区崛起之时,奥克斯企业还很弱小,没有足够实力到深圳投资发展,搭上特区建设的时代快车;上世纪 90 年代,浦东新区如巨龙跃起,奥克斯企业缺少战略眼光,又一次失去低成本进军战略高地的机遇。未来的天津滨海新区,将会赶超深圳特区和浦东新区,环渤海经济圈将成为中国经济第三极。今天的奥克斯已有实力投资扩张,再不能失去这千载难逢的战略机遇。"

从奥克斯集团战略投资部的档案中,我们再次阅读了 2007 年 3 月起草的一份

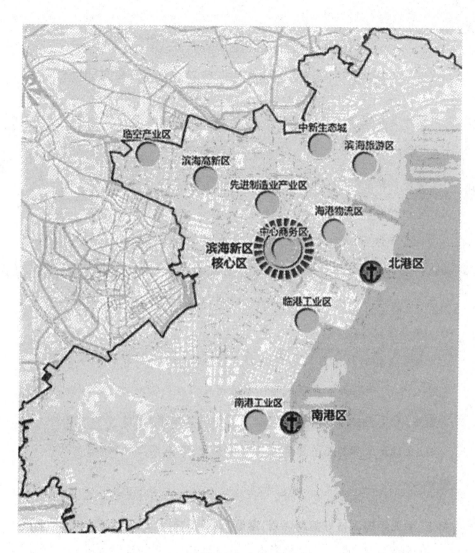

资料来源:天津滨海新区简介.滨海新区网 http://www.bh.gov.cn.2009 年 9 月.

项目意向书,题为《关于"投资天津、建设北方总部基地"的项目意向书》。这份意向书的第一部分内容,详细阐述了奥克斯投资天津的出发点与目的。文中称:

奥克斯投资天津的出发点与目的

——节选自《关于"投资天津、建设北方总部基地"的项目意向书》

天津是中国四大直辖市之一,中国北方最大的工业基地和商贸物流中心,首都北京的海上门户,环渤海地区的经济中心。天津市滨海新区纳入了国家战略,使得天津市开发与开放提升到"步入新起点、展现新优势、实现新跨越"的时代。

投资天津,是奥克斯集团继浙江宁波、江西南昌、上海浦东、广东深圳四大产业基地建设布局之后,于2007年做出的又一重大决策。在天津建设北方总部基地,是集团全面实施产业升级战略、人才战略、国际化战略的重要部署。

投资天津的战略意义在于:选择与国家发展布局一致的战略布局,抢先进入潜力市场;天津具备统筹环渤海湾及北方的影响力,城市核心地位有体现,对于开拓北方市场有引导性及辐射性效果;通过一个好市场、好机遇,实行产业调整与运营开发的布局转移,形成南北互动,有利于做大做强企业。

第三,职业经理人做好前期谋划,遵循"三选三性"准则。

作为战略投资的职业经理人,我们既要学习领会国家战略意图,又要深刻地理解董事长对投资天津的战略思想,认真做好项目的前期谋划与推进工作。在长达八年多时间战略投资的实践探索中,我总结出一条成功经验:做民企战略投资,必须遵循"三选三性"准则。即:

◆ 从项目内容选择上要考虑与国家产业政策的一致性;

◆ 从投资区域选择上要考虑与国家区域布局的相关性;

◆ 从内部项目选择上要考虑与企业发展战略的导向性。

奥克斯投资天津,正是全面贯彻了"三选三性"的战略投资准则。奥克斯集团于 2003 年以来,站在产业领军者的高度,全面启动了产业布局战略,先在中国最具活力的长三角、珠三角区域,建立了宁波、南昌、上海、深圳四大产业基地。这次响应国家战略,通过投资天津,布棋环渤海区域,为奥克斯集团优化在全国的产业布局又将迈出重要一步,具有深远的战略意义。

探寻问题之二:如何谋划项目?

天津滨海新区上升为国家发展战略,成为综合配套改革试验区,它不仅带动天津,而且将带动整个环渤海经济圈的崛起。奥克斯决意抓住这个千载难逢的战略机遇。

2006 年下半年,郑坚江董事长亲自率队,多次考察天津市武清、汉沽、塘沽、东丽、河东等区。

时任天津市委常委、常务副市长的黄兴国(现任天津市市长),之前任浙江省委常委、宁波市委书记。由于这层特殊原因,2007 年上半年以来,天津与宁波两地之间的干部交流多了,经济往来、信息交流,也随之日益频繁起来。政府把招商引资目光瞄上了奥克斯,纷纷派员前来接洽。

怎样布棋天津?项目如何谋划?我认为,必须先做调查研究和项目前期分析。

2007 年 3 月下旬,集团组建了以我和续安朝(集团总会计师)、王海银(置业公司副董事长)、毛纪儿(公司财务主管)组成的四人前期工作小组,后期增加了周庆明(战略投资部经理)。我们采取了以下三个步骤,展开前期调研与项目谋划。

1. 起草"项目意向书",呈送当地政府主动表明投资意图

根据集团领导对天津市初步考察后提出的意见,由我负责,起草了一份《关于

"投资天津、建设北方总部基地"的项目意向书》。这份意向书阐述了三个方面内容：一是投资天津的出发点与目的；二是项目投资方向与规模；三是对当地政府的建议与要求。

天津项目整体谋划上，较之前的南昌项目、上海项目有许多不同之处，创新点概括起来主要体现在这样两个方面：一是首次提出了建设集团区域总部的概念与战略思想；二是项目内容上贯彻了"坚持主业、适度多元"的发展方针。项目意向书原文如下：

关于"投资天津、建设北方总部基地"的项目意向书

一、项目概述

天津是中国四大直辖市之一，中国北方最大的工业基地和商贸物流中心，首都北京的海上门户，环渤海地区的经济中心。天津市滨海新区纳入了国家战略，使得天津市开发与开放提升到"步入新起点、展现新优势、实现新跨越"的时代。

武清区，位于天津市西北部，素有"京津走廊"之称，是天津城市发展主轴"武清—中心城区—塘沽（滨海新区）"上的重要节点。武清开发区属于国家高新技术产业开发区，它依据良好的区位优势和发达的信息服务业优势等，不仅可以成为高新产业的集聚地，也可以成为大企业总部的集聚地。

投资天津，是奥克斯集团继浙江宁波、江西南昌、广东深圳、上海浦东四大产业基地建设布局之后，于2007年初做出的又一重大决策。在天津建设北方总部基地，是集团全面实施产业升级战略、人才战略、国际化战略的重要部署。

投资天津的战略意义在于：选择与国家发展布局一致的战略布局，抢

先进入潜力市场;天津具备统筹渤海湾及北方的影响力,城市核心地位有体现,对于开拓北方市场有引导性及辐射性效果;通过一个好市场、好机遇,实行产业调整与运营开发的布局转移,形成南北互动,有利于做大做强企业。

二、项目投资方向与规模

奥克斯集团是中国先进制造业的新秀、民营企业的代表。

北方总部基地的发展理念是:充分发挥民营经济的特色、活力与优势,积极融入到北方地区相对比较传统的经济环境中生根、开花、结果;既保持同当地的经济发展方向取得一致性,更要大胆创新,把南方民营经济的先进理念带去北方,服务于天津,走出一条新的发展路子;通过产业园区的开发建设,吸引优秀民营经济力量由南向北梯度推进,带动产业集聚。

北方总部基地的投资方向与产业定位是:工业＋房地产。

● 集中发展以家电产品、电子通讯产品、机电产品的研发、生产、销售为特色的先进制造业和现代创意产业相结合的高科技产业园区,用地面积在 1500 亩左右。

● 房地产开发,作为"产业园区"开发建设的配套项目,它是十分必需的。"产业园区"投资项目,是属于长期的扎根项目,投入资金多、回报周期长、市场风险大,当地政府应从房地产开发项目上给予工业项目以一定补偿。奥克斯集团在重点开发建设"产业园区"的同时,独资组建奥克斯(天津)房地产开发有限公司,投向天津及武清城区高、中档房产开发建设项目,老城国有企业置换改造项目和休闲、体验式旅游度假开发建设项目等,为建设美丽的天津及武清现代花园城市做贡献。房地产开发用地面积要求达到"产业园区"用地面积三分之一以上。

总投资计划安排30亿元，分3—5年实施。"产业园区"建设与房地产开发同步进行。

三、要求与建议

奥克斯集团决定在天津市建设北方总部基地，并全力打造"特色产业园区"，既是企业自身做大做强，进一步提高竞争力，推进新一轮发展战略的重大举措；也是看好天津发展前景，参与天津经济建设的实际行动。"特色产业园区"的战略投资规划，是与天津市提出的"建设中国北方最大的工业基地、商贸物流中心和经济中心"这一发展目标相一致的，也是能够体现"浙商特征"，调动"浙商力量"到天津投资兴办实业的大项目。为此，要求当地市、区政府：

1. 专题研究，尽快确定相关项目选址。"特色产业园区"选址要求：城乡接合部，国家级开发区范围之内，主要交通干线和城市主干道的节点上。房地产开发用地，要求安排在城区成熟地段。

2. 明确相关投资扶持政策。包括园区规划、土地供给、税收扶持、银行信贷、人才引进、企业落户等各项相关政策。

3. 建立工作小组，做好项目双向对接。意向书一旦签订，建议成立由市、区政府领导挂帅，有关职能部门领导参加的项目领导小组及其工作班子，协助、指导奥克斯集团北方总部基地筹建班子展开各项相关工作。

本集团"投资天津、建设北方总部基地"相关项目，符合天津市城市发展规划与经济发展要求，建成后具有较好的社会效益和经济效益，一定会给各方带来多赢共荣的局面。

奥克斯集团

二OO七年三月二十八日

2.请天津市经协办为"协调人",分别同当地政府进行交流与对接

我们主动要求天津市人民政府经济协作办公室作为项目协调人和介绍人,通过市经协办这一政府渠道,将企业的投资意向传递给天津市相关区级政府。天津市经协办焦勇副主任担当了我们的联系人,他是一位老同志,十分真诚、热心。天津浙江商会副会长兼秘书长张岚女士,祖籍宁波镇海,她得知奥克斯决定投资天津的信息,也积极帮助穿针引线。

我带领工作小组通过一个月左右时间,对武清区、汉沽区、河东区、东丽区、塘沽区、静海县及空港工业区等进行了实地考察,同这些区的领导及招商等相关部门作了交流,搜集了相关政策信息,熟悉了投资环境,对各区提出的条件进行了对比分析。几乎所到之处,当地政府都对奥克斯来津投资,表示了热忱的欢迎态度。

3.请专家帮助决策,确定投资预案

经过实地考察与比较分析之后,我们确定武清区(介于京津之间)、汉沽区(隶属滨海新区)、河东区(位于中心城区)、静海县(代表郊县)为项目投资初选地。

2007年5月上旬,郑坚江董事长亲自带队,一行10人,其中两位是第三方投资咨询机构专家,一位是金达利国际(香港)投资有限公司陈志宥副总经理,另一位是上海天启企业策划有限公司陈艾立总经理。我们用了一个星期时间,先后对武清区新城区与开发区,汉沽区工业区及大田镇,河东区新老城区,静海县工业区和团泊新城等,作了实地考察评估,同所在地政府主要领导、相关部门进行了交流。然后开会讨论,从地理位置、交通条件、产业基础、城市化进程、招商政策等诸多因素考虑出发,集体决定将武清开发区列为工业项目投资首选地。

2007年6月起,工作小组就同武清区政府、武清开发区管委会正式进入具体项目及用地的交流、对接与洽谈。

探寻问题之三：如何做好同政府对接？

通过多年实践探索，奥克斯形成了独有的投资风格与投资原则，具体表述为：

◆ 投资风格：依托实业，工业切入、地产跟进；

　　　　　　　正确的事，反复做、经常做、不断做；

　　　　　　　持续稳健，主动性、可控性、渐进性。

◆ 投资原则：真诚互动，诚信务实；

　　　　　　　文化相融，创新发展；

　　　　　　　共享资源，双赢多赢。

在上述思想指导下，为求稳务实、降低风险，集团对武清开发区的产业项目，提出了"复制南昌模式"的原则意见。

可是南昌项目签约时间在 2003 年 6 月，距离武清项目策划实施已时隔四年。四年来，国家宏观形势和经济政策都发生了重大变化，而土地市场刚刚经历过一次调控整顿。武清地处京、津之间，区位独特，开发区享受国家级经济技术开发区政策待遇，对外来投资吸引力较强。世界 500 强公司中已有 13 家在该开发区设有企业。在建的北京至天津两大直辖市之间的城际列车一年后即可正式通车，武清设有站台。武清至北京只需 20 分钟，至天津只需 12 分钟，具有同城化概念。这样好的区位条件，在京、津之间不容易找到第二个。所以，在天津武清，要争取到同南昌项目一样的优惠政策条件，其难度之大可想而知。

怎样找到好的方法与途径同武清区政府对接、交流？这就成为摆在战略投资职业经理人团队面前的首要问题。

"用不同的方法去解决不同的矛盾，这是马克思列宁主义者必须严格遵守的一个原则。"我是这么想的。既不能简单照搬南昌模式，也不能套用上海做法，需要开动脑筋,项目对接、政府公关要有新的创意。

"信任是交往的基础,是成事的基石。取得信任是建立政府关系、顺利推进项目的第一要务。"这是我对政府关系管理提出的基本立场与观点。

我们同武清区政府建立信任、发展信任、巩固信任,创意了"四看"策略之举,即在"求真务实"思想指导下,通过"眼见为实"的一系列创意活动,真心实意地请武清区领导看奥克斯的实际东西。

1. 请他们看"奥克斯南昌基地"

先以集团名义通过信函、电话联系的方式,向武清区政府、开发区领导发出参观"奥克斯南昌基地"的邀请;然后,我和续安朝一起飞抵天津,登门拜访分管副区长罗福来、开发区总经理钟书明,与他俩商量人员、行程和时间。

我和续安朝蛮有信心,认为武清区领导考察奥克斯南昌空调基地后,对空调产业落户武清一定会有所期待。因为奥克斯南昌公司已发展成为南昌市"3010"工程的重要标志企业,江西省工业参观示范企业。集团于 2007 年 4 月对南昌基地刚追加过投资,又增加了一条柜机生产流水线,年产能已扩大到 180—200 万台,生产订单量充足,南昌基地一派繁忙景象。

应邀到奥克斯南昌基地考察的有区长袁桐利(现任区委书记)、副区长罗福来(现任常务副区长)、开发区总经理钟书明(现任区委常委、宣传部长兼开发区党工委书记)和区商务局局长王宝华。

我和续安朝提前一天来到南昌,对接待工作做了详细周密的布置和安排。由南昌公司总经办主任曹建荣配合,我们一起撰写、制作了"奥克斯在江西"的文字资料与 PPT 演示材料,内容包括项目背景、政企互动、产业效应、企业标杆、领导关怀共五个部分,图文并茂,内容详尽。

第二天,我们陪同袁区长一行,先参观了整个奥克斯(南昌)工业园区,又逐个参观了两器、铜管、塑胶、精工、总装五个分厂。在生产一线,他们与分厂厂长们一一作了交谈。袁区长一行都是第一次现场观看空调生产作业流程,他们对先进的设备、全程质量监控、现代化生产流水线无不表示赞叹。

参观结束后,我们陪同袁区长一行来到南昌公司办公楼二楼会议室,由曹建荣向客人详细介绍了"奥克斯在江西"的发展情况。

"奥克斯在武清的空调项目做到和南昌基地一样就行。"钟书明总经理当场激动地说。

接过钟总的话,我说:"南昌基地生产设备先进程度超过了宁波工厂,未来武清基地在装备上也将超过宁波和南昌,这是必然的。"

我叫曹建荣把"南昌项目的协议文本复印件"递给武清区领导过目,同时接着说:"武清空调基地投资规模、项目水平与南昌基地一样,希望优惠政策与工业切入、地产跟进的做法也参照南昌。"

袁区长微笑着表态:"原则这样确定,具体问题下一步再谈。"

南昌公司办公室张媛媛全程参加了接待工作,因她从小就在河北秦皇岛长大,读书上大学到了南昌,毕业后被招聘到奥克斯南昌公司办公室负责对外联络,对来自北方的天津客人有地域情缘。武清项目一启动,她就调到奥克斯天津北方总部基地工作。

2. 请他们看"宁波奥克斯集团总部"

邀请武清区领导到宁波总部参观有两个目的:

一是通过四大标志性工程的参观,使他们进一步了解奥克斯企业的综合实力、行事风格与形象地位。奥克斯集团位于宁波鄞州新城的四大标志性工程分别是:建筑面积达 60 多万平方米的奥克斯国际产业园;建筑面积达 12 万平方米的明州医院;建筑面积达 50 万平方米的"盛世天成"城市地标性楼盘;还有位于宁波南部中央商务区建筑造型为"X"的奥克斯中央大厦。

二是安排武清区领导会见集团董事长等高层领导,共商合作发展大计。在了解奥克斯产业发展规划的基础上,合作双方可以具体探讨共同提供资源、谋求共同发展的对策与措施,以达到政企真诚互动,项目高效推进。

对于政府方面来说,他们在百忙之中来到企业,不仅仅是为了参观,更重要的是想要知道奥克斯投资武清的真实意图与项目投资进度安排,评估招商引资项目会对当地经济、社会带来怎样的贡献。

袁桐利区长率领原班人马,一行四人如约来到宁波。他们看了奥克斯集团的四大标志性工程,十分高兴,表示高度赞赏。

郑坚江董事长在会见时说:"奥克斯天津基地将与奥克斯宁波总部形成南北呼应之势。'南北奥克斯'产业布局的好处显而易见。宁波生产基地可辐射华东、华南等地,南昌基地则辐射广大中西部地区,天津基地的布局,将进一步完善奥克斯在华北、东北等北方地区的辐射力。同时依托天津港,新基地将使奥克斯的产品进一步辐射到俄罗斯、朝鲜、韩国、日本等地,对奥克斯海外市场的巩固和扩张具有重要的战略意义。"

我补充道:"长三角、珠三角和环渤海经济圈,是目前中国最具活力的经济带,奥克斯之前布局的宁波、南昌、上海、深圳基地处在长三角和珠三角两大区域,在环渤海区域桥头堡——天津的布点,无疑使奥克斯产业在全国范围内布局更趋完善。"

"奥克斯投资武清,将使空调产能得到进一步提升,并由此会大大降低北方市场的营运成本,使奥克斯在未来的国内外空调大战中更加'底气十足'"。我继续说。

见面会上,武清开发区钟书明总经理介绍了武清投资环境与武清周边空调产业配套情况。他说:"LG空调制造基地在天津北辰,距武清开发区不足 30 公里,形成的配套产业链可为奥克斯空调落户武清提供充足的零部件供应。奥克斯空调产业落户武清,也会带动武清相关配套产业的发展。"

"通过对奥克斯(南昌)空调基地和宁波总部的参观,看到了奥克斯集团的发展理念与企业实力,看到了奥克斯几大产业的竞争优势和现实规模。区政府和开发区总公司将全力支持奥克斯在武清的投资项目。"袁桐利区长满怀信心地说。

高层会谈在友好气氛中进行。双方之间的共识越谈越多,共同期待合作之后的美好未来。

3. 请他们看"奥克斯北京商务大会"

2007 年 9 月 7 日,以"未来·由'敢'而生"为主题,奥克斯空调 2008 商务大会在北京稻香湖景酒店隆重举行。

这次大会聚集了上千位来自五湖四海的奥克斯精英。这是业内举办的档次最高规模最大的年度商务大会,它拉开了奥克斯空调强势发力 2008 年全球市场的序曲。

我们分管战略投资的职业经理人团队,不会错过向天津、武清宣传企业、展示企业的极好机会。在处理协调政府关系方面,我有三个基本观点,一是要明确企业政府关系中的主、客体,认识人脉重要性;二是要明确企业政府关系的实质,发挥企业的主动性;三是要结合项目推进工作流程,做到政企关系"顺势而为"。

我们诚挚地邀请了天津市经协办焦勇副主任,武清区政府、武清开发区领导作为特邀嘉宾出席本次会议,同时邀请的还有河东区、汉沽区部分政府领导。武清区出席开幕式的领导有:罗福来、钟书明、王宝华以及武清开发区四位经理。

开幕式由央视经济频道的知名主持人陈伟鸿主持。我代表奥克斯集团第一个上台致辞,以下附上我的发言稿。

"未来·由'敢'而生"——奥克斯空调 2008 商务大会致辞

尊敬的各位来宾,尊敬的商界、新闻界的朋友们:

大家上午好!

首先,我谨代表集团郑董事长、奥克斯全体员工,对大家如约前来,参加奥克斯 2008 商务大会,表示最热烈的欢迎和衷心的感谢!

作者在奥克斯空调 2008 商务大会开幕式上致辞

九月,是稻香果熟的季节,我们今天相聚在"稻香·湖景酒店",别有一番含义:"稻香·湖景",寓意着丰收,寓意着土地、田园等播种希望的地方。九月,对于空调行业来说,是一个已过冷冻年的结束和一个新的冷冻年的开始。我们真诚地期待,通过"稻香·湖景"盛会,大家共享 2007 年度的丰收喜悦,共同播下 2008 年度希望的种子,努力去收获明天丰硕的成果。

空调,是人们现代生活中必需的设备与器具。缘于空调这根纽带、这座金桥,使得我们全体空调的生产者、空调的销售者、空调的传播者,还有空调的使用者,相容共生、同舟共济、和谐发展。

奥克斯是一个勇于付出激情,敢于创造梦想的企业。在奥克斯二十年的发展历程中,"勇与敢"始终流淌在这个企业的血脉之中。竞争,就是让对手无法安睡。在硝烟弥漫的商业战场上,奥克斯敢于"亮剑",敢于创新,敢于自我超越,敢于向行业极限挑战。"勇敢"一词,既浓缩了她辉煌的过去,还将激励她创造出更加辉煌的未来。

奥克斯对自身所从事的空调产业,高度概括出一句至理名言:"沸腾的事业,冷静的选择"。奥克斯既是一位激情奔放的勇者,又是一位善于思考的智者。今天,当面临行业环境发生重大变化的关键时刻,她敢于自我突破,及时实施品牌转型,致力于成为全球领先的空气环境设备运营商;她积极地整合资源,与"巨人"携手,分别与美国、西欧等国的高科技设备厂商、日韩等国的研发巨头,国内的阳狮国际广告、国家奥林匹克体育中心、中央电视台等展开合作;她不断地按照市场要求,创新技术,创新产品,创新管理,创新体制,使奥克斯人员队伍、产品阵容、企业水平领先于国内外众多品牌企业;她正在自我抛弃以往成绩所带来的负累,面对未来,带着希望,全新定位自己,在新的起点上开创一个新行业格局、新消费时代。

激情创新、敢于进取、共赢2008。这是新一年度全体奥克斯人将演绎的主旋律。奥克斯空调研发制造基地,正从东部沿海的宁波、中部地区的南昌,向北方开放城市天津、西南宜居宜工城市成都进军布点;奥克斯空调市场网络,运用立体营销模式,正使国内、国际两个市场一起同步伸展。奥克斯空调以独特的个性、优秀的品质、强大的品牌形象,必定会在强手如林的竞争中胜出,成为全国乃至全球真正具有号召力和影响力的领导品牌。

奥克斯空调事业春潮涌动。我再次代表集团郑董事长,代表奥克斯全体员工,诚挚地邀请在座各位,并通过你们,使更多的朋友热情地加入到奥克斯空调事业中来,让我们厂商携手,共创美好的明天!

祝本次大会圆满成功!

祝大家在北京"稻香·湖景"度过一个轻松、愉悦的金秋之日!

谢谢大家!

我的精彩致辞,赢得了阵阵掌声。接着,在会上致辞的有:商务部市场运营司副司长朱力良先生,中国家电协会理事长霍杜芳女士。两位来自经销商的代表也在会上发言。

奥克斯空调公司总经理、营销副总经理分别做了《奥克斯空调"敢"为天下》和《2008奥克斯空调营销策略》的主题发言。

最后,集团董事长郑坚江从"一个中心(战略中心)"、"两个提升(品牌力和领导力)"、"三大体系(产业、人才、国际化)",深入浅出地阐述了奥克斯未来如何由敢而生,把会议推向高潮。

规模盛大、气势如虹的开幕式,给全体与会者带来强大的视觉冲击,留下深刻的印象。开幕式一结束,武清区的领导就立即盛情邀请奥克斯空调管理团队,尽快安排时间到武清考察,并表示十分欢迎奥克斯空调产业落户武清开发区。

4. 请他们看"项目投资分析报告"

经过一看奥克斯南昌基地,二看宁波奥克斯集团总部,三看奥克斯北京商务大会,武清区领导对奥克斯集团的综合实力和发展理念高度认同,对在武清开发区打造以空调等家电制造业为主的奥克斯北方总部基地,表示十分欢迎,也承诺给予优惠政策扶持。

但是,他们对奥克斯方面提出的比照南昌做法,"工业切入＋地产跟进",即同步提供工业用地与房产开发用地,一时顾虑还很多,犹豫不决。

其实,奥克斯提出这样的要求,也自有道理:一是工业项目,属于长期扎根项目,投入资金多,回报周期长,市场风险大,当地政府应在房地产开发项目上给予扶持与补偿;二是奥克斯志在打造北方总部基地,做大投资规模。"天启"、"中原"两家知名房地产咨询公司,都先后给奥克斯提供了天津未来房地产市场的研究报告。报告指出,天津、武清的房地产发展具有后发优势。所以,奥克斯坚持工业与房产齐头并进。

2007 年的 7、8、9 三个月,我和续安朝两人约有三分之一的时间在天津。除了同武清区领导交流、沟通外,我们继续对河东区、汉沽区和静海县等地进行考察、交流。其目的是,摸清各地招商政策,做好"备份",给武清区领导在思想上构成一定压力。同时,空调事业部由总经理亲自带队也对武清周边产业配套情况进行了实地调研,向政府表明企业在做充分投资准备。

就奥克斯天津产业园用地选址问题,双方一直僵持了两个月。武清方面坚持推荐开发区二期和三期规划范围内的土地,我们坚持在一期区域范围内选址。因为一期区域临近武清新城区,各项基础设施配套齐全,经过十余年打造,显然已是一座工业新城,不但配套条件好,土地增值潜力也大。

为了充分体现诚信,同时又坚持在开发区一期区域范围内选址,我们提前向政府提交了《奥克斯天津高新技术产业园可行性研究报告》。这份报告由集团总师办牵头,会同集团战略投资部、财务部和工程设备部、空调事业部,历时一个多月,于8 月底编制完成。

这是一份集团指导奥克斯北方总部基地规划与建设的纲领性文件,内容详尽而真实。报告长达近 2 万字,内容涵盖:①项目概述;②企业概况;③市场预测;

④拟建规模;⑤建设条件;⑥工程设计方案;⑦环境保护、安全和消防;⑧实施进度;
⑨投资预算和资金筹措;⑩财务分析。报告首页的"前言"部分是这样描述的:

　　为实施奥克斯集团产业扩张战略,拟在武清(暂定)建立奥克斯天津高新技术产业园,成为奥克斯北方研发中心和营销总部,建立奥克斯家用空调、中央空调、嵌入式软件和智能马达等产品的生产基地,投资规模约30亿元人民币。

　　为确保此项目的顺利实施,经研究决定,成立"奥克斯天津高新技术产业园"项目领导小组,领导小组名单如下:

　　组　　长:郑坚江　集团董事长

　　副组长:陈迪明　集团副总裁

　　组　　员:续安朝　集团总会计师

　　　　　　肖万林　集团总工程师

　　　　　　刘朝凤　集团战略发展总监

　　　　　　叶名成　集团总师办高级工程师

　　这份重要的《奥克斯天津高新技术产业园可行性研究报告》,由我和续安朝专程递交武清开发区钟书明总经理。钟总十分希望奥克斯空调项目落户开发区,他收下报告后说:"一定提请区委、区政府专题研究,给奥克斯集团一个满意的答复。"

　　区政府常务会议在我们提交可行性研究报告后第六天召开。会议一结束,钟总就打电话告诉我:"区里开会研究了奥克斯项目,袁桐利区长、罗福来副区长、王宝华主任和本人都在会上表了态,相信奥克斯的投资计划与目的,愿意为此承担个人责任。会议决定将预留给天狮集团建天狮大学的土地先调剂给奥克斯使用。"得知这一消息,我和续安朝高兴万分。

两天后,罗福来副区长和钟书明总经理赶在国庆节前来到宁波,向郑坚江董事长当面提交了产业园项目用地规划红线图。该宗土地位于武清区 104 国道(京福专线)以东,福源道以南,天津逸仙工业园以西,五支渠以北。钟总一再强调:"这是工业区一期区域内留着的最后一宗土地。"我们对此表示认同和感谢。

奥克斯天津产业园区选址确定以后,房地产开发用地的选址问题与面积问题,同样花了一些时间沟通与协调,任务更艰巨。

曾记得,在具体协议条款谈判时,我和钟总站在各自一方的利益上,红过脸,争吵过,但作为合作双方的代表,我们维护的是共同利益,彼此相互信任、体谅和理解,个人之间的感情与友谊日益增进。

同钟书明的交往中,我从他身上感受到:天津干部办事认真,原则性强,说一不二,答应了的事情,他一定想方设法办到。

我还从袁桐利区长、罗福来副区长那里亲切地感受到:"信任是金,信任是一种高尚的情感,更是连接人与人的纽带;信任十分宝贵,是一件很不容易得到的稀世珍宝。"每次同两位区长见面,他们都这样热情地称呼我"老陈、老县长、陈总";我每次向他们提出建议或反映问题,他们总是当场表态,需要协调的就会立即拿出手机向相关人员交待得一清二楚。

人,行走在漫漫人生路上,会有无数的往事,有的转瞬即逝,有的早已忘却,回忆武清往事,我感到舒心开怀。

2007 年 12 月 6 日,奥克斯天津高新技术产业园投资项目落户武清开发区的签约仪式,在武清天鹅湖宾馆国际会议厅举行。奥克斯集团董事长郑坚江率集团高层一行,天津市副市长杨栋梁和市政府经济部门相关领导,武清区四套班子等,共同见证了这一重要历史时刻。

探寻问题之四：经济危机下项目运行情况如何？

奥克斯天津高新技术产业园项目签约之后，就马上进入规划建设的实施阶段。然而，天有不测风云。以美国次贷危机为标志的经济危机，把世界经济拖入了重大调整期。

面对全球经济大幅下滑的态势，中国民营企业举步维艰，进入了一场生与死的考验。奥克斯决策层积极应对经济危机带来的严峻挑战，在 2008 年下半年至 2009 年上半年的一年左右时间里，先对天津武清项目建设进度做出了调整，"临时停工"；当国内经济触底反弹，又迅速决定复工，加快了基建进度；还发生了与央企保利地产对决，争夺一宗房产用地开发权事件。

1. 签约后项目动向

2008 年上半年，奥克斯武清投资项目推进速度之快，当地领导都给予高度肯定。奥克斯天津高新技术产业园总体规划布局，通过招标设计，由原国家轻工业部长沙轻工业规划设计研究院胜出。一期工程年产 150 万套空调项目，签约后的三个月时间内基本完成了厂房建筑方案设计。

以王君浩为总经理的管理团队于 2008 年 3 月底进驻武清开发区；4 月注册设立资本金为 2.5 亿元的天津奥克斯电气有限公司；土地征用、工程报批报建等按政府规定程序依次推进；一期项目桩基工程于 6 月 28 日开工，8 月底前全部完工……

2. 力克时艰的调整之举

2008 年下半年，一场突如其来的源于美国次贷危机而爆发的全球经济危机，使世界经济格局发生了重大变化，中国民营企业的步履更艰险、更困难，同时更具

图 4-1 奥克斯天津高新技术产业园总体规划

挑战性。

世界经济危机袭来,奥克斯集团同样受到海外订单大幅减少、原材料价格大幅波动、资金链条日益紧张等险阻。2008 年 9 月至 2009 年 3 月,是考验奥克斯应变能力的最关键时期。

2008 年 9 月,奥克斯集团果断地做出了"保持信心、现金为王"的正确决策:一方面紧跟政府政策导向,做好企业员工信心的宣传贯彻工作;另一方面,对集团的三大制造业(电表、空调、手机)有力采取了压缩库存、加速资金周转,压缩采购成本和费用支出等措施,保障现金流的充沛,建立了原材料价格预警机制,消化成本波动带来的压力;对房地产和对外投资项目全部实施"临时关停",把住现金闸门,确保企业足够的现金流。

武清在建的年产 150 万套家用空调项目建设工程,于 9 月中旬起被迫调整停工了。2009 年春节一过,郑坚江主动访问武清,向区主要领导说明项目停工原因与复工时间安排。对此,政府方面表示理解。

但是,在建项目停工,难免带来一定的负面影响。其实这是形势所迫,是艰难时势下的抉择。用奥克斯决策层的话来说,那时候面对整个经济下滑的态势,企业只能"做最坏的打算,做最好的努力;危机当头,企业生存第一"。

2009年4月以后,国家一系列利好政策出台,"家电下乡"政策全面推广,国内经济增速触底反弹,各项指标企稳回升。奥克斯在这一阶段坚持自主创新、精益管理,三大制造业全面恢复正常运行,生产量和销售量逐月递增。企业信心指数随之迅速上升。

6月,位于武清开发区的年产150万套空调项目基建工程全面复工,在已有两家施工企业基础上,又引进大型建筑企业,比如上市公司宏润建设(002062)承担施工,加快项目建设进度,努力追回因经济危机造成停工的时间损失。

奥克斯天津高新技术产业园新建15万平方米厂房(单层高度9.8米),于2010年12月20日全部竣工,生产设备也将于2011年3月底之前全部安装到位,计划定于2011年6月份正式投产。届时,它将成为目前天津市最大规模家用空调制造基地。

3. 关键时刻展示民企雄风

对于天津武清的房地产市场,奥克斯在前期同样做了充分的市场调研。2009年9月,奥克斯终于等来了展示其经济实力和投资智慧与胆略的机会。一宗超过450亩面积、地处武清新城中心地段的住宅用地公开招标,奥克斯集团精心谋划,旗下奥克斯地产与央企保利地产过招,最终奥克斯地产以出资额超过10亿元的标价一举夺得武清区泉达路西侧地块的开发建设权,令央企保利地产措手不及,令当地干部群众刮目相看。

这不仅仅是一桩普通的房地产开发权招投标事件,因为这起事件的背景是,全球金融危机尚没有完全过去,许多企业尚没有从危机中恢复元气。有鉴于此,业内人士和当地媒体分析说:对于土地市场和房地产市场而言,信心决定市场走势,奥克斯在武清投资产业与投资房产并进,无疑给市场带来了新的发展。

奥克斯地产取得土地开发权之后,把该住宅项目名称冠以"盛世天下"。该住宅项目规划建筑面积达 50 万平方米,奥克斯在取得土地使用权后的三个月内即开工建设。

"盛世天下"楼盘立刻成为武清当地市场的关注焦点。不单单是因为它刷新了武清地区的楼面地价,也不单单是因为它将成为武清新城的地标建筑,还因为是"盛世天下"楼盘,凭借好区位、低密度、高绿化率、高舒适度等多重优势,创下了2010 年 7 月和 9 月连续开盘,连续售罄的 100% 销售的业绩,在武清房地产市场掀起了一波狂销热潮。

2009 年 12 月,奥克斯地产又通过招投标方式取得另一宗位于武清区泉达路西侧,土地面积为 26 万平方米的住宅和商业混合用地。凭借奥克斯先进的开发理念,该地块将崛起一座集高层住宅、宾馆酒店、商业金融服务业于一体的生态型城市综合体。

对奥克斯后危机时期在天津武清的一系列惊人举措,政府机关、社会各界都为之纷纷喝彩。

探寻问题之五:作为北方区域总部奥克斯还规划投资哪些项目?

1. 汉沽区大田镇示范城市新镇项目,是不得不说的

奥克斯投资汉沽区的大田镇示范城市新镇项目,谋划时间与武清项目基本同步,前期人力与经费投入甚至超过了武清项目。

汉沽区是天津滨海新区的重要组成部分。占地 30 平方公里的"中新生态城",

大部分土地属于汉沽区,位于汉沽与塘沽之间,汉沽城区东南面。"中新生态城"是继新加坡苏州工业园后,由两国政府出面合作,新加坡在中国境内投资的第二大项目。该项目于2008年5月开工,计划用10—15年时间全部建成。"中新生态城"的开发建设,对汉沽区经济社会的牵引带动作用十分显著。

大田镇位于汉沽城区的西北部,紧挨着城区、东临蓟运河。作为城乡一体化的试点镇,大田镇计划进行综合开发,开发内容为温泉旅游度假区、设施农业示范区、都市工业规模区、高端商业集聚区以及生态型住宅为标准的示范城市新镇。

"中新生态城"的开发建设,使奥克斯决策层对大田镇项目产生了浓厚投资兴趣。为了争取这个开发项目,奥克斯前期做了精心筹划。一是聘请了由台湾人姚聪得担纲的美国ALA臻品设计集团有限公司,承做大田镇的概念性规划与建筑方案设计,参加由天津市建委组织的方案招标会并一举中标;二是委托"上海天启"、"台湾金达利"、"天津中原"三家知名房地产咨询机构,对汉沽区(包括武清区)进行了市场调研与评估分析。

2008年6月25日,奥克斯集团与汉沽区政府"合作开发大田示范城市新镇项目",在汉沽区政府大会议室正式签约。随后,以叶亚明为总经理的项目管理团队于7月份进驻汉沽区……

然而,在2008年9月,奥克斯集团为应对全球经济危机而做出的"临时关停全部对外投资项目"的决策中,汉沽大田镇开发项目因尚未发生直接投资费用,还没有进入征地、拆迁等实质性阶段,考虑到经济危机短期难以见底,奥克斯主动采取了完全退出的举措。

对于奥克斯的完全退出举动,汉沽区和大田镇政府官员有较大反响。但是形势所逼,他们对此也表示理解。

2. 绿色中国文化创意产业园项目

这是奥克斯集团进军新产业,并计划在创意产业领域占据重要地位和影响的项目。与绿色中国杂志社、绿色中国网络电视中心合作,项目已于 2010 年初,报经中国商业联合会和国家林业局批准,选址初定天津。

"绿色中国文化创意产业园",以"绿色财富论坛"、"中国绿色产业博览会"两大国家级核心项目为主体,多元化、职能化构建现代绿色创意产业特色园区。园区项目包括以下四大板块:

第一大板块,绿色财富论坛中心。具体包括国际会议中心、商务会馆、绿色财富研究院等,建筑面积约 6 万平方米。

第二大板块,中国绿色产业展示交易基地。以"中国绿色产业博览会"的举办为契机组建,建造国际展览中心包括绿色产品展示交易厅、绿色科技展览馆、绿色文化创意产业展览馆、绿色生态人居环境展览馆、新闻中心及商务酒店等,建筑面积约 15 万平方米。

第三大板块,总部商务基地。包括总部会所、健诊中心、商务中心、国际交流中心、生活服务区等,建筑面积约 20 万平方米。

第四大板块,绿色生态示范基地。包括生态公寓、生态湿地公园、生活服务区,建筑面积约 35 万平方米。

本项目战略定位,是以"绿色财富论坛"和"中国绿色产业博览会"两大核心项目为依托,旨在创建全球第一个国家级的绿色创意产业集聚区。园区将汇聚全球从事"绿色产业"理论研究、科学普及、技术产品研发的专家、学者和机构,汇聚绿色产业领域的工商企业家、政府管理人员等共同研究、沟通、交流绿色产业的发展,并致力于绿色创意产业园区业态化、市场化,以理论指导实践,以示范带动普及,全面推动我国绿色产业的发展,将园区办成绿色经济发展的中国式样板。

本项目建设目标:

(1)创建绿色财富论坛永久性会址,每年定期召开年会,同时每年至少有 100 个专题会议举行,论坛形成全球性影响;

(2)创建中国绿色产业永不落幕的博览会,每年定期召开绿色产业博览会,同时每年至少举办各类绿色产品展销会、订货会、推荐会等100场次,成为全球最具影响力的"绿博会";

(3)创建中国绿色企业总部商务基地,引进200家以上国内外绿色产业领军企业入驻,构建国际性绿色经济交易、交流平台;

(4)创建中国绿色产业发展基金,建立绿色企业品牌的孵化基地与科研培训基地,成为弘扬生态文明、引领绿色经济的推动力量;

(5)创建绿色财富研究院,开展绿色财富的基本理论与实践的综合性研究和分学科、分行业研究,绿色财富指标体系和绿色财富排行榜的研究与发布,编辑出版绿色财富年鉴,成为国家和地方倡导"绿色 GDP"的重要智库;

(6)创建绿色生态人居环境示范基地,推行绿色生活方式,成为倡导绿色消费,推进资源节约型和环境友好型社会建设的样板。

探寻问题之六:有感于奥克斯的知退知进

2008年9月和2009年9月,前后相隔时间正好一年。

2008年9月,奥克斯果断退出"大田镇示范城市新镇开发项目";

2009年9月,奥克斯毅然对决央企保利地产,一举摘得武清新城中心450多亩住宅用地开发权。

仅仅只有一年时间,奥克斯的"一退一进"反映了什么? 我沉思许久,慢慢悟出这样一些做企业的道理:懂得进与退的企业才是成熟的企业;有为于势、无为于逆,是有所为有所不为的具体表现;任何时候做最坏的打算,任何时候做最好的努力,是实现企业健康、稳健和持续成长的法宝。

汉沽区大田镇示范城市新镇开发项目,是"造城运动",属于中长期地产开发项目,在第一个 3－5 年时间里,需要先期投入 10－15 亿元,做土地一级整理、市政公共基础设施投入,以及 9000 多农业人口还迁房建设。在第二个 3－5 年才进入商业性开发,有投资回报。从长远来说,该开发项目获利丰厚,但作为一家民营企业,面对经济危机的冲击,不能不谨慎考虑企业的生存问题。

2008 年 9 月,是世界经济的分水岭,全球金融危机使世界经济总体上陷入了衰退。面对整个经济下滑态势,奥克斯做了最坏的打算,全力守住"现金"这条生命线。于是,为了不影响汉沽区对大田镇的开发部署,果断地做出完全退出的决策。本人认为,这既是无奈之举,更是理性选择。

一年之后的 2009 年 9 月,世界经济大局基本趋于平稳,中国经济出现了明显回暖。奥克斯一年前从汉沽区大田镇项目中撤回的资金,在 2009 年 9 月迎来了一次最佳的地产抄底投资期,这就是与央企保利地产的对决战,奥克斯地产因摘得武清新城中心 450 亩住宅用地开发权而一举扬名天津,也使得一年前笼罩在奥克斯企业身上的阴霾一扫而光。

危机,对于墨守成规的传统企业来说是"危";对于勇于创新转型的企业来说是"机"。这是经济学家们的共同观点。

"人生就是勇者的角逐,创业尤其如此,苦难也好,困难也罢,一要面对,二要克服,突出去才有出路,突出去了才是财富"。郑坚江董事长永不满足的性格成就了永不满足的奥克斯。

我在郑坚江身边共事多年,感受到"他是一个执着又非常有责任心的人,有着认准目标就义无反顾、锲而不舍的个性"。他喜欢在混沌中找到方向,然后奋力向前,别人看来好像是孤注一掷,是在赌,但他却总是能以事实来证明,他是有先见之明的。

这里所说的"先见之明",其实应该叫做战略眼光,别人看不到机会或者不敢相信机会,他看到了,并且敢于尝试,勇于实践,所以成就了今天奥克斯的辉煌!

挥杆塘厦打造通讯产业园

　　没有到过奥克斯集团展厅参观,也没有使用过奥克斯手机的朋友们,一听到奥克斯集团也生产手机,多数人会感到惊讶。

　　这是因为他们从央视等媒体上看到、听到的,更多的是"空调要像奥克斯"、"健康空调奥克斯"之类的广告和宣传,奥克斯空调的品牌形象已经深入人心。

　　然而,奥克斯集团直属通讯事业部的确生产"AUX"、"BFB"自主品牌手机,而且已经成为企业的第三大制造业。2009年对外公布的数据是:产销手机500万部,其中自产300万部、OEM200万部。

　　与空调家电产业一直采取的"高举高打"经营模式不同,奥克斯移动通讯手机产业,自正式拿到生产牌照之后,走的是韬光养晦、厚积薄发的发展路子。

　　它初创于宁波市鄞州,发展于深圳市龙岗,壮大在东莞市塘厦。

　　它每走出一步,与集团的发展战略规划紧密相连。

　　它的三个发展阶段,与奥克斯集团培育前两大优势产业(电能表、空调),所独有的成长规律基本相吻合。

厚积薄发

奥克斯于 2002 年下半年进入手机产业,生产基地设在宁波市鄞州区。由于在空调产业事件营销策划上的成功,奥克斯曾一度也想在手机产业上进行复制。

但是,受制于两大因素,难以简单复制空调产业的营销策略。一是,企业没有自主手机牌照,只能靠租别人的牌照进行生产,每生产一台手机,就要为此支付 30－100 元不等的贴牌费,企业生产成本大大增加,产品很难做到总成本领先,因此不具备打价格战的基本条件,虽然有过几次事件策划,也是属于零打碎敲的;二是,因为没有手机牌照,自己生产的手机属于"非法黑户",不能入网,不具备品牌营销传播的条件。于是,奥克斯为了争取手机牌照,曾状告过信息产业部。总体上,在 2003 年和 2004 年这两年里,奥克斯的手机产业举步维艰。

2005 年春节刚过,国家发改委宣布手机牌照由审批制改为核准制。同年 3 月 31 日,奥克斯成为首批 5 家获得手机牌照的企业之一。

然而就在此时,洋品牌手机在中国市场掀起一波狂澜,竞争加剧,2005 年市场洗牌进入高峰期,许多国内品牌手机企业面临亏损困境,刚拿到手机牌照的奥克斯通讯产业也面临一场生死大考。

每一次行业的洗牌都是挑战与机遇并存,对于行业新军来说更是如此。怎样走好摆在眼前的这步棋,将事关全局,这时候奥克斯决策层十分冷静。首先,站在战略高度上分析,摆在第一位的是生存,先积蓄力量,同时企业要注重长期投资和稳定回报;其次,站在资源合理配置上分析,带着企业自身资源去整合全国的资源,把生产、研发、营销基地办到更有价值的地方,能快速提升企业和产品的整体竞争力;第三,站在区域产业竞争角度上分析,从产业链的优劣势,从获取技术信息的便利性,从人才、市场的竞争地位等多因素分析比较,深圳要明显优于宁波。为此,集团做出了将手机产业整体搬迁到深圳的重大决策。

搬迁行动采取了两步走策略。2005年下半年先将手机电池企业搬到深圳龙岗，整体租下了一个独立厂房。经过半年运营以后，集团对搬迁效果做出评估，然后下决心整体搬迁。这时候，深圳市龙岗区经贸局和招商办得知信息后，主动派人员到宁波同集团领导作了沟通、洽谈，并表示优先安排200亩左右土地供奥克斯建厂。

租用厂房还是新建厂房，奥克斯同样面临两难选择。集团派我和通讯事业部负责人到深圳龙岗作了实地考察，分析租房与建房各自利弊。经过分析比较，我们认为新建厂房又要一笔大的投资，没有两年还建不成，时间上等不起，在宁波再"耗"两年，损失会更大，建议集团先采取租房策略。在深圳现场办公会上，集团接受了我们的建议。整个通讯事业部生产基地设在龙岗，营销、研发机构设在深圳市区。2006年上半年一次性完成了整体搬迁，通讯事业部龙岗生产基地很快投入正常运营。

集团副总裁郑江坐镇深圳，统一协调指挥通讯手机产业的研发、营销、生产工作。

在崭新的、良好的产业环境中，奥克斯通讯事业部从上到下埋头实干，苦练内功，不但摆脱了困境，而且一年一个变化，蒸蒸日上。集团也从变化中看到了新的希望，加强了手机产业的经营管理力量，调用了曾任空调事业部总经理的陈光辉任通讯事业部总经理，充实加强了研发、采购、生产、销售等部门中层骨干队伍，为手机产业的长远发展奠定了基础。

2008年和2009年，在经济危机面前，奥克斯逆势而上，三大制造业均收获新跨越。电力产业直接受惠于国家四万亿投资，手机产业与空调产业一样，都受惠于国家家电下乡的一系列优惠扶持政策。奥克斯手机异军突起，2008年产销首次突破300万部，2009年突破500万部，出现前所未有的好势头，具备向国产手机第一阵营发起冲击的条件。

危机是传统模式之危,让粗放的增长难以为继,也是科学发展之机,将企业推到了转型发展的风口浪尖。机遇是给有准备的人,谁能华丽转身迅速转型,谁就有资格把握国际化的机遇。

2005年和2006年通讯手机产业整体搬迁,体现了奥克斯决策者的非凡胆识;2008年和2009年主动应对全球经济危机,三大产业逆势飞扬,彰显了奥克斯决策者的英明、果断。奥克斯在经济危机三个阶段中的应对措施十分有效,特制表如下,供读者一阅。

表 5-1 　奥克斯在经济危机三个阶段中的应对措施

阶段	时间	国内外经济形势	奥克斯面临状况	典型策略
第一阶段	2008年7月—2009年3月	中国乃至全球经济增速逐步下行,主要经济指标不断下挫	出口订单锐减,国内市场需求萎缩,生产运营资金日益告急	保持信心现金为王
第二阶段	2009年4月—2009年9月	国家利好政策出台,国家三部委"家电下乡"政策全面推广,国内经济增速触底反弹,各项指标企稳回升	制造业全面恢复正常运营,生产量和销售量逐月上升,1至9月,销售收入比上年同期增长20%以上,电力产品更是高达30%以上	自主创新精益管理
第三阶段	2009年10月至今	国家经济刺激和扩大内需政策效应进一步释放,促调整力度进一步加大,总体经济呈持续较快向上的发展态势	在"做强制造业、适度多元化"发展战略指引下,企业又步入了新的快速发展轨道	建设学习型企业文化转型

高尔夫结缘

郑坚江董事长喜爱高尔夫运动,练就了一身真功夫。

2009年11月26日,他应中国商业联合会何济海会长的邀请,作为特邀嘉宾出席了广东东莞塘厦国际高尔夫运动用品博览会。通过"高博会",他对塘厦一见钟情,留下了难忘印象。

12月2日,回到公司的他,立即向我面授机宜。他说:"塘厦的区位优势非常好,有利于把通讯产业做大。"

"塘厦在哪里?"我问。一开始,我还以为塘厦在深圳。董事长叫秘书拿出地图,用手指着塘厦镇的位置说:"塘厦镇虽然属于东莞市,但离深圳市比较近,交通也比较方便,通讯产业基础也比较好,可以考虑把手机产业搬到塘厦去。"

"塘厦镇政府态度如何?"我继续问。

"还没同镇里领导交换意见,估计当地政府会欢迎我们投资。"他交给我一个联系电话,叫我直接同镇委赵如发委员联系。接着,董事长绘声绘色地讲述了塘厦"高博会"情形,连夸一个镇举办国际性的专业博览会,十分了不起。他还说了将手机产业迁往塘厦的战略思想和发展打算。

我听后,感受颇深。"塘厦战略"将事关奥克斯通讯手机产业的做大做强,事关能否成为国内手机领军品牌的大问题。

接到新的任务以后,怎样同塘厦镇领导对接,成了整个策划通讯产业战略投资的第一个环节。在以后几天时间里,我反复地思考着、酝酿着塘厦项目,试探着开始采取推进措施。

一方面,上网查阅塘厦镇的基本情况,塘厦国际高尔夫运动用品博览会的盛况以及公开的镇领导个人资料。

"塘厦,毗邻深圳观澜镇,观澜湖高尔夫球会号称世界第一大高尔夫球会,人们往往以为是深圳观澜,而非东莞塘厦,其实大部分的球场位于塘厦,而且在塘厦形成了高尔夫运动用品的特色产业群。中国(塘厦)国际高尔夫运动用品博览会是经中国商业联合会批准,2009年首次举办,设有国际标准展位473个,展馆面积近2万平方米,共吸引来自国内和英国、美国、德国、意大利、法国等30多个国家200多家企业参展。展会云集了DUNLOP、BEAVERTON、GOLDMARK、BEN、HOGAN等国内外知名的多个高尔夫品牌用品。展品包括球杆球具、电动球车、草坪机械、灌溉设备、服装服饰等 30 多个类别、近 1000 种产品。除大型展会外,还举办了塘厦高尔夫运动用品产业发展论坛、中国高尔夫球 OEM 生产技术交流会等一系列活动。今后将成为一年一届的常年会展。"看了这些资料,我对塘厦也有了仰慕之情。

另一方面,在掌握塘厦的基本情况以后,我同赵如发委员先进行了电话联系。

"奥克斯也做手机?"这是赵委员接到我的电话之后的第一个反应。

直觉告诉我,他不了解奥克斯的手机产业。我改用短信的方式告诉他:"奥克斯集团郑坚江董事长参加了你们镇举办的高博会,对塘厦的印象非常好,有把奥克斯手机产业搬到塘厦镇的想法。我是集团副总裁,主管投资,何时去拜访您合适,请回复。"

从中午发出短信一直等到晚上九时,他终于回电。赵委员告诉我,他正在出差途中,等回塘厦后再联系。后来,又同他电话联系过几次,他不是在开会便是在出差,工作实在很忙。

此时,我认为必须改变沟通方式,决定"登门拜访"。

开启塘厦之旅

从几次电话联系中,我分析,包括赵如发委员在内的塘厦镇领导,可能不一定全面了解奥克斯集团情况,即使了解一点,他们眼中的奥克斯是做空调的。后来,与赵委员、镇长、书记的见面过程,证实我的分析是正确的。

我和助手王伟平精心策划了第一次塘厦之行。

我们事先准备了集团 PPT 资料介绍,带了公司宣传册等资料,也准备了两部手机样品,对奥克斯手机产业情况进行了梳理,还对由宝安机场到塘厦镇的行程路线和交通方式作了了解,对拜访时间进行了周密计划。见面说什么话,如何用最简单的方式打动他们,使他们对项目产生兴趣、产生共鸣,都打好了腹稿。

"做大事,必须与政府有良好的沟通,需要企业将政府关系管理放到战略高度加以重视。""政府掌握着土地资源和政策资源,还掌握着立法执法和制定政策等一系列非经济手段。"取得信任是建立政府关系的第一要务。"政府官员是否投给你信任票,决定着项目对接的成败。"

基于这些认识,我和助手王伟平深知塘厦之旅肩负的重要使命。

2009 年 12 月 20 日,星期天。

下午,我同王伟平抵达塘厦,我们选在镇政府附近酒店入住。晚上 9 时许,我用短信方式告诉赵委员,我们已到塘厦,明天上午去他办公室拜访。

赵委员回电话说:"你们的到来出乎意料,明天上午有个会,下午到我办公室见。"

第二天下午,如约提前来到了赵委员办公室。在他秘书的配合下,我们对接下来的会晤做好了场景布置。王伟平打开手提电脑调好集团 PPT 介绍画面,我把两部手机样品和公司宣传册放在茶几上,准备让赵委员的目光来一个聚焦:我们是为谈手机项目而来。

14 时 30 分,赵委员走进他的办公室,一边笑容可掬地连声说欢迎、欢迎,一边看着茶几上摆着的两部手机,高兴地问:"这是你们奥克斯生产的手机?""是的。"我边回答他的问话,边向他介绍起奥克斯集团的通讯产业。"奥克斯手机生产许可证是国家发改委 2005 年核准颁发的,第一批全国只有五家,奥克斯就是其中之一。奥克斯集团有三大制造业,主导产品分别是电表、空调和手机。每培育一个支柱产业,都用五年左右时间完成原始积累,然后再发力冲刺。现在电能表是全球产能第一,空调是全国前四强。"

赵委员拿起手机样品欣赏着。我指着他手中的手机说:"奥克斯手机产业基地在深圳龙岗,租用了标准厂房,2009 年产销达 500 万部,自产 300 万部、OEM200 万部,形成了研发、生产、采购、营销等完整的产业链,已具备做大、做强的条件,第一个目标是 1000 万部。郑董事长看好塘厦镇,计划把龙岗的手机产业整体搬到塘厦镇来。"听了我的介绍,赵委员叫秘书招待我们喝茶。他说:"我有事出去一下,马上就回来。"

赵委员一走出办公室,秘书即告诉我,他去镇长那里。我心领神会。我和王伟平来塘厦之前在网上查过,镇长叫方灿芬,看人名像个女的,其实他是个男同志,调塘厦工作还不到一年。大约五分钟后,赵委员回来了,他带我们俩去镇长方灿芬办公室。

一跨进门,方镇长热情地握住我的手,连声说:"奥克斯来塘厦投资,我们欢迎。"

"前不久,有一家手机加工企业来到塘厦,说投资 20 亿元,要做国内最大规模手机制造厂,问他们有没有牌照,结果是 OEM 加工厂,被我们婉言谢绝了。"方镇长说。

我们领会镇长的意思,请他观看集团 PPT 宣传材料,看奥克斯自主品牌手机样品。

镇长秘书送上塘厦地图,方镇长指了三处用地,说可以让奥克斯挑选。与镇长会谈不到半小时,身材高大的叶锦河书记微笑着进来了。我们一见如故,谈得十分投机。

第一次来到塘厦,一见赵委员,二见方镇长,三见叶书记,达到了预定目的。双方确定 23 日举行第一次正式会谈。晚宴时,赵委员指定民营科技办主任赵展扬作为政府方面项目对接人,一起共进晚餐,相聚甚欢。

晚餐后,我将当天进展情况向郑董事长、郑江、陈光辉作了汇报,他们听后都感到高兴。

真情互动开局

经过 21 日下午的短暂会面之后,政企双方围绕投资项目进入了实质性的推动,以具体行动表达合作的诚心与诚意。22 日,双方各自围绕会谈主题做准备。

塘厦镇委、镇政府,上午召开联席会议,由赵委员通报了奥克斯手机项目的投资意向;镇土地规划建设主管部门通过分析摸底,提出了用地方案,会上讨论确立了三处候选地块。下午,镇长亲自下村做村干部思想工作,现场调研地块情况。

奥克斯企业一方也紧张地准备着。第一次会谈主要涉及合作框架问题,我方必须提报项目概念性规划方案,包括用地面积、选址要求、投资规模、进度安排等。为此,利用 22 日一天时间,我既安排了下手机工厂参观考察,又安排了与通讯事业部领导讨论投资方案。早上八点,通讯事业部邹三兵接我和王伟平从塘厦镇出发,九点左右就到达深圳龙岗。

通讯事业部生产基地全部设在龙岗,下辖五个分厂,其中手机电池厂独立租用一个厂区,其他四个工厂,包括 SMT 贴片、精工、塑胶、总装及售后维修服务部合租一个厂区。租用厂房面积累计达数万平方米。

上午,我和王伟平参观了分布在龙岗两处的 5 家分厂,见到井然有序、一派生产繁忙的景象,内心感到由衷高兴,同塘厦镇政府进行项目洽谈更充满自信。

下午,我与陈光辉总经理一起讨论了项目投资方案。然后赶往深圳市区,同郑江副总裁和研发中心负责人进行工作交流,商量了第二天去塘厦的会谈计划。

在短短一天时间里,我们既掌握了通讯手机行业及本企业的情况,又对投资有了初步方案,使得 23 日的会谈心中更加有底。

第一次正式会谈于 23 日上午 9 时在塘厦举行,地点设在塘厦镇政府三楼会议室。塘厦镇一方参加会议的有书记叶锦河、镇长方灿芬、镇委委员赵如发、民营科技办主任赵展扬、规划土地管理所所长刘裕兴等；奥克斯一方参加会谈的有郑江、陈迪明、王伟平、陈光辉、周夏峰等。

会谈由方灿芬镇长主持。大家先观看了塘厦镇宣传资料片和奥克斯集团PPT宣传介绍；然后，由郑江代表奥克斯集团详细介绍了通讯手机产业的投资扩张计划。

会谈重点围绕项目落户塘厦的优势与发展前景，用地面积与选址两个问题而展开讨论。前一问题很快达成共识。用地面积与选址，双方各持己见。政府方面希望项目放在工业区二期地块，以带动新区开发；企业方面希望项目放在地处城区范围内的科苑城。最终达成一致意见，项目用地在科苑城、工业区和规划中的工业区二期进行选址。叶锦河书记作了总结性讲话。

在赵如发、赵展扬、刘裕兴三人陪同下，按照我们提议，顺着"工业区二期—工业区—科苑城"次序，进行了实地查看，对比分析，确定选中科苑城位于蒲心湖村和四村相交会的地块，面积大约300亩，距离镇行政中心约两三公里，配套设施全，容易打造企业形象工程。

方灿芬听过汇报后，表示支持我们的选址方案。他说："工作需按程序进行。由政府先向东莞市重点项目办公室汇报沟通，等市里有明确意见后再向奥克斯方面进行具体对接。请奥克斯方面抓紧提供书面项目报告。"

我领会方镇长的意图，回答说："我们会尽快提交项目建议书，供政府决策。请镇委、镇政府领导择日考察奥克斯集团。"方镇长、赵委员愉快地接受了邀请。

结束第一次正式会谈后，双方不仅积极开展第二阶段工作，还互相"飞鸽传信"，充分表达了双方之间的"情投意合"。

为了增进了解，加强互信，奥克斯方面主动发出了邀请函，原文转载如下：

邀请塘厦镇委、镇政府主要领导到宁波奥克斯集团总部参观的函

东莞市塘厦镇委、镇政府：

2009 年 12 月 21 日—23 日,我集团郑江、陈迪明两位副总裁和通讯事业部经营团队访问了贵镇,受到镇委、镇政府主要领导的会见,双方并就奥克斯手机投资项目选址塘厦做了初步交流,基本上达成一致共识。

为使贵镇领导进一步了解我集团的情况与项目投资安排,特邀请塘厦镇委、镇政府主要领导在百忙之中近期安排时间莅临宁波奥克斯集团总部视察指导,同我集团郑坚江董事长会晤,共商合作大计。

恭候塘厦镇委、镇政府领导的光临!

奥克斯集团有限公司

二〇一〇年一月八日

★ 点评:这份邀请函,反映了三个方面的诉求,一是寥寥数语、简明扼要、一目了然,反映了一个企业的形象与风格;二是充分体现了企业寻求合作的诚心与诚意;三是会谈后半月内主动邀请,时间节点上把握得也很好。

塘厦镇接函后,进行了认真研究,为表明政府的一份诚意,很快就回复了感谢函。现将原文也转载如下,以供读者交流参考。

塘厦镇人民政府感谢函

奥克斯集团有限公司:

送来《邀请塘厦镇委、镇政府主要领导到宁波奥克斯集团总部参观的函》收悉。2009 年 12 月 21 日—23 日,贵公司郑江、陈迪明两位副总裁和通讯事业部经营团队亲临我镇考察,进而确立了投资建设"塘厦奥克斯通讯科技产业园"的初步意向。在此,塘厦镇委、镇政府对贵公司有意向前来投资表示热烈的欢迎,对邀请我镇主要领导到贵公司参观表示衷心的感谢!

改革开放以来,塘厦镇积极引进资金、技术和人才,构建起电子信息、电源电池、家用电器等支柱产业,是国际性电子、电脑、电器及周边设备加工制造业基地之一,综合经济实力位居东莞市各镇(街)的前列。塘厦奥克斯通讯科技产业园的投资建设,必将进一步完善我镇的通讯配套产业链,成为我镇经济发展的新亮点。该项目计划投资15—20亿元,规划用地300亩,建成后预计年产值达到40亿元人民币,这不仅体现了贵公司敏锐的市场洞察力和高瞻远瞩的眼界,也是对塘厦优越投资环境的充分肯定。我镇主要领导愉快地接受贵方的邀请,将择机到贵公司宁波集团总部参观考察,并以最优的政府服务和最佳的投资环境,努力推动项目早日落户投产。

特此函复

塘厦镇人民政府
二〇一〇年一月十二日

★ 点评:这份回函同样言简意赅,也反映了三个方面诉求:一是表明了政府欢迎奥克斯手机项目落户塘厦的态度;二是表现出政府与企业的真诚互动;三是描绘了塘厦镇和项目的美好前景。

精心准备项目建议书

编制项目建议书,是做好战略投资项目整体谋划推进的重要环节之一。

编制项目建议书有两个直接目的:对公司而言,这是企业内部一个文件,用来向董事会、理事会汇报并希望得到他们的批准;对政府机构而言,这是企业寻求官方支持的一种书面工具,并希望得到他们的重视和认可,从而使得项目前期有序地进入下一阶段（即合同制作、谈判）的工作步骤。

编制一份好的项目建议书，必须经历两个过程。

第一个是准备过程，明确主题思想、收集相关资料、提出初始方案。在项目分析、信息收集、区域选择、接触考察的前期阶段，投资总裁就在同步酝酿项目建议书的主题内容，不断向团队成员征询意见，同政府机构及官方人员交谈过程中透露交流项目建议书的初始方案，从中观察他们的反应，听取他们的建议，再加以归纳与整理，使得项目建议书能抓住主题、抓住重点，抓住政府、企业共同关心的话题。

因此，塘厦项目建议书的准备过程早在 2009 年 12 月 20 日至 23 日，三四天时间的塘厦之旅，我们就在分分秒秒中开始了资料的收集。我们不仅同镇领导沟通交流，参观考察生产基地，还同通讯事业部领导探讨问题，其中一个很重要的目的，就是为起草项目建议书做准备。

12 月 21 日下午，一见赵委员，二见方镇长，三见何书记，双方始终在交流投资意向，探讨项目主题；第二天，在通讯事业部财务部常务经理邹三兵陪同下，我和王伟平走遍了分布在龙岗的 5 家生产分厂，包括 SMT 贴片、精工、塑胶、总装、锂电池及售后服务部。边参观边了解情况，考察结束后，我叫邹三兵书面提供集团通讯产业发展方面情况与数据；当天下午，在同郑江、陈光辉两位领导交流时，我们就全国通讯手机行业发展情况、奥克斯手机产业发展规划进行了深入探讨，搜集了相关信息资料。

12 月 23 日，趁第一次会谈之际，我向塘厦民营科技办和规划土地管理所要到了东莞市招商政策和土地规划方面的资料。邹三兵提供的《AUX 通讯事业部整体概貌和前景规划》，赵展扬提供的《塘厦镇招商政策汇编》和刘裕兴提供的塘厦镇土地规划资料，为我起草项目建议书提供了帮助，特别是邹三兵提供的资料，基本称得上是项目建议书雏形。

第二个过程就是撰写。成功地完成一份项目建议书，同其他任何工作一样，都需要深思熟虑的准备、有效的策划和精心的计划,同样需要付出大量的努力。

如何撰写高质量的项目建议书? 我的体会与经验是:首先,要有正确的理念,企业和政府之间是通过实实在在的项目建立一种合作关系,项目建议书是一个起到桥梁作用的文件;其次,要使政府官员看了项目建议书后,对项目有一种期待;再次,需要付出艰辛劳动,发挥自己的创造力。

换一种说法,就是撰写高质量的项目建议书,第一,要有立意;第二,要有新意;第三,要有创意。所谓立意,指的是要有明确的项目主题思想;所谓新意,指的是提出的项目要有新思想、新观点、新见解、新方法;所谓创意,指的是一种智慧拓展,不被形式所束缚,跳出常规,超越自我。

《塘厦奥克斯通讯科技产业园项目建议书》于 2010 年 1 月 10 日完成。这份建议书,完整、扼要地描述了项目概况、项目选址与用地、项目建设目标、项目前景分析(包括国际、国内、市场预测和 AUX 手机产业发展现状及规划)、项目建设规划、项目进度安排、项目投资估算、财务经济分析等八个方面内容。

在向塘厦镇发出邀请函后的第三天,即 12 月 11 日上午,我以电子邮件的方式将项目建议书发给赵展扬主任,他收到后立即打印,呈送给方镇长、赵委员批阅。12 月 12 日,奥克斯收到镇委、镇政府发来的感谢函。

所以,一份好的建议书,是开启成功的项目的"金钥匙"。

镇长之行全记录

2010 年 3 月,暖风习习,吹得大地一派青翠苍绿,人们忙着播撒新的希望。塘厦镇与奥克斯之间的合作,也在这万物复苏、春意盎然的景象中开始了"春天的约会"。

3 月 29 日,方灿芬镇长亲自率领相关镇、村领导一行七人,专程访问了奥克斯集团总部,并同集团最高层领导举行了第二次正式会谈。这次访问与会谈,使项目推进取得了实质性成果。

《东莞塘厦奥克斯通讯科技产业园项目会谈纪要》全面真实地记录了这次访问行程与会谈结果。原文载录如下:

东莞塘厦奥克斯通讯科技产业园项目
会 谈 纪 要

东莞塘厦奥克斯通讯科技产业园项目,是集团目前对外投资的四大重点项目之一。为进一步做好本项目的落地推进工作,集团邀请塘厦镇领导来公司考察。3月28日22时,塘厦镇方镇长率领相关人员一行7人抵达宁波,来我公司进行参观、考察,洽谈本项目合作事宜。

29日上午,方镇长一行分别考察了明州医院、AUX大厦、盛世天城、总部展厅、空调总装线和电能表分厂。下午,双方在集团总部一楼贵宾室,就塘厦通讯科技产业园项目,进行了充分、友好的洽谈。

一、参会人员

塘厦镇:镇长方灿芬、镇党委委员赵如发、黄北强,清湖头社区书记杨颂强、莆心湖社区书记罗国田,赵展扬主任、刘集兴主任。

奥克斯:郑坚江董事长、郑江副董事长、陈迪明副总裁、陈光辉总经理、朱雪芳、叶名成、李倩。

二、会谈内容

1.首先,董事长向客人介绍了奥克斯集团的发展历史,着重介绍了奥克斯通讯产业成长、发展、壮大的历程,并详细阐述了塘厦通讯科技产业园项目建设的必要性和可行性。

必要性:随着奥克斯通讯产业规模的不断做大、做强,需要重新选择产业基地，以适应市场的需求。

可行性：

奥克斯是国家级工程技术中心和博士后工作站常设单位，有能力做好本项目；

奥克斯实行多元化产业发展，有实力做好本项目；

项目建成后，会产生产业集聚效应，带动塘厦经济的发展；

塘厦区位优势明显、物流通畅、供应链充足。

随后，董事长就本项目的建设，提出了三点具体要求：

①根据本项目的建设规模，生产型厂房和办公型用房的建设需要300亩用地，另外，为更好地解决产业配套和本公司高管团队的安居问题，建议塘厦镇预留300亩地，作为本项目的配套用地。

②考虑到本项目300亩用地中，跨莆心湖和清湖头两个社区，希望镇里协调好两个社区之间的关系，确保一起供地。

③本项目建设要有高度。它的建成，不仅将作为奥克斯通讯产业一个产业基地，而且要建成"样板工程"，彰显企业的风格，达到经济效益和社会效益的双丰收。

2.方镇长在听完董事长的介绍后，首先表达了自己参观奥克斯相关产业后的真实感受，认为奥克斯是大品牌、大企业、大发展，并十分看好奥克斯，看好本项目。

接着，方镇长详细介绍了塘厦镇的基本情况。塘厦镇位列中国千强镇第五，东莞市排名第三，区位优势明显，产业链丰富。在投资环境上，无论硬件还是软件，都有着很强的优势。针对本项目，塘厦镇的相关政策是：

① 保证项目用地符合建设要求，达到"七通一平"的条件，即通给水、

通排水、通电、通邮、通讯、通路、通燃气以及场地平整。

②根据本项目规模,一期可先供200亩土地,其余土地按项目建设进度和企业的发展需要供给。

③目前,根据相关政策,塘厦镇工业项目用地,土地基本价为450元/平方米(30万/亩),本项目可按大项目操作,适当给予优惠。

④土地使用费8元/平方米/年。

⑤作为大项目,项目各项审批可享受"绿色通道"待遇,简化流程。

3.会上,陈迪明副总裁提出,本项目是一个技术、市场、工艺均成熟的项目,发展前景十分看好,奥克斯通讯产业在研发、生产、营销、采购等方面已形成完善的体系,项目建成投产后,效率、效应会立竿见影。希望塘厦镇在土地价格上按大项目给予优惠,价格400元/平方米。

4.双方经过认真讨论,会谈达成如下一致意见:

①黄北强委员、陈迪明副总裁分别作为本项目双方进一步对接的代表。

②土地价格、供地时间、供地规模等方面,双方再作进一步商榷。

③尽快达成共识,完成《投资协议》签订的准备工作。

④争取参加5月份东莞市在北京举行的大项目《投资协议》的签约仪式。

⑤争取项目早日开工建设。

本次会谈纪要由叶名成整理

2010年3月31日

合同制作与谈判

塘厦项目经过前两轮的正式会谈,双方认同了合作愿景,建立了合作机制,确定了主要标的,明确了时间节点,这为合同制作与谈判,创造了良好条件,奠定了扎实基础。4月份,塘厦项目进入到项目合作协议书(即合同)的制作阶段。

这项工作由我和赵展扬主任共同完成。

我先请赵主任提供了一份该镇其他合作投资项目的参考文本,再结合本项目特点与投资内容,草拟了协议书的第一稿。

这份合作投资协议书共有11个条款,内容涵盖项目用地选址,土地性质与出让方式,投资进度与强度,建设时间与进度,费用构成与支付,优惠政策与办法,双方责任与义务,违约责任与赔偿金等。

有了这份草拟稿,我和赵展扬主任就代表各自一方,通过电子邮件、手机短信、传真、电话方式进行讨论、修改、补充与完善。对于有争议的协议条款内容与新问题,都先请示各自领导,然后本着"求大同、存小异"原则,对有争议的内容达成一致。

项目合作协议书经双方主要领导原则同意后,定于2010年5月5日举行正式谈判。

项目协议书(即合同),是建立双方合作关系,明确项目内容、各方责任义务,信守各自承诺的法律文本。按照惯例,谈判往往经历一个复杂的过程,需要较长时间的磨合,双方"斗智斗勇"。然而,本次谈判却是简单明快的。

    时间:2010年5月5日上午9:30—11:30

    地点:塘厦镇政府贵宾室

    主题:塘厦奥克斯通讯科技产业园项目协议书谈判;

    会谈内容涉及:项目投资内容,投资强度与进度;项目用地面积、土地价格;供地时间、优惠政策;项目正式签约时间、地点及签约后工作(即对接事项等)。

双方参加会议人员：塘厦镇方：方灿芬镇长、赵如发委员、赵展扬局长（民营科技办已升格为民营科技局）、镇长秘书伦旭华；奥克斯方：郑江副董事长、蔡承祸董事长助理、陈迪明副总裁、陈光辉总经理等。

谈判在友好气氛中进行，在两个小时内达成一致意见。

不知道整个过程的人会想象，合同谈判如此简单？其实道理很简单："台上一分钟，台下十年功。"

协议书在起草、修改、完善的一个多月时间里，双方代表已对各项条款反复切磋、协商，并征得了各自最高领导同意，本次谈判其实是走了一下形式，完成最后冲刺。

两次签约仪式

同一个项目举行了两次签约仪式。一次是在首都北京饭店金色大厅举行的广东东莞(北京)投资推介会上，本项目作为市级招商引资大项目之一，参加签约仪式；另一次是在塘厦镇的三正半岛大酒店，由塘厦镇委镇政府安排，单独举行了《塘厦奥克斯通讯科技产业园项目协议书》签约仪式。

1. 北京签约活动随记

2010年5月21日上午，广东东莞(北京)投资推介会在北京饭店金色大厅隆重举行。

本次活动规模大、规格高。国家发改委和广东省有关领导，东莞市主要领导刘志庚、邓志广，以及东莞及环渤海经济圈的相关企业代表共800多人出席了推介活动。

图 5-1　2010 年广东东莞(北京)投资推介会北京饭店金色大厅现场

　　会上,东莞市委书记、市人大常委会主任刘志庚作了题为《结交新朋友、推介新东莞、寻求新合作》的致辞。随后,虎门港、东莞生态园、塘厦镇、石排镇等园区和镇街进行了现场推介。与会嘉宾还一起观看了东莞宣传片。

　　会上,共有 47 个合作项目签约,投资金额多达 437.86 亿元。其中包括奥克斯通讯科技产业园项目在内的七个项目进行了现场签约,签约金额 213.7 亿元。

　　本次会议发言的单位和现场签约的项目,是东莞市政府经过反复比较筛选出来的,代表了未来东莞市产业结构调整、转型升级的方向。

　　作为广东省中心镇和"中国高尔夫产业名镇"的塘厦镇,镇长方灿芬在会上进行了现场推介,重点介绍了塘厦的发展条件、优势和定位,推介了投资环境和招商重点。在随后的签约仪式上,我同方灿芬镇长代表合作双方,上台签署《奥克斯通讯科技产业园项目协议书》,握手在北京饭店金色大厅。

图 5-2　奥克斯通讯科技产业园项目落户塘厦签约仪式在北京饭店举行

（图中签字握手者右侧为作者、左侧为塘厦镇方灿芬镇长）

2. 塘厦签约活动

2010 年 5 月 27 日,东莞日报等当地媒体以大幅版面报道了奥克斯通讯科技产业园项目落户塘厦签约仪式的盛况。报道中称:2010 年 5 月 26 日,塘厦镇政府与奥克斯集团有限公司举行项目签约仪式。塘厦镇委副书记、镇长方灿芬与奥克斯集团副董事长郑江签署了《塘厦奥克斯通讯科技产业园项目合作协议书》,这标志着该项目正式落户塘厦。市委常委、秘书长何嘉琪,塘厦镇委书记、镇人大主席叶锦河出席了项目签约仪式。

奥克斯集团是中国 500 强和国家重点火炬高新技术企业,产业涵盖电力、家电、通讯、地产、医疗、投资等领域。以手机为主的通讯产业,是奥克斯集团重点培育的第三大制造业。目前,奥克斯拥有 AUX、BFB 两大自主手机品牌。去年,产销

图 5-3　奥克斯通讯科技产业园项目落户塘厦签约仪式在三正半岛酒店举行

（图中后排左起第四位为作者）

手机 500 万套，电芯 1800 万只，电池 800 万只，产品退换机率在 3% 以下，远低于国际品牌 5% 的退换机率行业水平。奥克斯集团目前产能远不能满足市场需求，其中有近 50% 的产品在进行 OEM。

该集团计划投资 15 亿－20 亿元，在塘厦兴建占地约 300 亩的通讯科技产业园，拟整体搬来通讯公司总部、研发基地等。

奥克斯集团董事长郑坚江坦言："奥克斯很看重塘厦与深圳观澜镇接壤的区位优势，以及经商环境。塘厦的发展与深圳经济圈紧密相连，是承接深圳高新技术产业延伸扩散的最佳基地，是大企业规模扩张、战略布局的投资福地。""奥克斯集团计划将通讯公司总部、研发基地、员工生活区等整体搬迁至塘厦，使奥克斯集团通讯产业生产规模与竞争能力跃升国内品牌手机前列。今后，集团将以通讯产业为起点，拓宽在其他产业领域与塘厦镇的进一步合作。"

塘厦启示

经历 2008 年以来全球经济危机的洗礼与考验,中国民营企业正进入一个新的产业转型时代,一个由不可逆转的结构变革所定义的时代。

新思路谋划新发展,新起点实现新跨越。

在新的历史时期,民企战略投资的重要意义集中体现在:在科学发展观指导下,坚持以扩大经济总量和促进产业升级为目标,为全面增强发展潜力,提升综合竞争实力,实现宏伟目标提供强大支撑。

战略投资项目,是企业发展壮大的"引擎",是拓宽拉长产业链的"火车头"。今天的投资结构,就是明天的产业结构。搞项目,就是抓发展机遇;只有抓住、抓准项目,才能真正抓住发展机遇。

奥克斯集团谋划运作战略投资项目的"真经",就在于三个"重在":重在科学谋划,重在高层统领,重在扎实推进。

◆ 重在科学谋划,专业的事,让专业的人来做;

◆ 重在高层统领,集团董事长亲自抓战略投资;

◆ 重在扎实推进,策划生成一个项目,就全力实施一个项目。

"以战略投资为主要动力,大力积蓄公司发展后劲,引领企业跨越式增长。"这是奥克斯集团重视战略投资的根本出发点与目的。

有人不理解奥克斯投资塘厦的举动,提出了"不少企业在考虑向中西部搬迁和转移,为什么奥克斯却偏偏逆势而进,谋划东莞"这样一个疑问。我虽然不能全面诠释这个问题,但知其意图何在!

有着"产业王国"之誉的奥克斯集团,先后培育、形成了电力、家电、通讯跨行业的三大制造业。其中,"三星电能表"和"奥克斯空调"是中国名牌产品,"三星"、"奥克斯"是中国驰名商标。我针对奥克斯"创业之路、成功之道"的研究中,无意之中发现其三大制造业有着惊人相似的发展轨迹,从开始培育到成长为有较强竞争力的支柱产业,都大体经历了五年左右的时间,然后进入腾飞期,五年上一个大台阶。

电力产业

1989 年,创建宁波三星仪表厂,主导产品"三星电能表",正式跨入制造业;

1995 年,改制成立宁波三星集团股份有限公司,成为现代大型股份制企业,产品进军全国市场;

2000 年,三星电能表产能位居全球第一,研制变压器、箱式变电柜等产品,全面进入电力产业。

家电产业

1994 年,创建宁波奥克斯电器厂,正式跨入空调制造业;

2000 年,开始运用"事件营销",由区域品牌向全国品牌挺进;

2004 年,奥克斯空调产销量步入全国第四,研制商用空调、冰箱、小家电等产品,全面进军家电产业。

通讯产业

2005 年初,奥克斯成为国家首批手机生产许可证核准企业;

2009 年,发展到 AUX、BFB 两大手机品牌,自产手机 300 万部,OEM200 万部,形成了研发、生产、采购、营销完整的产业链。

由此推知,奥克斯的塘厦战略投资行为,旨在打造通讯产业的集团总部。1000万部,是一个新起点,以此为带动力,奥克斯通讯产业将展翅腾飞。"十二五"时期,它必将成为又一个行业领军品牌,也会选择一些区域性城市攻城略地,再次战略扩张。

牵手体育挺进国际旅游岛

请到天涯海角来

这里四季春常在

海南岛上春风暖

好花叫你喜心怀

……

上世纪 80 年代初,著名女歌星沈晓岑的一曲《请到天涯海角来》唱红了大江南北,传遍神州大地,海南岛的椰风海韵也随着这歌声的欢快旋律飞进千家万户,海南岛成为无数人心目中的浪漫之地、度假天堂。

这里的阳光、空气、沙滩令人陶醉沉迷,就连我自己和身边的亲朋好友,都会去海南旅游度假,可以在一年中寒冷的季节小住片日,享受蔚蓝的大海、金色的沙滩、温暖的阳光,有魄力和家庭经济富裕的朋友还会在海南置业,大到海滨别墅,小到单身公寓。

海南除了如梦如幻般的风光以外,在经济大潮汹涌的时代,还是投资客、开发商梦想成真的地方——海南的楼市从来不缺关注的目光和热烈的话题,尤其是在获批建设国际旅游岛后,用火爆已经不能形容它的盛况,"疯狂、非常疯狂",几乎一夜之间全海南可售楼盘被抢购一空。2010 年 1 月和 2 月的海南,地价、房价每天都在往上蹿红。政府急了,开发商急了,百姓急了。奥克斯也坐不住了,把投资目光迅速聚焦到海南,出手之快,方法之妙,堪称一绝。

由第一次赴海南考察说起

2010年1月31日,郑坚江董事长再也按捺不住急切的心情,开启了海南之行。他率领王海银、叶亚明、方洪亮(外请投资顾问)和我,一行五人,火急火燎地用三天时间,考察了海口、三亚、文昌三市。

由方洪亮牵的线,一开始有着具体的考察目的地,然而到了海口,一下飞机,对方接头人见面就说:"你们来迟了,要去考察的那块地被别的公司看上了。"听了这话,我们既有一点遗憾,又增添了许多期盼。

想不到刚抵达新国宾馆,又有新的地块转让信息送上门来了,提出的条件是,看土地可以,想同转让土地的开发商直接见面,先要看你们的资信证明,没有10亿元以上的银行存款证明,一切免谈,口气还挺硬的。为此,我们打电话通知集团资金计划部,当天银行就出具了资信证明,并电传到我手上。

"奥克斯老总带着十多亿现金到海南看地",消息不胫而走。这一下奥克斯"火"了。

我们一行从海口到三亚,再从三亚到文昌,再由文昌回海口,转了一大圈。每到一地,都有人(其实是"中介")陪同我们看地,但奇怪的是,始终没见到"土地的主人"。面对这种状况,我们由开始时的热血沸腾,渐渐回到冷静思考,立马调整考察路线与考察做法,撇开了"中介"。

我们五人对文昌市东海岸七星岭区域情有独钟,接连去实地看了两次。

第一次夜探七星岭

2日下午,我们一行人,开车从三亚来到文昌市东海岸七星岭已是傍晚时分,天色渐暗,因不认识去海边的路,就在当地叫了一辆电动三轮车引路。郑坚江兴致极高,坚持坐在电动三轮车上,大家劝不住他。海边的路泥泞不平,看着电动三轮车摇摇晃晃的车身,真为董事长担心。

王海银同电动三轮车夫开玩笑:"今天你好运到了,知道车上坐的是谁吗? 他是财神。"说得车夫开怀大笑。

我也风趣地说:"今天的行动非常有意义,一不怕苦,二不怕死,身价数百亿的老总坐着三轮车夜探七星岭,做实地调查。今后项目成功,这必将成为典故。"大家一致称是。

晚上八九点钟,我们还在七星岭海边的岸上,欣赏着月色下金黄色的沙滩,和远处港湾里亮着的灯光、停泊着的渔船。迎着海风,真有一种心旷神怡、诱人入醉的感觉。

第二次日赏七星岭

3 日上午八九点钟,我们又从海口赶到七星岭,看到了白天的景色。

阳光照射下的沙滩变得如同白金铺地,纯天然生成;蔚蓝的大海一望无际,望不到边,似乎梦境一般。人人惊喜不已,都好奇地赤着脚踩踏了近乎原始状态的金色沙滩,脱口称道:太美了!

3 日晚上,郑坚江再次召集大家开会,分析情况、研究策略。讨论主题是:如何才能获得东海岸稀缺的滨海土地资源?

你一言、我一语,大家一致认为,通过"中介"从别的开发商手里转让土地,存在很多风险:一是价格风险。"中介"出面很神秘,讲话很诡异,一句话可以概括他们的言行,在热炒地价、房价,从中渔利。二是政策风险。政府严控土地市场,下一步出台怎样的调控政策难以判断。三是财务风险。无论土地转让还是股权转让,财务隐患很多。

"既保险又可靠的唯一途径,就是同政府对接,争取政府支持"。这是我的建议,也是大家共同的看法。但是难度之大可想而知,因为海南省政府已有令在先,全省土地市场先整顿再放开。

怎样谋划项目？如何整合资源？怎么去同政府对接？谁来负责？作为分管战略投资的领导责无旁贷,我又挑起了新的担子。

在后来短短两个多月时间里,我们战略投资职业经理人团队充分发挥集体智慧,紧锣密鼓地谋划了海南文昌项目,继续上演了精彩一幕。

缜密分析项目条件

做好项目分析,这是民企战略投资的第一个工作流程,也可以说是谋划战略投资的第一步。在实地考察基础上,我们首先对内外部、主客观条件进行了缜密分析,进而确定了项目投资方向与发展定位。

第一,分析企业内部资源条件,选定项目方向。

我们从企业实力、投资惯例、海南特点三个方面出发,综合考量,选定投资方向。

1.奥克斯集团实力具备在海南做出大的投资行动。

在金融危机巨大考验面前,奥克斯表现出强大的发展韧劲,2009年实现销售收入201亿元,利税12.6亿元,创造出新的历史纪录。"稳健、平和、诚信、可靠"的奥克斯形象正越发饱满,深入到每一位奥克斯员工、客户、消费者心里。在奥克斯自我超越的改变中,企业新的三大发展战略,即人才战略、产业升级战略、国际化战略渐次展开。年销售收入成功站上200亿的奥克斯集团,明确提出"坚持主业、适度多元"的方针,向500亿乃至1000亿进军。战略投资是奥克斯未来发展的强大引擎与推动力。到海南投资,顺应国家大战略,可以做大的投资行动。

2.否决"工业切入＋地产跟进"的投资惯例。

做任何项目与投资,都必须坚持两条原则,一是盈利性,二是安全性。"工业切入＋地产跟进"的投资方式运用到海南,行得通吗? 大家分析认为,把奥克斯现有三大制造业分出一块产业放在海南,从产业链配套情况来看,不具备充足条件,即使政府的政策很优惠,把工厂建起来了,生产经营也会遭遇很多困难。在海南走"工业切入＋地产跟进"的路子基本上很难行得通,必须寻找新的投资路径,而且项目要符合政府提出的产业导向。

3.尝试旅游房地产作为海南项目的主要投资方向。

奥克斯地产经过十年来的发展取得了长足进步,入选 2010 年中国房地产百强企业行列。这是奥克斯集团新的产业优势。开发的房产种类已从住宅地产扩大到商业地产,开发的疆域已从宁波本土扩大到上海、南昌、天津、成都等地。国际旅游岛催热海南旅游房地产。海南岛长达 1528 公里的海岸线,其中一半以上具备旅游房地产开发条件。海南旅游房地产开发前景广阔,它最大限度地张扬了沙滩、阳光、鲜花、水果的热带风情,将资源转化为财富。奥克斯虽然没有做过旅游房地产,但是可以整合资源,引进这方面的人才,再加上民企的机制、活力与优势,独特的企业文化理念,一定能够闯出一条新路。通过以上分析,我们把旅游房地产作为主要投资方向。

第二,分析海南文昌资源条件与政府需求,明确项目定位。

我们再从区域位置、项目主题、政府需求三个层面做出了分析与判断,明确项目定位。

1.对区域位置做出了选择,将文昌市东海岸列为投资地。

经过三天实地考察,结合政府规划,我们认为,海口和三亚开发成熟,机会成本高,竞争激烈。文昌市地处东海岸,南北都有港湾阻隔,大部分海岸线尚属于开发处女地,机会多。两桥一路工程、海口至三亚轻轨线全面开建,文昌市战略地位已经凸显。以下是分析时采用的地形图与规划图。

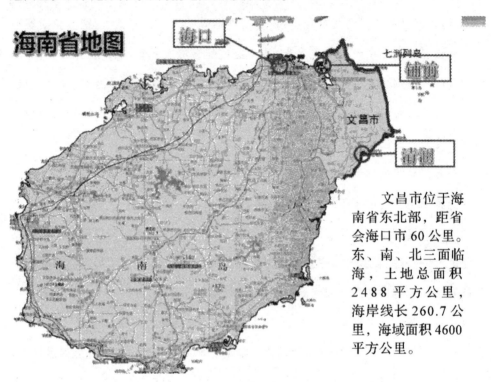

文昌市位于海南省东北部,距省会海口市 60 公里。东、南、北三面临海,土地总面积 2488 平方公里,海岸线长 260.7 公里,海域面积 4600 平方公里。

图 6-1 海南省地图和文昌市区位图

2.对项目主题做出了分析,将体育旅游列为投资主题。

文昌市的旅游资源十分丰富,受交通等条件制约,前几年发展较慢,但生态保护得非常好。长达 200 多公里的东海岸线,是发展旅游产业的黄金宝地。"想从政府手上拿到拥有沙滩的滨海用地,必须围绕国际旅游岛的发展导向,突出旅游产业特色。"

方洪亮提了一条建议,他说:"我有朋友与国家体育总局马术训练基地领导熟悉,是否可以考虑与国家体育主管部门合作到文昌搞'跑马'项目呢?"跑马项目十

文昌市区位优势

随着海文高速公路的开通，东环铁路的建设将大大缩短文昌到海口的距离。

文昌已融入半小时琼北经济圈；海口美兰国际机场距文昌仅有30多公里，使文昌拥有了"航空港"的优势；清澜港是国家一级开放口岸，是连接东南亚的重要交通要道。

图6-2 文昌市区位优势

分敏感，要拿下这个项目几乎不具备可能性。但是，大家从方洪亮的建议中得到启示，认为搞"体育旅游"是一个绝佳的投资主题。

3.对政府需求作出了分析，体育旅游符合当地发展要求。

航天主题公园已经落户文昌，体育旅游设施尚属空白，可以肯定文昌市有这方面需求。奥克斯与体育的渊源由来已久，请"米卢代言"到"奥奥联盟"，策划的一系列体育营销都很成功，同体育部门合作有一定基础。投资发展体育旅游产业，只要项目可行，集团还可以整合在海南省内的电力、空调营销资源放到文昌去，从劳动就业、税收上满足政府需求，推动投资项目落地。

通过实地考察，内外部、主客观条件缜密分析，我们初步确定了海南项目投资

两桥一路和轻轨工程

由清澜大桥、铺前大桥和连接两桥的滨海旅游观光道组成，其中清澜大桥全长 1.27 公里，铺前大桥全长 3.86 公里；滨海旅游观光道全长约 93 公里，双向四车道。该项目为 2009 年海南省重点项目。

项目分为两期进行建设。第一期建设清澜大桥、清澜大桥西延线、清澜大桥至铜鼓岭旅游观光道（长度 17 公里），概算投资为 9 亿元。第二期建设包括铺前跨海大桥和滨海旅游观光道（铺前至铜鼓岭段），概算总投资约 31 亿。

图 6-3　文昌市两桥一路规划总图

方向：以"体育旅游"为投资主题，做好项目谋划，同国家体育部门、文昌市政府展开对接。

创意项目借势而为

"站在国际旅游岛的高度，投资体育旅游项目，必须与国家体育总局相关赛事中心合作。这样更能突出项目主题，提升项目地位，增加项目竞争优势。"这是谋划文昌项目的指导思想与基本观点。

国家体育总局相关赛事中心愿意与民企共同打造体育旅游产业吗？国家政策是否允许这样做呢？大家一开始心中无底。这时临近春节，事不宜迟，我约方洪亮立即安排了北京之行，上门请教。

滨海旅游统筹规划

结构布局：一核多元、双轴联动，及环八门湾综合服务区为核心。不同功能主题的滨海发展单元为组团，依托海文高速、滨海观光道，打造东部与中部两条产业发展带，培育五大产业组团：北部临港产业组团、东北部产业组团、东部科教及旅游产业组团、南部临港产业组团、中部生态产业组团。

图 6-4 文昌市滨海旅游统筹规划总图

2月5日，我和方洪亮在北京朋友徐友良引荐下，登门拜访了国家体育总局现代五项和马术训练基地郝高赞主任。

该基地设在北京体育大学校园内。下午3时，天空下起了小雪。郝高赞主任一身骑士装束，精神抖擞地从马术训练场教练回来。在基地一楼会议室，他会见了我们。

郝主任向我们详细介绍了现代五项运动赛事内容，又陪同我们参观了射击、击剑训练、比赛场馆，马房和马术训练场。

"现代五项运动由射击、击剑、游泳、马术和越野跑所组成，它起源于欧洲，击剑和马术被称为贵族运动。现代五项运动是奥运比赛项目。"从郝主任的介绍中，我第一次了解这项体育赛事,感到十分新奇。

郝主任是中国第一代的现代五项运动健将,又是现任国家现代五项和马术训练基地主任、教练。听了他的介绍,参观了训练、赛事场馆(地),我感到现代五项运动,不仅是国际重大比赛项目,也是群众喜闻乐见的运动方式;不仅可以为竞技体育发展服务,也可以为全民健身及体验式休闲旅游服务。

在参观郝主任办公室时,我用试探语气请教他:"在海南建一个现代五项体育公园是否可行?"一谈到专业问题,郝主任表现出浓厚兴趣。

他回答说:"建一个现代五项体育公园,可以将'旅游产业'和'体育产业'完美结合。现代五项运动,欧洲十分流行。我们国家这项运动还比较落后,海南等很多省还没有组建运动队伍。建现代五项体育公园项目,不仅是支持发展体育事业,同时也是发展特色旅游产业。既符合海南国际旅游岛要求,同时对帮助海南省普及现代五项运动也是有利的。"

经郝主任这么一说,我和方洪亮对海南文昌项目一下子就有了方向感。参观结束后,我邀请郝主任一起到总政西直门宾馆共进晚餐,进一步向他请教,商谈合作方面的事宜。

当天晚上,双方谈得甚是开心。方洪亮先说:"我们刚从文昌考察回来,同政府一起有意向搞体育旅游项目,想请郝主任支持,共同到文昌去建现代五项和马术训练基地。"

郝主任是内蒙古人,说话很直爽。"搞基地可以。请问你们是否拿到了土地,政府态度如何,奥克斯搞体育有哪些优势?"

他又说:"以前的做法是,你建好了场馆,我们来验收,符合条件的,签订合作协议,再给你挂牌。"接着又补充一句:"就这么简单。"

我在一旁,一直关注着方洪亮和郝主任之间的谈话,边听边思考着。面对郝主任的提问,该轮到我发言了,因为方洪亮不了解奥克斯企业的具体情况。

我说:"郝主任,我们这次来的目的是,希望得到您的大力支持。奥克斯是做实业的,以前没有搞过体育,但奥克斯与体育的渊源很深,有几件事讲出来,或许您早已听说过,或许您也会同样支持奥克斯的想法。"郝主任注意到了我话中有话。

接着,我如数家珍般地讲了奥克斯与体育联姻的四件"趣闻轶事"。

"第一件,米卢代言奥克斯空调。2001年,中国足球队史无前例地从世界杯预选赛上出线。此事成为当年最受国人关注的体育事件,而中国当时的国家队主教练米卢也由此成为炙手可热的英雄人物。奥克斯空调抓住这一时机,通过邀请米卢代言'沸腾的事业、冷静的选择'等策划和广告,使奥克斯空调的品牌知名度上升了几十个百分点,从一个区域性品牌一跃成为全国性品牌。"我这一讲,大家都在静静地听,郝主任脸上露出了微笑。

"第二件,'中巴之战'。2003年2月12日,中国和巴西足球友谊赛在广州举行。这是中国足球史上级别最高的国际友谊赛事,吸引着全国人民关注的目光。奥克斯是这场赛事唯一指定的空调赞助商。"我对"唯一"两字特别加重了语气。

"第三件,联手皇马五大顶级球星。2006年第十八届足球世界杯在德国举行,奥克斯邀请了皇马的贝克汉姆、齐达内、罗纳尔多、劳尔、卡洛斯五大顶级球星助阵,宣传奥克斯空调品牌。"奥克斯空调进军国际市场的企图彰显无遗。

"第四件,奥奥联盟,赢在2008。这是发生在2008年的事情。2008年北京奥运会吸引着全球的目光,奥克斯迅速与奥林匹克牵手,成功晋身为国家奥林匹克体育中心独家战略合作伙伴。"我的话音刚落,郝主任接着就说:"奥体中心主任我熟悉。"

我从郝主任脸部表情上判断,他已基本接受奥克斯,无论从单位利益还是个人感情出发,他愿意同奥克斯合作。

这时候,我见时机成熟,继续说:"过去奥克斯是通过体育事件营销与国家体育总局有关部门建立联系,现在我们想通过共建体育赛事基地同国家体育总局相关部门建立长期合作关系。"

"我们不要你们基地出一分钱，也不要你们担任何风险，只要你们指导现代五项体育公园怎么建，同意合作就行。"当我讲到这里，郝主任微笑着点点头。我分析，他已开始琢磨合作这件事。

"奥克斯集团的实力如何，眼见为实，邀请您全家在春节期间一定来宁波做客，方总和徐总陪同，我来接待你们，陪您到奥克斯集团总部参观，与郑坚江董事长谈谈您的想法、建议，我们郑总喜欢听取专家的意见。""今天，您代表基地，我代表奥克斯，两人先签一份意向，把现代五项体育公园项目内容与建设目标表述清楚。然后根据这个意向，共同推进奥克斯集团与国家体育总局自行车击剑运动管理中心之间的合作。"我表达了这次会谈的主题内容。

"基地不是一级法人单位，不好出面签订协议。"郝主任解释说。

此时，我回想起下午参观中看到的新建马术馆即将落成，为表明奥克斯一方的合作诚意，我就说："如果海南文昌项目合作成功，奥克斯可以为新马术馆的落成提供一些经费上的赞助，为'自剑中心'年度赛事做一些有选择性的冠名。"

郝主任听到这里，感到同奥克斯合作是互利双赢的，他就表态："同意一起草拟一份意向，把项目内容、合作目标定下来，正式合作协议书以中心与集团的签约文本为准。"

大家对这次会谈结果十分满意。在郝主任指导下，我们一起讨论，由方洪亮记录整理，当场起草了合作意向，并打印成文。这份意向书着重明确了文昌现代五项体育公园八大建设目标，具体表述如下：

    1. 建立海南省马术、现代五项的运动训练中心，填补海南省该运动项目的空白。

    2. 为国家、海南省成立一个培养青少年及竞技体育的后备人才培训基地,协助海南省马术、现代五项运动员的培训,带动地方竞技体育的发展。

3.承办中国·海南马术、现代五项的国际、国内赛事等。

4.提高和带动海南省普及马术和现代五项的群众性运动和提高全民健身运动。

5.建立海南省以马术野外骑乘、马术综合运动为特色的国际休闲、度假中心,运动员休闲、康复、保健中心。

6.建立马术、现代五项等体育器材的研发、制造基地。

7.完善顶级的项目配套等服务设施的建设,包括宾馆、酒店、商业、会所、公寓、别墅、医疗保健等。

8.建议海南省推广城市骑警交通、治安管理,协助建立骑警培训基地,推动低碳和环保交通理念。

当晚 10 时许,我与郝主任在第一份合作意向书上签字。大家鼓掌祝贺。

这份意向书十分重要,它为海南项目整体谋划,同文昌市政府对接,同国家体育总局自行车击剑运动管理中心的合作,均起到了指导性作用。

会谈结束后,我们送郝主任到宾馆门口,才发现地上积雪已有两三厘米厚。郝主任冒雪开车回家。

我和方洪亮担心大雪封路,第二天上午八时,直奔北京机场,乘机返回,他回杭州,我回宁波。

精心制作项目策划书

所谓项目策划书,就是职业经理人利用收集的信息、资料,积累的知识与经验,根据项目总的特点与要求,做好项目构想、计划与推进的草案。

经过八年时间的实践与探索,我对如何做好这份特殊的工作,有了自己的心得与体会。制作一份高质量的项目策划书,第一要读懂企业,第二要读懂项目,第三要熟悉工作流程。

首先,一个企业的发展有着她独特的成长过程与文化理念。你必须全面熟悉、了解所在公司的发展历史、发展轨迹、发展特点、发展成就、发展战略、企业文化和核心竞争力要素等。

其次,不同的投资项目,有着不同的投资内容与合作对象,投资目的与出发点都会有所不同。你必须全面分析拟投资项目的战略定位、功能定位、市场定位与资源匹配,分析项目背景、前景及必要性,测算投资效益、评估项目风险。

最后,任何事情,要想做好它,先要知道符合其自身特点与要求的工作流程与规则。民企战略投资,主要工作流程是:项目分析—信息收集—区块选择—接触考察—方案设计—谈判构思—沟通协调—目标定位—合同商定—签约落地,其中前4步主要是项目整体谋划,成果体现在"项目策划书"上。

古人云:"凡事预则立,不预则废。"

"预"就是谋划,谋划是一种非常重要的工作能力和方法。

怎样进行项目谋划呢?就是通过对资源、市场、交通、环境、政策等调查考察之后,进行分析、整理、研究,进而形成项目开发的初步设想(项目选址、用地面积、投资规模等),然后根据这一初步设想进一步策划,通过与政府招商部门、规划部门、土地管理部门等深入接触,使项目设想具体化和目标化,最终落实在项目建议书和投资协议书文本上。项目谋划,就其工作内容来说,就是投资项目的整体策划,这种策划带有明显的战略性质。项目谋划是项目投资建设的前提和基础,是民企战略投资的科学起点。

项目策划书,是"四书"(项目策划书、项目建议书、谈判计划书、投资协议书)中的"第一书";项目整体谋划是"四大环节"(项目整体谋划、项目立项建议、政府关系管理、合同谈判签约)中的"第一环"。职业经理人尤其是主管领导,必须亲历亲为,做好专业的事。

2010年2月19日至21日,春节期间,郝高赞主任带着一大箱有关国际现代五项和马术运动及场馆建设方面资料,应邀来到宁波。他参观了奥克斯集团总部,同郑坚江董事长进行了直接交流、会谈,双方进一步确认了项目内容与合作目标,增进了相互之间的信任。郝主任还就现代五项与马术运动从专业角度给大家进行了指导,使项目定位更加明确、清晰。

依据我与郝主任签订的第一份合作意向,郝主任提出的指导性意见,再结合文昌实地考察的情况及相关资料,由葛明灵、贾昌林当我助手,我们一同构思制作了图文并茂的海南文昌国际现代五项城市体育公园"项目策划书"(PPT演示文稿),内容包括:项目规划构想、投资理念、建设目标、选址条件、现代五项的组成、体育活动计划安排、项目组织实施、建设运营、配套产业园区、主要设施规划、项目愿景等十一个部分。

这份项目策划书,征得郝主任同意后,由国家现代五项和马术训练基地与奥克斯集团有限公司共同具名,作为同国家体育总局自行车击剑运动管理中心、文昌市人民政府进行汇报、对接、洽谈的主要资料。原文如下:

文昌国际现代五项城市体育公园项目策划书

一、规划构想

1.项目定位:时尚的国际化大型文体旅游度假区。

2.项目名称:海南文昌国际现代五项城市体育公园。

3.项目选址:按照文昌城市建设和文体旅游产业总体规划,选址在东海岸冯家湾旅游区或七星岭或清澜滨海区。

4.主办单位：国家体育总局自行车击剑运动管理中心（国家现代五项和马术训练基地）。

5.主管部门：海南省文体局、文昌市人民政府。

6.投资单位：奥克斯集团有限公司。

二、投资理念

发挥民营经济的特色、活力与优势，开创甬商联合投资新理念、新模式。

1.投资方向：响应"海南国际旅游岛"国家战略。

2.投资目的：为贯彻国家体育强国、全民健身战略，做好产业化服务。

3.投资准则：真诚、互利、诚信、务实。

三、建设目标

奥克斯集团经过国内外考察，多次咨询国家现代五项和马术训练基地专家，借鉴国际经验，设想建立海南文昌国际现代五项城市体育公园。

初步确立以下建设目标：

1.国家海南马术、现代五项的运动训练中心；

2.国家海南青少年现代五项马术后备人才培育基地；

3.承办马术、现代五项的国际、国内赛事；

4.推动海南普及马术和现代五项的群众性体育活动；

5.以野外骑乘、马术综合运动为特色的休闲度假中心；

6.马术、现代五项等体育器材的研发、制造基地；

7.协助建立骑警培训基地，推广低碳和环保交通理念；

8.完善的宾馆、酒店、商业、会所、公寓、别墅、医疗、康复等设施。

四、选址条件

为发展特色体育旅游，服务国际旅游岛建设；发展群众喜闻乐见的大

众体育,服务竞技体育和全民健身事业,计划建设一座超一流(规模、设施、服务)的体育公园。所以选址条件:

1. 古镇铺前镇、侨乡会文镇或文昌市行政中心所在地;

2. 沙滩、低山、丘陵、田园、河流交错分布的区域;

3. 多种交通工具相交汇,车流、人流便于出入的区域;

4. 有人文历史底蕴,市政基础设施条件相对较好的区域;

5. 能充分兼顾马术现代五项赛事场地的安全性和特殊性。

五、现代五项的组成

1. 射击:比赛中每个运动员要使用 4.5 毫米口径的气手枪用 20 发子弹击中 20 个靶子。

2. 击剑:比赛中每名选手与其他选手都要比 1 剑,每剑 1 分钟。如果在 1 分钟内没有有效得分,则判双败。

3. 游泳:采用的是 200 米自由泳,不是运动员之间相互比谁游得快,而是要按时间来计分。

4. 马术:比赛中选手骑乘陌生的马匹跳越障碍,在一个 250—450 米的场地上进行,骑马跳跃 12 个障碍,包括一次双跳、一次三跳,可能还有一次涉水跳。

5. 越野跑:比赛中要求选手(男、女)跑完 3000 米的越野路线或公路。第一位冲过终点线的运动员获得金牌。

为了增加比赛的观赏性,国际现代五项联盟 2008 年推出新规则,将越野跑和射击合二为一,2009 年采用新的比赛规则,击剑、游泳、马术、跑射联项,运动员在 3000 米的跑步过程中要分三次击中总共 15 个靶子,最先到达终点者获胜。

六、体育活动计划安排

1. 正式挂牌：国家体育总局现代五项和马术训练、赛事基地，举办品牌赛事：(1)全国击剑业余选手联赛决赛地；(2)中国马术节活动举办地；

奥克斯集团决定从 2010 年起赞助冠名这两大赛事，为文昌市创建两大品牌赛事主要活动地做好准备。

2. 其他安排：(1)自剑运动管理中心每年安排国家队定期训练；(2)全国现代五项冠军赛；(3)自剑中心负责引进亚洲和国际现代五项联盟赛事活动；(4)国家队退役队员举办体育表演赛；(5)开展国际文体交流，举办国内各种形式的学习、培训班；(6)成立市场化的赛事管理组织。

七、项目组织实施

1. 成立项目规划领导小组：(1)国家体育总局自行车击剑运动管理中心；(2)海南省文体局、文昌市人民政府；(3)奥克斯集团有限公司。

2. 组建项目投资公司：奥克斯出资，设立注册资本金 5 亿元的"中奥集团股份有限公司"。

八、建设运营

1. 项目规模：用地 1500 亩，总投资额安排 35 亿元。

2. 项目建设：整体规划、分两期建设，四至五年全部建成。其中主体赛事训练场馆二年建成。

3. 项目管理：国家、省市主管部门负责业务指导、行业管理；中奥集团负责投资开发建设与市场化运营管理。

九、配套产业园区

体育器材产业发展同步规划实施，其中包含以下内容：(1)现代五项运动用品展览馆；(2)现代五项运动用品商业街；(3)现代五项运动用品产研基地。

十、主要设施规划

1.体育场馆参照国家现代五项场馆和马术基地:具体包括(1)现代五项场馆;(2)击剑中心;(3)马术场;(4)马厩;(5)射击场;(6)游泳馆。

2.两个宾馆复制奥克斯宁波江南绿洲大酒店(四星)和奥克斯成都豪生大酒店(五星);

3.休闲度假村借鉴奥克斯武清"盛世天下"国际社区;

4.医疗康复中心依托奥克斯明州医院医技力量;

5.产业园区参照奥克斯南昌基地。

十一、项目愿景

1.为中国由体育大国发展为体育强国、竞技体育和全民健身事业做好市场化、产业化服务;

2.为推动、普及中国现代五项及马术运动服务;

3.为海南国际旅游岛建设和文昌市文体强市、做大做强体育旅游业服务;

4.为全面提升奥克斯品牌国际影响力、综合实力服务。

国家现代五项和马术训练基地　奥克斯集团有限公司

2010 年 3 月 2 日

主动对接,旗开得胜

经过前期的一系列精心谋划与紧张准备,2010 年春节一过,我们就抓紧有利时机,同相关方面主动展开对接工作。

3 月上旬,在不到十天的时间里,本人导演了同国家体育总局自行车击剑运动管理中心、宁波市工商联合会、文昌市人民政府的汇报交流与项目洽谈等一系列活动,并取得良好开端。

第一步,主动向国家体育总局"自剑中心"领导汇报,争取他们支持。

国家自剑中心分管自行车、击剑、现代五项、铁人三项、马术等 5 项国家品牌赛事,"中心"地址位于北京西五环石景山游乐园旁的老山。

3月2日,我带着助手葛明灵、郭粟,到北京向自剑中心主任潘至琛、副主任沈丽红汇报、交流。在郝主任的陪同下,我们先参观了自行车和击剑两个奥运场馆,看到正在训练的运动员与教练员,亲眼目睹了场地自行车和击剑运动的无穷魅力。然后到"中心"办公大楼,向两位主任汇报方案、沟通交流合作意向。

第一次见面,"中心"两位主任十分热情,态度真诚。他们看过海南文昌国际现代五项城市体育公园"项目策划书"(PPT 演示文稿)后,对项目建议表示肯定,赞成自剑中心同奥克斯合作,当场指定郝高赞主任为项目对接联络人,一同赴海南与文昌市政府交流、洽谈、对接。同时,两位主任建议,待文昌市政府有明确态度后自剑中心与奥克斯将正式签订合作协议。

第二步,寻求宁波市工商联合会支持,沟通文昌市方面关系。

我和葛明灵3月4日从北京返回宁波,第二天下午就向宁波市工商联徐建初副主席汇报奥克斯到文昌市投资意向,并图文并茂地向他汇报了集团情况和项目方案。看过集团情况介绍和项目方案后,徐建初副主席称赞奥克斯了不起。

他说:"我接触了那么多民营企业,也陪一些企业到外地去考察投资项目,都没有像奥克斯这样把方案做得如此详细,有如此高的水平。"

他又说:"奥克斯是宁波市工商联合会副会长单位,又是宁波市民营企业家协会会长单位,奥克斯走出宁波去拓展事业,市工商联表示全力支持。"

徐副主席与我是同乡,相交甚好。我建议他亲自带队去一趟文昌市,先以宁波市工商联合会名义致函文昌市工商联,沟通同文昌市政府的联系。

徐副主席同意我的建议。他立即请示崔秀玲主席,得到崔主席支持。下午4时,一份以宁波市工商联合会具名盖章的传真件发到了文昌市工商联,对方收件人是主持全面工作的张光英常务副主席。

这份传真件看似简单,却意义不同凡响。原文载录如下:

赴文昌市项目投资考察组人员名单及安排

一、人员名单

徐建初:宁波市工商联合会副主席

郝高赞:国家体育总局现代五项和马术训练基地主任

陈迪明:奥克斯集团副总裁

葛明灵:奥克斯集团总裁办主任助理

二、投资意向

海南文昌国际现代五项城市体育公园

三、行程安排

3月7日晚　　　　考察组一行抵达海口

3月8日—9日　　文昌市访问考察

宁波市工商联合会

2010年3月5日

第三步,组团出访文昌市,项目获得政府认同,旗开得胜。

3月7日下午,郝高赞主任由北京直接飞抵海口;徐建初副主席、葛明灵和我三人由宁波转道上海飞抵海口,晚上10时相会在海口美兰国际机场。

文昌市工商联张光英常务副主席亲自到机场迎接我们一行。一见面,大家十分亲切。

从机场至文昌市不到 1 小时车程。我们下榻维嘉国际大酒店,办完入住手续后,就在酒店大堂西餐厅开了一个碰头会。

张主席介绍说:"市里领导很重视。文昌市工商联接函后,于当天下午 5 时就将传真件送给文昌市委书记裴成敏。裴书记当即在函件上批示:'请符永丰同志安排'。文昌市常务副市长符永丰接到批件后,也立即批示市招商局、市工商联等部门安排接待事宜,定于 8 日上午在市政府三楼会议室举行正式会谈。"

听了张主席的情况介绍与第二天活动安排,大家心情十分愉悦。

初春的文昌,气候如同宁波的初夏季节,气温舒适宜人。午夜钟声响过,大家才作别休息。我和葛明灵商量工作到午夜二点,对政府会谈内容再次进行了预习。

3 月 8 日上午,首次项目会谈在文昌市政府三楼会议室举行。

文昌市出席会谈的有:常务副市长符永丰、副秘书长陈明扬、规划局副局长林森、招商局副局长黄昌科、工商联常务副主席张光英及市发改委、体育局等相关部门领导。我方出席会谈的有:徐建初、郝高赞、陈迪明、葛明灵。

文昌市政府副秘书长陈明扬主持了会谈,先由文昌市规划局介绍文昌市情及规划,接着由葛明灵介绍奥克斯集团情况,提报项目建议,然后,主持人指定我方发言。徐建初副主席站在宁波市工商联角度,介绍了奥克斯在当地企业中的地位和发展情况;郝高赞主任代表国家体育总局自行车击剑运动管理中心,表示对奥克斯文昌项目的支持,并向大家介绍了现代五项运动在欧美国家的发展情况;而我则站在企业角度,侧重介绍了来文昌投资的出发点与目的。

紧接着,主持人指定政府部门领导发言。他们都表示,看了奥克斯集团宣传资料,听了项目介绍,对项目方案表示赞同,对奥克斯投资文昌表示欢迎。

最后,由符永丰常务副市长作总结性讲话。他说:"项目定位非常好,打造旅游目的地,符合产业方向,选址要看用地要求。体育公园,需要一定规模,布局要科

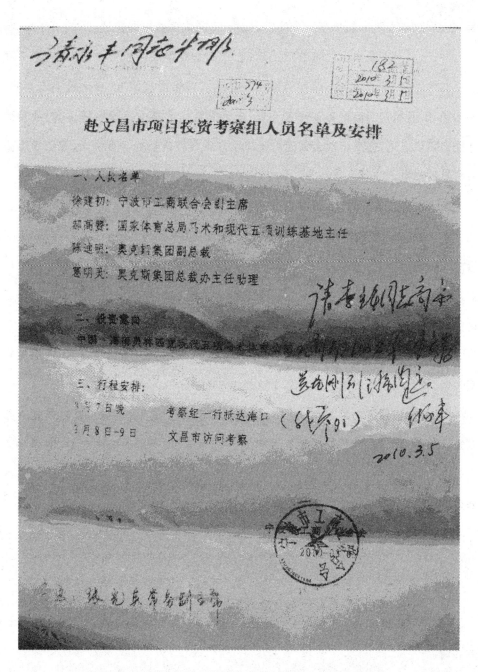

图 6-5　文昌市委书记裴成敏、常务副市长符永丰批示原件

学、合理，政府可以一起参与这个项目。由市工商联负责跟踪协调。"

"由于海南省已做出明确政策规定，土地市场先整顿后放开，在省政府未下发新的文件之前，各地政府一律暂停新项目签约。按省里规定办，今天暂不能签约。规划局、招商局和工商联各派一名干部，先陪同客人考察文昌投资环境，对项目选址提出初步意见，提交下次会谈时讨论确定。"听了符市长的一番讲话，我们表态赞同市里的安排。

第一次会谈，取得令人满意的进展。

中午，我们接受了符市长的宴请。下午实地考察了文昌市行政中心所在地附近的白金海岸、八门湾等；9日，我们来到与海口隔海相望、地处文昌市最北端的历史古镇铺前镇，考察了木兰湾区域。这是继上月董事长带队考察七星岭后的第二轮实地选址考察活动。10日，结束考察返程。

我和葛明灵对文昌项目前期整体谋划与推进，一方面充满自信，但同时感到难度较大，为此在给集团的汇报材料中这样描述：

"总的来说项目前期策划、政府关系沟通取得初步成效。但是，项目具体方案制定、项目立项、规划对接，用地红线确定到土地征用，要走的路很长，同时还会遇到类似项目的竞争。在合同谈判时，肯定会遇到政府、体育部门、企业三方利益的博弈。"

第二次会谈结硕果

"问渠哪得清如许，为有源头活水来"，这是南宋大学问家朱熹的一首脍炙人口的名诗。

文昌项目"无中生有"，这个源头，靠的就是立意、新意和创意。这里的立意，指的是认真领会国家战略意图与海南发展规划，找准了国际旅游岛项目投资发展的主流方向;这里的新意,指的是主动与国家体育主管部门合作,突出项目主题,提升项目地位,增加项目竞争优势;这里的创意,指的是始终围绕政府的兴趣点、兴奋点和发力点,把社会各种资源的整合利用发挥得恰到好处。

一个月来,我和葛明灵为谋划项目方案昼思夜想,几乎绞尽脑汁,但当看到三方尤其是文昌市政府赞同项目方案,表达了欢迎奥克斯到文昌投资的诚意后,心里感到由衷的畅快和愉悦。

徐建初副主席和郝高赞主任也为文昌之行初战告捷而高兴,他俩异口同声地说:"良好的开端是成功的一半。"

我在奥克斯集团做战略投资,亲自谋划的重大项目已有五六个,但基本上都是以现有产业为基础,做"有中生有"。文昌项目从无到有,更富有挑战性,我被这个挑战深深吸引,以数倍于其他项目的用心态度,全身心地投入到这个项目之中。

做战略投资,必须广结人脉、夯实基础。我把人脉资源提高到与土地资源、政策资源同等重要位置加以看待,甚至把土地资源、政策资源、人脉资源并列构成战略资源体系。

"专业如利刃。人脉如秘密武器。"戴尔·卡耐基(Dale Camegie,1888—1955)说过,专业知识在一个人成功中的作用只占15%,而其余的85%则取决于人际关系。以极其自然而有创意、互利的方式去经营人脉,这是必胜的成功之道。

人脉即人际关系、人际网络,体现人的人缘、社会关系。人的生理生命是以血脉为支持系统,人的社会生命是以人脉为支持系统。人脉如同金钱一般,也需要管理、储蓄和增值。要建立和发展有利于企业投资活动的人脉,并对每一个人脉进行客观评价,清楚能给企业带来的利益,实行动态管理、分级管理。

项目策划方案获得文昌市政府基本认同之后,我们就着手展开以下两项基础性工作:一是加强与政府对口部门建立工作关系,广结人脉;二是推动第二次会谈,项目用地选址争取尽快得到政府文件认可。下面具体谈谈所做的工作努力。

1. 加强与政府对口部门建立工作关系,广结人脉

这是企业对外战略投资活动中最炙手可热的一个话题。做大事,必须与政府有良好沟通。

此时,集团加强了前期工作小组力量,指定奥克斯置业有限公司副董事长王海银、上海翔名实业投资有限公司总经理胡清协助政府方面对接,同时进行第三轮项目用地选址考察。

在3月20日—23日的几天时间里,我和王海银、胡清、葛明灵四人;又赴文昌,先后实地考察了冯家湾、高隆湾、云龙湾、七星岭和宋氏故居等;再次拜访了符永丰常务副市长,拜会了市政协主席林明利。林主席亲自出面向市委主要领导推荐了奥克斯。

3月22日上午,市委书记裴成敏在他办公室亲自会见了我们,并听取了项目汇报。

裴成敏书记原籍江苏,他说:"我对江苏、浙江一带民营企业非常了解,对奥克斯集团早有耳闻,欢迎你们来文昌投资。""现代五项体育公园是个好项目,符合国际旅游岛产业发展方向,符合文昌市文化体育旅游产业发展需要,希望把这个项目规划好,建设好。"裴书记还当场表扬了项目牵线人文昌市工商联张光英常务副主席。书记的肯定与支持,这对我们项目推进增添了许多信心。

在文昌期间,我们利用各种机会,展开同政府方面的接触交流,特别是同市招商局、规划局、国土局等政府对口工作部门的官员加强了广泛的联络,与政府对口部门建立了工作关系,与项目用地所在地镇政府也进一步加强了联系沟通,使基础工作越做越扎实。

2. 同政府进行第二次正式会谈,推动项目用地选址,争取尽快得到政府文件认可

3月29日下午2时,我接到文昌市招商局肖强副局长电话:"文昌市政府以抄告单形式将《文昌市国际现代五项城市体育公园项目建议》转发至市规划局,提出项目用地选址要求。"于是我和葛明灵第二天就在原项目策划书的基础上,撰写《文昌国际现代五项城市体育公园项目建议书》。

4月5日,我同蔡承裥、王海银、叶亚明、葛明灵一行五人,带着《项目建议书》再次来到文昌。先对前三轮选址又进行了实地比较分析,最终选中了木兰湾与七星岭之间滨海用地。

4月6日,我们再次拜访了裴成敏书记、刘春梅市长和林明利主席。

4月7日,在文昌市政府二楼会议室举行第二次正式会谈。

会谈由常务副市长符永丰主持。

政府方面参加会谈的有:国土局、规划局、建设局、渔业海洋局、政府办、招商局、工商联等市级部门领导;

奥克斯方面参加的有蔡承裥、王海银、叶亚明、葛明灵和我。

我们书面提交了精心制作的《文昌国际现代五项城市体育公园项目建议书》。会谈取得了两项重要成果:

一是奥克斯的做事风格和项目建议书得到高度认同。符永丰常务副市长在会上说:"我同奥克斯的代表接触几次,感到他们非常实在,不说大话,脚踏实地做事,真诚务实。"针对文昌项目,符市长说:"把现代五项体育公园建设好,会提升地方文化品牌,各部门一定要当做一件非常有意义的事来做。"

二是会上符永丰常务副市长做出了明确指示,指定由市规划局牵头、土地局配合,在一周之内把项目用地选址定下来。

4月13日,文昌市规划局文规(2010)113号《关于文昌国际现代五项城市体育公园项目选址的意见》上报市政府,做到了一事一议,特事特办。文件原文如下:

文昌市规划局文件

文规〔2010〕113 号　　　　　　　　　签发人：王小飞

文昌市规划局
关于文昌国际现代五项城市体育公园项目选址的意见

市政府：

转来《文昌市国际现代五项城市体育公园项目建议》收悉。

根据《八门湾西海岸总体规划》及该项目建议书提出的选址条件，经研究，我局意见如下：

一、随着城市"两桥一路"项目的开工建设，加快了沿海地区城乡一体化建设步伐，同时也很大程度上刺激沿海一线土地的开发建设热潮。我局本着集约、高效和科学利用土地的原则，并结合文昌市滨海发展统筹规划，现拟选位于锦山镇潮滩潭以西沿海一线，用地面积为1490亩土地为文昌国际现代五项城市体育公园项目意向建设选址。

二、考虑到滨海旅游观光道走线尚未明确和后退最高潮位线以及防风林利用要求等因素，文昌国际现代五项城市体育公园项目意向建设选址可再做进一步调整。

附：文昌国际现代五项城市体育公园意向建设选址区位图

二〇一〇年四月十三日

主题词：城乡建设　规划　选址　意见

文昌市规划局办公室　　　　　　　2010 年 4 月 13 日印发

（共印 4 份）

以绿为媒，创建新型合作局面

裴成敏书记在 3 月 22 日会见我和王海银、胡清、葛明灵时，不但肯定了我们提出的项目建议，而且还希望项目尽快签约，并建议签约活动搞得隆重热闹一些。裴书记的肯定与支持，给了我们莫大的鼓舞，他的希望与建议成了我们工作的动力。

我们一行返回宁波后，立即向郑坚江董事长汇报，同绿色中国行组委会缪宏秘书长沟通，经多方研究协商，决定将原定 4 月 26 日在北京举行的"奥克斯空调·中国绿色宝贝"颁奖典礼，改在 4 月 29 日在文昌市举行。结合奥克斯集团与文昌市政府重大投资项目签约活动，搞一次"绿色中国行·走进椰乡文昌"的系列大型公益活动。

2010 年 4 月 29 日，有着"文化之乡、国母之乡、华侨之乡、椰子之乡"等众多头衔的文昌，迎来了有史以来规格最高、规模最大、内容最丰富的一场"绿文化"盛会。这一盛会，由奥克斯集团倡议并为主赞助，中国绿色基金会、国家林业局经济发展研究中心、人民日报社网络中心主办，文昌市政府、绿色中国杂志社、绿色中国网络电视中心和奥克斯集团共同承办。

1."绿色中国行·走进椰乡文昌"大型公益活动

4 月 29 日上午，"绿色中国行·走进椰乡文昌"大型公益活动在满眼是绿、风景如画的宋氏祖居举行。中国绿色基金会顾问、原国家林业部部长、2010 绿色中国行活动组委会主任徐有芳，中国商业联合会会长何济海，国家林业局原副局长、绿色财富论坛组委会主任李育材，中国新闻网摄影学会主席、人民日报社原副总编辑于宁等中央国家部委领导和海南省、文昌市领导出席了活动。徐有芳宣布奥克斯·绿色中国文昌椰子林活动正式启动，并与文昌市政协主席林明利、奥克斯集团董事长郑坚江为"奥克斯绿色中国文昌椰子林"揭牌。文昌市委和海南省林业局的领导在会上致辞。

图 6-6 "绿色中国行·走进椰乡文昌"大型公益活动现场

　　奥克斯集团董事长郑坚江在启动仪式上动情地说："众所周知，发展旅游业是发展海南经济的核心。奥克斯响应国家号召，积极参与到建设发展海南国际旅游岛的进程中，开发建设现代五项体育公园，为海南经济的腾飞贡献自己的一份力量。上个月中旬，奥克斯与中国绿色基金会合作，在宁波播种了第一片'奥克斯绿色中国林'，今天再次将代表着希望的绿色播种在椰乡文昌，开启奥克斯参与建设海南国际旅游岛的序幕。"

　　于佩、张晓菲代表全体与会的绿色宝贝宣读了《共建绿色中国林倡议书》。

　　启动仪式后，领导与 2009 绿色中国年度焦点人物候选人和中国绿色宝贝候选人等近 300 人，在宋氏祖居植树区一起参加了种树活动。

2."海南文昌国际现代五项城市体育公园"项目签字仪式

4月29日下午,文昌市政府与奥克斯集团"海南文昌国际现代五项城市体育公园"项目签字仪式在维嘉国际大酒店进行。200多位领导和嘉宾见证了这一重要时刻。文昌市市长刘春梅在致辞中说,海南文昌国际现代五项城市体育公园项目是文昌市贯彻实施《国务院关于推进海南国际旅游岛建设发展的若干意见》和中共海南省委、海南省人民政府做出的《贯彻实施〈国务院关于推进海南国际旅游岛建设发展的若干意见〉的决定》,切实把国际旅游岛建设作为文昌深化改革开放、促进经济增长的制高点和突破口,推动文昌又好又快发展的具体实施项目,建成以后必定为文昌提升旅游竞争力起到良好的推动作用。

图6-7 "海南文昌国际现代五项城市体育公园"项目签字仪式现场

奥克斯集团董事长郑坚江在致辞中表示,为发展特色体育旅游,服务国际旅游岛建设,发展群众喜闻乐见的大众体育,服务竞技体育和全民健身事业,奥克斯集团为发挥民营经济的特色、活力与优势,开创甬商联合投资新思想、新模式,经过国内外考察,多次咨询国家现代五项和马术训练基地专家,借鉴国际经验,计划建设一座超一流(规模、设施、服务)的体育公园。

根据规划方案,海南文昌国际现代五项城市体育公园建成后,将是一个时尚的国际化大型文体旅游度假区,成为海南岛环岛游东北部地区的一个旅游新亮点,为喜欢体育休闲的各界人士提供一个具有专业标准设施的度假场所。

签约仪式后,主办方围绕国际旅游岛建设为主题,以弘扬生态文明、传播绿色理念、推动绿色发展、共建绿色中国为宗旨,举办了一场别开生面的《对话绿色财富》活动。活动由中央电视台天气预报著名主持人宋英杰主持;来自国家部委、海南省、文昌市以及企业界的七位特邀嘉宾上台发表了即席演说。人民网在现场进行了网络直播。

3. 2009 中国绿色宝贝颁奖盛典文艺晚会

4月29日晚,由奥克斯赞助冠名的2009中国绿色宝贝颁奖盛典文艺晚会,在文昌金海岸一号大草坪举行。"中国绿色宝贝"的评选对象是热爱绿色事业、生活乐观向上、对人生充满追求的年轻女性。"中国绿色宝贝"评选活动每年举办一次,已经成功举办两届。当晚,对张晓菲等25名中国绿色宝贝进行了颁奖。刘劲松、刘婧、甘萍、白雪、戴玉强等近20名国家一级演员、明星、艺术家登台献艺。6000多名观众观看了颁奖盛典及文艺演出。随后,晚会启动了"2010中国绿色宝贝"评选活动。当地百姓说,这样高规格高水平的颁奖文艺晚会在文昌市还是第一次见。

"绿色、健康、可持续发展","人与自然和谐共处",是人类共同的追求。奥克斯通过4月29日的系列大型公益活动,既向文昌市政府及社会各界表明了投资文昌的宗旨与目的,同时与政府之间增进了认知与友谊,为创建新型合作关系开好了局。

图 6-8　2009 中国绿色宝贝颁奖盛典文艺晚会现场

我 的 思 考 与 感 想

与以往一样,项目一旦签约,我的"使命"暂告结束。这次接管文昌项目的是新任董事长助理蔡承裀。

自 1 月 31 日随同董事长赴海南考察,到 4 月 29 日签约,短短 3 个月时间里,我和葛明灵几乎没有星期日,连 2010 年的春节也搭上了。对于文昌项目,我有着不一样的感情,因为相比别的项目,付出的精力与心血要多得多,自然会有更多思考和感想。

感想之一:奥克斯行动胜过诺言

4 月 29 日,奥克斯同文昌市人民政府签署合作协议;5 月 11 日,又与国家体育总局自行车击剑运动管理中心签署了长期战略合作协议。协议的核心内容是,奥克斯集团计划出巨资打造文昌国际现代五项城市体育公园,并与文昌市人民政府、国家体育总局"自剑中心"共建,使之成为时尚的国际化大型文体旅游度假区。

诚信才能成功。诚信与成功的关系,犹如山与水之间的关系。常言道,仁者乐山,智者乐水,诚信就是山一般的品质;成功就是对水一般品质的报偿。奥克斯为表达合作诚意,真心实意地拿行动来证明自己。

◆ 4月的文昌一场"绿文化"盛宴,奥克斯直接拨付超过200万元人民币的赞助,为文昌市大兴绿色旅游鸣锣开道;

◆ 9月的北京,首届中国马术节,奥克斯二话不说,提供100万元人民币的资金支持,还提供了奥克斯空调等产品作为赛事奖品,揭开了与国家体育总局"自剑中心"战略合作崭新一页。

◆ 国庆期间,海南发生特大水灾,椰乡文昌受灾最为严重,奥克斯第一时间向文昌市捐款100万元人民币支援灾区,心系文昌人民。

郑坚江董事长还在4月29日项目签约仪式上表决心,为发挥民营经济的特色、活力与优势,开创甬商联合投资新理念、新模式,愿以宁波市民营企业家协会会长单位的特殊身份,为文昌市搭起与甬商联络、沟通的桥梁。

奥克斯所做的这一切,坚信的是"民无信不立"的道理。

感想之二:奥克斯战略投资日趋成熟

当您读完这章之后,您可能感觉到,或者甚至会提出,文昌案例中的理念与做法,与前面读到的几个案例,有许多相似之处,或者几近类同。这说明奥克斯经过七八年间几乎每年一个战略投资项目的实践与探索,在战略投资的运作能力上日趋成熟。以往投资案例的成功经验,以及面对艰难险阻时的迎刃而解,奥克斯逐渐构建起自己的战略投资体系和模板。比如《文昌国际现代五项体育公园项目策划

书》中,对主要设施的规划,基本上采取了复制或参照以前项目成功的做法与经验。比如:

1.体育场馆参照国家现代五项场馆和马术基地;

2.两个宾馆复制奥克斯宁波江南绿洲大酒店(四星)和奥克斯成都豪生大酒店(五星);

3.休闲度假村借鉴奥克斯武清"盛世天下"国际社区;

4.医疗康复中心依托奥克斯明州医院医技力量;

5.产业园区参照奥克斯南昌基地。

我知道,中国民营企业这支力量十分庞大,企业之间的规模与层次参差不齐,奥克斯的案例不一定适用于其他民营企业,更不能简单地复制,照搬照抄。但是,奥克斯"坚持主业、适度多元",通过实施战略投资,促进转型升级,做大做强企业,提升核心竞争能力的思路与做法,是具有普遍的借鉴和推广意义的。其实,单是这一点,就已经足够了。奥克斯还在不断地探索前进中,它会进一步完善自己,提升自己。

解析篇

民企战略投资有道

战略投资是一门科学,它让民营企业做投资,做得更有道理、更为长远、更加有效。

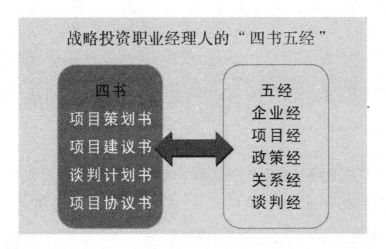

战略投资职业经理人的"四书五经"

四书	五经
项目策划书	企业经
项目建议书	项目经
谈判计划书	政策经
项目协议书	关系经
	谈判经

民企战略投资工作流程优化

奥克斯的管理工作流程

"工作流程"一词,它来源于英文中的"workflow"。普遍认为,工作流程是为提高效率而提出的,在此过程中,文档、信息或任务按照预先定义好的规则流转,实现参与者之间的协调工作,以达到任务的整体目标。

奥克斯集团是最先实施信息化管理的企业之一,曾荣获中国信息化标杆企业称号。为什么我在这里要讲奥克斯的信息化,是因为现在很多人一提企业信息化,只讲技术信息化,忽略了管理信息化。清华大学魏杰教授于 2005 年考察奥克斯的管理信息化时说:"国际上评价管理是否信息化有六条标准:一是管理信息对称化原则;二是管理规则硬性化原则;三是管理成本节约化原则;四是管理状态公开化原则;五是管理意愿平台化原则;六是管理无定计划原则。这六条标准贯穿于奥克斯的信息化中,而且基本上都实现了。管理信息化,使得奥克斯集团内部全面采用流程化和工具化管理,从而使企业管理达到精确、高效、务实、简单。"

在理论界看似一个深奥的管理学原理,却在奥克斯集团被广泛地接受与应用,它就是工作流原理。工作流原理是针对工作中具有固定程序的常规活动而提出的一个概念,通过将工作活动分解定义良好的任务、角色、规则和过程来进行执行和监控,达到提高生产组织水平和工作效率的目的,工作流技术为企业更好地实现经营目标提供了先进的手段。在奥克斯企业里,工作流原理不但在技术研发、物料采购、生产管理、产品销售等环节得到全面实施,而且在行政、人事、财务、客服等部门也得到广泛应用。

再一个是关键绩效指标(KPI)体系,在奥克斯集团全面建立。KPI(Key Performance Indicators)意为关键绩效指标,是通过对组织内部流程的输入端、输出端的关键参数进行设置、取样、计算、分析,衡量流程绩效的一种目标式量化管理指标,是对企业运作过程中关键成功因素的提炼和归纳。集团各事业部经理和各部门主管以及每一个重要业务岗位,都建立了KPI体系。

建立KPI体系并进行测评的过程,就是管理者和员工围绕目标及如何实现目标达成共识的过程,以及增强员工成功地达到目标的管理方法。建立KPI体系的要点在于流程性、计划性和系统性,业绩衡量指标就是员工考核的要素和依据。

在信息化基础上的管理流程化与工具化,使奥克斯的企业管理实现了现代化,管理者和员工变得更加聪明。

我曾经问自己,作为战略投资职业经理人和分管领导,你的工作职责是什么?需要完成哪些主要任务? 你的工作将给公司创造怎样的价值? 又如何进行绩效考评? 为此,我也开始重视和学习工作流程的原理,并且逐步加以认识与理解。

"管理的核心是流程,或者叫流程控制。""没有流程,好比水没有渠道,水是漫无目的地流淌,不仅资源浪费,而且也不可能实现组织或领导者的意志。惟有建设一定的渠道,即有了流程,那么水才有可能到达组织者设计的目的地。流程就这么简单,这就是管理的核心。"我十分赞同一个职业经理人孟强在文章《管理的核心是什么?》中提到的上述观点。

民企战略投资的主要工作流程

我对工作流程的理解是：为达到特定的价值目标而由不同的人分别共同完成的一系列活动。活动之间不仅有严格的先后顺序与限定，而且活动的内容、方式、责任等也都必须有明确的安排和界定，以使不同活动在不同岗位角色之间进行转手交接成为可能，活动与活动之间在时间和空间上的转移可以有较大的跨度。因此，我认为，民企战略投资不是单枪匹马闯天下，而是一个团队行为。企业老板（企业家）是投资决策人，他（她）们管理工作的核心是决策；职业经理人是投资执行人，他（她）们管理工作的核心应该定义为流程，即围绕老板的指示方向（组织目标），制定、执行并优化流程。

民企战略投资的主要工作流程，是战略投资从项目提出到签约落地的整个运作过程表达，用以使本来不规范的工作方式尽量做到运行的规范化。流程不是解决为什么而做、为什么这样做而不那样做的问题，而是更多地从执行的角度把企业家个人或组织确定的目标去执行到位，而不考虑或者改变组织的决策。在决策制定之后，流程要解决的就是怎么更好地实现决策的目标，而不是改变决策的目标。

于是，我设计了"民企战略投资的主要工作流程图"，主要用于说明战略投资自项目提出到签约落地的整个过程（不包括签约之后的项目立项、土地征用、报批报建、工程建设等内容），是对企业内部贯穿于战略投资项目策划推进活动始终的基本控制步骤及相应环节。

从图 7-1 可以看出，民企战略投资的主要工作流程包括十个步骤（或称为环节）：项目分析、信息收集、区域选择、接触考察、方案设计、谈判构思、沟通协调、目标定位、合同商定、签约落地。与企业其他方面的工作流程一样，民企战略投资的主要工作流程也具有"目标性、内在性、动态性、层次性、结构性"五个特点。

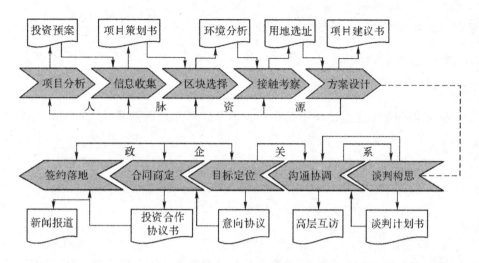

图 7-1　民企战略投资的主要工作流程图

　　一个工作团队,允许连续地以串行或并行的方式去完成某一项任务,从一个步骤"流"向另一个步骤,每完成一个步骤,都会积累有形的(资料、文档)和无形的(政府人脉关系)两样东西,积累得越多越精,表明阶段性成果越大,最终实现一个目标,即达成投资协议。

　　可见,按工作流程图实施民企战略投资管理有两个直接作用:

　　(1)指导和规范战略投资部门的日常工作。在谋划项目的时候,原则按照工作流程图,一步接着一步往前推进,不至于无序、杂乱、忙不到节点上;

　　(2)考核、考评工作质量与绩效。相应的工作任务,都会积累相关资料,产生一定数量的文档。通过过程管控,随时可以考查战略投资团队的工作质量与绩效,从而提升和保证企业管理的效益。

　　同时,我认为,将工作流程原理运用于民企战略投资实务,其目的与意义概括起来至少有四点:

　　◆ 它能够使企业的战略投资经理人及其团队做到"能办事、善办事、办好事";

　　◆ 它能够有效地凝聚经验,指导新人,提高工作效率,提升工作效果,最终带来企业竞争力的提升；

◆ 它能够体现先进实用的管理思想，有效融入企业战略要素，引入跨部门的协调机制；

◆ 它能够帮助建立战略投资业务的 KPI 体系并进行测评、考核，实现目标式量化管理。

民企战略投资的"四书五经"

如何做好企业领导工作，这就要先找到一个好的方法。周济谱（现任中国市场学会副会长、中央财经大学客座教授）做过这样一些比喻，对我启发很大。他说：把一本书归纳成几页纸的人是参谋；把一本书归纳成一页纸的人可以当参谋长；如果一个人能把一本书高度概括成一句话，那他就可以当司令官了。这个形象的比喻说明什么问题呢？说明了方法问题！把一本书变成几页纸是不是方法？是方法，是表现工作技巧的方法。把一本书变成一页纸是不是方法？也是方法，是体现高度概括能力的方法。把一本书变成一句话是不是方法？还是方法，是对工作经验高度提炼、精辟总结的方法。在这个比喻中，从一本书变成一句话的过程，揭示了不同方法的不同内容、不同作用和不同效果。

周济谱还引用了伟人的观点。他说，毛泽东在谈到工作方法时曾经有过这样一段论述："我们不但要提出任务，而且要解决完成任务的方法问题。我们的任务是过河，但是没有桥和船就不能过。不能解决桥和船的问题，任务也只是瞎说一顿。"著名领导学专家科恩说："领导者的艺术就是找到行动。"在这里，解决桥和船，是完成过河任务的方法；找到行动，是体现领导艺术的方法。

如果把上面提出的"变成一句话"，"解决桥和船"，以及"找到行动"等观点引入现代企业管理，考察和分析企业领导工作的实践，周济谱说可以得出这样一个结论："实现效益最大化的行动、解决管理问题的能力、化解各种矛盾的措施、协调人际关系的技巧、完成经营任务的策略以及应对突发事件的方法"，就是企业领导的工作方法。一句话，就是"企业领导处理问题、解决问题的技巧和能力"。

我从实际工作中体会到，要想成为一个合格的战略投资职业经理人，必须熟悉战略投资的主要工作流程，必须懂得战略投资"四书五经"。这就是民企战略投资的科学领导工作方法。

"工作流程"是"纲"，"四书五经"是"魂"。只有抓住了"纲"，才会真正达到"纲举目张"之效；只有抓住了"魂"，才能真正实现"事半功倍"之果。

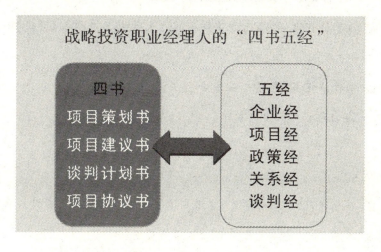

图 7-2　民企战略投资的"四书五经"

"四书"（项目策划书、项目建议书、谈判计划书、项目协议书），在工作流程中既是手段，又是结果；

"五经"（企业经、项目经、政策经、关系经、谈判经），在工作流程中既是基础，又是条件。

对于"四书五经"，战略投资职业经理人必须亲历亲为，刻苦钻研，认真领会操作要领，争取做到得心应手。这在实际工作中，是绝不能回避、也是无法回避的实质性问题。如果你不想下苦功钻研"四书五经"，想走捷径，"投机取巧"，你只能限入"困局"而不能自拔,因为错误的方法只会带来错误的结果。

下面,我各用一句话来诠释"四书五经":

"四书"

① 项目策划书:利用积累的信息、知识与经验,根据项目特点,做好项目构想、计划与推进的草案。

② 项目建议书:是要求投资建设某一具体项目的建议文件,是战略投资人和政府决策的客观依据。

③ 谈判计划书:是以己方获得尽可能大的利益为前提,预设好谈判的条件与方案。

④ 项目协议书:是建立双方合作关系,明确项目内容、各方责任义务,信守各自承诺的法律文本。

"五经"

① 企业经:必须全面熟悉、了解所在公司的发展历史、发展特点、发展成就、发展战略、企业文化和核心竞争力要素。

② 项目经:必须全面分析拟投资项目的战略定位、功能定位、市场定位,分析项目背景、前景及必要性,评估项目效益与风险。

③ 政策经:必须全面搜集当地经济社会发展信息、招商引资政策信息、国家相关产业政策信息,以及行业动态信息,并加以分析。

④ 关系经:政府关系管理是项目成功的必要条件。既要注重同政府高层领导的关系,更要建立对口工作部门的"人脉"关系。

⑤ 谈判经:谈判的核心点是利益。谈判既是科学也是艺术,更是追求己方利益最大化的关键一环。谈判讲究技巧,信任是催化剂。

　　"四书五经",这是对战略投资职业经理人(尤其是担任领导职务的战略投资高层主管)所提出的工作要求与工作方法,是我自身的心得体会,也是多年的实践智慧结晶。

第八章

项目谋划是民企战略投资的科学起点

项目谋划的重要性

项目谋划是项目投资建设的前提和基础,项目实施要想有所突破首先要在项目谋划上有所突破。民营企业在社会战略资源配置上的边缘化,是永远也改变不了的现实。要想获取战略资源,就得做战略投资;做战略投资,必须重视项目谋划。项目谋划是民企战略投资的科学起点。

民企做战略投资项目,一般起因与情景是这样的:投资人即民企老板,从企业发展的高度出发,会萌生一些产业扩张的想法,提出投资愿景;或者民企老板获得了某一新产业领域方面的信息,感到是一种投资机遇,就同分管战略投资的团队一起进行初步探讨。战略投资职业经理人团队根据投资人意图进行项目分析、构思,项目调研、考察,提出项目战略定位与战术设计,做好 PPT 演示稿;随后,职业经理人团队召开小型专题会议,征求投资人和相关部门高管(集团财务总监、资金计划部经理、事业部领导等)的意见,依靠集体智慧,会上对项目战略定位与战术设计一起讨论、修改、完善定稿;紧接着,由职业经理人团队进一步做好项目的整体策划,着手同政府方面展开有计划、有步骤的项目对接活动。政府一旦对项目产生兴趣,认为项目符合当地经济社会发展需要,双方都会建议组建工作小组,抓紧项目的具体推进与落地。

但是,多数民营企业行事简单,普遍存在以下两种倾向:

(1)项目谋划意识淡薄,片面认为做好项目前期工作就是为了审批过关,心态浮躁,对前期研究马虎应对,缺乏自觉性和钻研性;

(2)项目谋划水平不够,片面认为搞定某一位高官就能搞定一切,不下苦工夫,对项目如何谋划、如何编制、如何包装、如何推介缺少办法。

一些战略投资职业经理人"眼高手低",项目推进遇到困难和障碍的时候,不能勇敢面对自己,不是从企业、从自己身上找原因,而是简单地把责任推向政府一方。这种做法是不可取的。

本章节内容,重点描述了项目谋划的含义、特征及方法,为您提供参考,以帮助您对如何进行项目谋划有新的认知,提高实践操作技能。

项目谋划的含义

古人云:"凡事预则立,不预则废。"

"预"就是谋划,谋划是一种非常重要的工作能力和方法。我们常说:"运筹帷幄之中,决胜千里之外。"这话蕴含了谋划的重要意义。

何谓项目谋划呢? 就是通过对土地资源、政策资源、环境条件等调研考察之后,进行分析、整理、研究,进而形成项目投资开发的初步设想,包括项目选址、用地面积、投资规模等,然后根据这一初步设想,进一步对项目做出整体策划,通过与政府招商部门、规划部门、土管部门等深入接触与交流,使项目设想具体化和目标化,最终落实在项目建议书和投资协议书文本上。

这个定义,包括三层含义,即项目谋划的开始,项目谋划的深入,以及项目谋划的落地。不但如此,这个定义还对职业经理人团队如何做好项目谋划,给出了基本

思路,指明了基本方向,提出了基本要求:

> 第一,谋划的起点——"敢想"
>
> 第二,谋划的过程——"会想"
>
> 第三,遇到新情况——"一直想"

"敢想",指的是策划谋事的态度和自信心;"会想",指的是正确策划谋事的思维方法与策略行为;"一直想",指的是情况千变万化,要不断地寻找解决问题的新方法、新途径。

与此同时,项目谋划既要充分顾及企业自身的利益,项目要求做到可控、落地、生效,因此,必须十分强调项目的可行性、操作性、盈利性;同时,又要兼顾到政府一方的需求,使政府易接受、配合、支持,因此,项目的谋划还要关注政府的兴趣点、兴奋点、发力点。

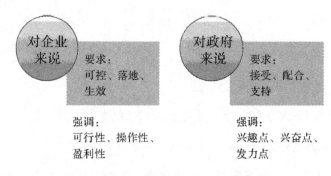

图 8-1 项目谋划的两个基点

项目谋划的特征

任何项目谋划都具有"四定四性"特征,"四定"指的是定向、定性、定位、定型;"四性"指的是整体性、长期性、基本性、智慧性。

"四定",即：

◆ 定向：依据企业发展战略、产业政策和市场导向,研究投资方向,如项目内容、项目选址；

◆ 定性：投资项目整体策划是以定性研究为主,把握大的原则,如投资总额、回报年限等；

◆ 定位：着眼于企业全局,着眼于未来发展,做好项目发展战略、功能布局和市场目标定位；

◆ 定型：依据企业实力和产业市场需求,科学合理地确定项目用地面积和投资建设规模。

"四性",即：

◆ 整体性：指的是从背景、根据、意义、定位、内容、布局、方针、步骤、措施、环境等各个方面对投资项目进行分析；

◆ 长期性：指的是谋划要服从和服务于企业的长期规划、长远利益,并对日后一系列工作起到长期的指导作用；

◆ 基本性：指的是谋划涉及的所有问题都是基本问题,提出的所有意见都是基本意见,这是相对于具体问题、具体意见而言的；

◆ 智慧性：指的是谋划要充分运用智慧,对各种知识要灵活应用,对各种信息要灵活使用,对各种资源要灵活运用,对各种变化要灵活反应。

项目谋划的注意事项

战略投资职业经理人团队在项目谋划过程中,应该注意三个问题：

第一,找对角色定位,不能越位更不能越权。

对于任何企业来说,确定任何一个投资项目都是一件大事。因为它需要调动企业的大量人力、物力与财力,它的实施将给企业的发展带来深远影响。每一个投资项目都是企业老板(董事长、总裁)亲自关注、过问的大事。战略投资职业经理人的角色是策划执行,不是策划指导。

策划执行,包括两个层面上的工作:一是将董事长、总裁和团队的策划思维形成执行文件(策划案);二是在策划方案的实施过程中对策划活动跟进、监控与反馈。多请示、多汇报是战略投资职业经理人应有的工作态度。

第二,善于分析思考,不能人云亦云。

谋划投资项目,是一项很费力、很复杂、很重要的脑力劳动。有时候会为了搞清某一个问题而伏案几天,一般人不理解这一点。以分析投资项目依据为例:确定投资项目的依据,既要分析现实及潜在市场需求,又要分析现实及潜在竞争对手,还要分析现实及潜在内部能力等,如果有一个方面的重要因素分析不到或不透、不准,那么这个投资项目就命途多舛了。再以投资项目功能定位为例:一个好的投资项目讲究功能定得不偏、不宽、不窄,目标定得不高不低,而达到这个程度是相当不容易的。如果达不到这个程度,投资项目的效果也就或多或少地打折扣了。许多人经常把投资项目的谋划看得很容易、很简单、很一般,在这种思想指导下,搞出来的投资项目总体策划案不会有多大价值,执行起来甚至会走偏方向。

第三,要学会反思,避免主观臆断。

谋划投资项目,一定要坚持高标准、严要求,策划方案必须遵循客观规律,反映实际情况,应该有较高创新度,有较高可操作性,言简意赅,使人容易理解记忆、容易执行操作。但应该承认,负责谋划策划的人不是什么都懂,什么都是行家里手,一样会受到观念、意识、知识、信息、行业、地区等局限,使项目方案存在这样或者那样的问题。因此,战略投资职业经理人要有反思意识,避免主观臆断。多召开几次专题会议,多听听不同意见,还可以借助社会智力对方案进行论证。这样做的目的只有一个,为投资人谋划出"好项目"。

同时，要做成一个对外战略投资项目，不是那么一帆风顺的。企业高层内部出现意见分歧是经常碰到的问题。由于企业家本人站得比较高、看得比较远，他更多的是考虑未来发展，因此主张投资；而其他的企业股东或高管所思考的问题，往往着眼于当前为多，因此持不赞同倾向性观点为主。

奥克斯集团决策对外投资项目的游戏规则是：开会讨论对外战略投资项目，先让高管们发表意见，赞成的、不赞成的、暂缓考虑的、放弃不投的，把各种真实想法、理由观点在会上亮出来。项目前期工作由我为主带领团队在谋划推进，我当然赞同投资，并讲出投资理由和工作步骤。最后，会议主持人董事长归纳大家意见，发表他本人的观点。会议最终结论是原则通过，因为奥克斯集团决策对外投资项目，董事长说自己行使30％决定权，赋予了分管战略投资的副总裁30％特别表决权。

第九章

高质量建议书是催生好项目的坚实基石

在整个项目策划推进到签约落地的全过程中,项目建议书在企业与政府之间起到了桥梁的作用。如果对它的重要性认识不足,就会当做一般文秘工作去做,写不出好东西来;如果编写人员基本功较差,缺少行业分析能力和文字组织能力,机械地照着书本上的格式写,结果肯定是东拼西凑,夸话、大话连篇,主题思想不明确。如果想急于求成,越过这一工作流程,直奔"目的地",签订项目协议书,这其实是十分幼稚的想法。

项目建议书的作用如何? 怎样准备与编写? 一份高质量的项目建议书有哪些要求? 我将在本章内容中,与读者进行一些探讨,特别是提供了一则案例资料,以供读者分享。

项目建议书的重要性

项目建议书是拟投资建设某一具体项目的建议文件,是项目发展周期初始阶段的工作,是投资决策前对拟建项目的总体轮廓设想,是前期项目谋划的重要工作内容与工作成果之一。要获得政府的土地和政策两大资源的支持,首先必须提供一份高质量的项目建议书。

项目建议书有两个直接用处：对公司而言是企业内部一个文件，用来向董事会、理事会汇报并希望得到他们的批准；对政府机构而言，是企业寻求官方支持的一种书面工具，呈报政府并希望得到他们的重视和认可。

项目建议书一旦获得政府方面认可，它就是建设项目开展可行性分析研究、选址，协商合作配套条件，签订合作协议的依据。

项目建议书准备阶段

项目建议书准备阶段主要包括三项事宜：明确主题思想、收集相关资料、提出初始方案。

在项目分析、信息收集、区域选择、接触考察的前期阶段，职业经理人团队就要同步酝酿项目建议书的主题思想及内容，实地访问、上网查询，广泛收集项目投资所依据的资料，有目的地向项目相关人员征询意见，这里说的相关人员，指的是企业中的技术领导、生产主管、财务经理以及市场部门、工程部门负责人等，经过认真思考与分析，形成一个项目建议书的初始方案，即框架、要点。

接着，在与政府机构及官员交流、沟通过程中，要有意识地透露、交流项目建议书的初始方案，从中观察他们的反映，听取他们的建议，并及时加以归纳与整理，使您撰写项目建议书时能抓住主题、抓住重点、抓住政府与企业所共同关心的话题。

塘厦项目建议书的准备过程

塘厦项目建议书的准备过程早在 2009 年 12 月 20 日至 23 日，三四天时间的塘厦之旅，我们就在分分秒秒中开始了资料的收集。我们不仅同镇领导沟通交流，参观考察生产基地，还同通讯事业部领导探讨问题，其中一个很重要的目的，就是为起草项目建议书做准备。

12月21日下午，一见赵委员，二见方镇长，三见何书记，双方始终在交流投资意向，探讨项目主题；12月22日，走遍奥克斯分布在龙岗的5家生产分厂，边参观边了解集团通讯产业发展方面情况与数据，获得《AUX通讯事业部整体概貌和前景规划》资料，为我起草项目建议书提供颇具参考价值的雏形；当天下午，同奥克斯通讯手机产业负责人深入探讨奥克斯手机产业发展规划；12月23日，趁第一次会谈之际，我向塘厦民营科技办和规划土地管理所要到了东莞市招商政策《塘厦镇招商政策汇编》和塘厦镇土地规划方面的资料。

以上所有信息资料为我起草项目建议书提供了帮助，同时也使得项目建议书言之有理，理出有据，据之可查。

项目建议书的编写

一份高质量的项目建议书，不仅反映了项目申请人的思想深度，要解决问题、试图达到的目标和实现目标的具体策略和方法，而且构成了未来实施项目的指导性框架。项目建议书是争取获得政府土地、政策等资源支持的重要文件。通过一份高质量的项目建议书，给政府官员留下良好的第一印象，为项目的深入运作与发展提供一个良好的开端。

一份高质量的项目建议书，首先来自于正确的理念。

◆ 项目既是媒体也是载体。企业和政府机构之间可以通过实实在在的项目建立一种战略合作关系。

◆ 说服政府相信项目的重要性，使其关注与期待。比如找出项目最佳依据的事实和数据，确定想把项目做成一个典范的创意，确定项目建设时间很紧迫、要求是合理的，明确项目对当地贡献的可持续性等。

◆ 要基于信念不流于形式。项目建议书的格式不是死板、一成不变的,要发挥自己的创造力,并保持灵活性。

其次,取决于战略投资职业经理人团队的基本功。

完成一份高质量的项目建议书的编写工作,同其他任何工作一样,都需要深思熟虑的准备、有效的策略和精心的计划,需要付出艰辛的脑力劳动。

投资总裁更要主持参与这项工作。召开 1-2 个相关专业人员(包括技术部门、营销部门、规划部门、财务部门等)座谈会、分析会是十分必要的。因为建议书中涉及的项目技术问题、规划问题、市场问题、财务问题,需要专业的人拿出专业的意见来。

建议书一般要经过几轮的修改、补充和完善,在正式定稿前,还要提交公司管理层讨论,报经集团董事长批准,最后打印装订成册。

塘厦项目建议书的编写

《塘厦奥克斯通讯科技产业园项目建议书》于 2010 年 1 月 10 日完成。这份建议书,完整、扼要地描述了项目概况、项目选址与用地、项目建设目标、项目前景分析(包括国际、国内、市场预测和 AUX 手机产业发展现状及规划)、项目建设规划、项目进度安排、项目投资估算、财务经济分析等八个方面内容,一共耗时二十天左右,每一编写环节,我都做到亲历亲为。

12 月 23 日第一次会谈,塘厦项目选址基本确定,项目投资内容得到奥克斯集团和塘厦镇政府的基本认可;25 日,我返回公司即向董事长汇报。为积极主动地推进第二次会谈,我立即动手,赶在 2010 年元旦节日前完成了塘厦项目建议书的初稿;节日过后,又用了二天的时间修改与完善。1 月 6 日,用电子方式将初稿发送给通讯事业部邹三兵(在深圳)和集团总师办叶名成(在天津),征求他俩的意见。8日,汇总他俩提出的修改意见。10日,项目建议书文稿报送董事长阅定。

  每次编写一个新的投资项目建议书,我都将它看做是对自己的一次挑战,因为我坚定地告诉自己,所要完成的是一份结构严谨、论述清楚与言之有物的立项建议。"标题与关键词"十分重要,这次花去了我两个多小时时间用来斟酌它,目的是使政府官员看了标题,会引发他们对项目内容的遐想。写正文,我有一个习惯,先按标准格式和基本内容架构一棵知识树,把相关资料挂在知识树上,然后一气呵成。每次完成项目建议书的编写工作,都感到由衷的快乐,因为做到了"用心"。

项目建议书的高质量

1.精致的封面

这是容易被忽视的部分。有很多机构认为内容比形式更重要。其实,形式是可以更好地表现内容的。项目建议书的封面是使官方了解和认识企业的一个很重要的窗口,表现得专业和严谨,是绝对可以得到加分的。

封面格式范例

* * * * 奥克斯通讯科技产业园

项目建议书

奥克斯集团有限公司

二零一零年一月

2. 简明扼要的正文内容

项目建议书扼要地论证项目建设的必要性、条件的可行性和获利的可能性,并以论述必要性为主。全文字数一般控制在三千至四千,再长最好不要超过五千字,特殊项目例外。

下面以工业投资项目建议书为例,其他项目依据不同主题增删条目。

工业投资项目建议书

(1)项目概述

包括项目名称、项目投资单位、项目选址、用地面积、项目建设目标。

(2)项目前景分析

包括国内市场和国际市场预测,企业现有产业基础及优势所在。

(3)项目建设规划

包括规划理念、建筑面积及要达到的项目建设总目标。

(4)项目进度安排

包括开工条件及时间、工程进度计划列表(与土地合同条款相衔接)。

(5)项目投资估算

包括总投资额、建安投资、设备投资及建设期利息(不包含土地购置费,这是下一步合同谈判的焦点问题)、资金来源。

(6)财务经济分析

列表说明项目新增销售收入、净利润、税金及附加,投资回收期,使得审阅者一目了然。

项目建议书的提交

项目建议书的提交方式、时间、地点也是十分讲究的;谁提交、交给谁,也是十分重要的。这是一个"礼"与"仪"的问题。

对于提交的时间节点,一般安排在对方政府最高行政长官决定考察访问公司前几天,或来到公司,或考察访问后几天最为妥当。具体的时间节点根据当时项目的对接情况来决定。在友好气氛中提交项目建议书,是明智选择,一方面充分表达企业的诚信,同时对他人表示出尊重,定会收到理想效果。提交人与接受人以双方最高领导为佳,投资总裁提交为次之。

如今,提交政府的并不仅仅局限于纸质的建议书,CD、软盘和电子邮件也可以是项目建议书的组成部分或补充,在特定情况下,利用PPT作口头演示进行提报,效果会显得更佳。

项目建议书提交之后，接下来就是跟踪回访。此时，职业经理人团队要同时准备好电子文档和 PPT 演示文稿，随时准备为对方政府机构开会讨论本项目时作现场演示汇报。一旦接到政府方面口头或电话认可，意味着下一步工作就进入到合同制作与谈判。

塘厦项目建议书的提交

《塘厦奥克斯通讯科技产业园项目建议书》编写定稿之后，形成了电子的、PPT 的和纸质的三种文档方式，随时准备通过不同途径和方法向塘厦镇主要领导提报。

1 月 8 日，我们先主动发出邀请函，邀请塘厦镇委、镇政府主要领导到宁波奥克斯集团总部参观、指导。时隔三日，于 1 月 11 日，我将项目建议书电子文档发给了赵展扬主任，并同他通了电话，请他收到后立即打印，呈送给方灿芬镇长和赵如发委员批阅。此时，我最关注的是镇领导对邀请函的态度。结果如我所料，1 月 12 日，奥克斯方面收到塘厦镇委、镇政府的感谢函，函中表达了政府对奥克斯通讯手机项目落户塘厦的真实思想与热情态度。

3 月 29 日，方镇长、赵委员一行 7 人首次访问奥克斯集团，我又当面向镇长递交了精制的、盖有集团印章的纸质项目建议书文本。方镇长将项目建议书拿在手上，边阅读边称赞道：奥克斯做事真是认真。大家甚是高兴。

附件

"塘厦奥克斯通讯科技产业园"

项目建议书

奥克斯集团有限公司

二零一零年一月

"塘厦奥克斯通讯科技产业园"项目建议书

一、项目概述

1.项目名称:"塘厦奥克斯通讯科技产业园"

2.项目投资单位:奥克斯集团有限公司

奥克斯集团是中国500强企业,中国信息化标杆企业,国家重点火炬高新技术企业,并为国家工程技术中心和国家级博士后工作站的常设单位。拥有"奥克斯"和"三星"跨行业的两项中国驰名商标和两个中国名牌产品。集团坚持做大做强电力、家电、通讯三大制造业的产业发展方向,年产能已达到空调700万台、电能表2500万只、变压器400万千伏安、手机500万部、小家电200万台(OEM)。2009年,销售收入突破200亿元,实现利税12.6亿元。

通讯事业部组建于2003年,主要经营通讯手机产品及相关电子元器件的研发、生产、销售以及售后服务等业务。2005年获准手机牌照,2006年通讯事业部直属的能源公司与通讯公司整体搬迁至深圳龙岗宝龙工业区,同时在深圳市区设立营销中心和研究院。现有AUX、BFB两大自主手机品牌,员工2000多人,其中具有大学本科以上学历的研发、营销、生产高管人员438人。2009年产销手机500万套(自产300万套,OEM200万套),年产电芯1800万只,电池800万只,合计年销售收入18亿元,产品退换机率在3%以下,远低于国际品牌5%的退换机率行业平均水平,树立了良好的品牌形象。通讯销售网络渠道初步遍及国内各大中城市,海外市场的开拓也取得积极进展。

3.项目选址及用地

项目选址:广东省东莞市塘厦镇科苑城信息产业园(莆心湖村管理区),用地面积约300亩。

塘厦镇位于东莞市东南部,南与深圳观澜镇接壤,是广东省中心镇、东莞市五强镇之一。该镇交通便捷,距深圳宝安机场约 30 分钟车程,在深圳市 1 小时经济圈范围之内。塘厦镇是现代制造业重镇,形成了以电子信息、家用电器、精密机械、运动器材等高科技产品为主的现代产业集群。该镇城市现代化建设步伐较快,中心区建成面积达 50 多平方公里,相当于一个中等城市的规模。

4.项目建设目标

本项目整体规划分二期建设。

一期工程:重点安排生产性用房建设,用地面积 200 亩,建筑面积约 12 万平方米。建成后形成年产通讯配套产业链及通信手机 1000 万套的生产能力,年产值预计 40 亿元人民币。

二期工程:重点安排研发中心、营销中心和运营中心用房建设,用地面积 100 亩,建筑面积约 10 万平方米。

本项目全部建成后,将成为奥克斯集团通讯手机产业的总部基地,其生产规模与竞争能力将跃升至国内品牌手机前列。

二、项目前景分析

1.国内市场预测

我国通讯手机市场通过十多年的飞速发展,在大陆现已拥有手机用户 6.5 亿。而随着手机行业几轮的洗牌,国产手机厂商实力逐步稳固。目前虽然在市场份额上诺基亚、三星和摩托罗拉仍占据了近 60% 的市场,但综观中国的空调、电视机、洗衣机、冰箱等家电业发展进程看,最终都经历了从洋品牌向国产品牌的转变。随着消费者的认同和国产手机品质与服务的提升,通讯手机行业的发展也不会例外,国产品牌手机将日益占据市场,必定打破洋品牌垄断地位,未来潜力巨大。

特别是随着 3G 市场的发展,消费者所享受到的服务及产品也将更为丰富实用。预计到 2011 年,手机总用户数将发展到 8 亿,其中 3G 手机用户将会超过 1.5

亿。三年内,年移动用户市场将形成超千亿元级规模。

2.国外市场

据美国调查公司 IDC 的资料显示,受世界经济不景气的影响,2009 年度世界手机销量同比减少 8.3%,2010 年将转为增长 9.5%。著名市场研究机构高德公司预计,2010 年全球手机销量会大幅反弹 10%,达到 13 亿部。中国制造的手机成本低、性能全,未来几年中国品牌手机在海外市场将会越来越受到消费者的青睐。

3.奥克斯通讯手机产业厚积薄发

以手机为主的通讯产业是奥克斯集团继电力、家电两大制造业之后重点培育的第三大制造业。通过五年左右时间的发展与积累,已经从产品开发设计、生产制造到营销推广、售后服务等各个环节,奠定了坚实的物质基础,拥有人才、技术、营销、管理等高素质团队,具备向规模型企业方向发展的基本条件。公司目前产能远不能满足市场需求,有近 50% 的产品在进行 OEM。当前国内通讯市场发展迅速,特别是城市二、三级市场和广阔的农村市场,在国家家电下乡政策引导下手机市场潜力巨大。

奥克斯集团在全国拥有 36 个营销中心,国外也设立了众多代销、经销机构,随着通讯科技产业园的建设,AUX、BFB 双自主手机品牌的市场推动,奥克斯通讯产业业绩上升空间将被重新打开,在未来 3—5 年 AUX、BFB 手机将成为国内品牌手机的领军者。

三、项目建设规划

本项目借鉴国际通讯知名企业的产业园区建设布局,高起点、高标准地规划"塘厦奥克斯通讯科技产业园"。整个项目一次规划、二期建设,总规划建筑面积22 万平方米左右,达到国内一流、国际先进的通讯科技产业园目标。

一期工程:用地 200 亩,建筑面积约 12 万平方米,其中:

①通讯 SMT、装配、包装厂房:36000 平方米(3 栋)

②精工塑件厂房:20000平方米(2栋)

③电芯及电池PACK厂房:24000平方米(2栋)

④动力电与保护板厂房:24000平方米(2栋)

⑤物流仓库及其他配套用房:16000平方米(2栋)

二期工程:用地100亩,建筑面积约10万平方米,其中:

①产品研究开发中心(通讯研究院):20000平方米

②产品营销展示中心(数码广场):25000平方米

③园区管理、运营中心(通讯事业部办公大楼):15000平方米

④人才公寓、员工宿舍:30000平方米

⑤职工餐厅:10000平方米

四、项目进度安排

项目用地整体规划,分二期征用。一期征用约200亩,二期征用约100亩,合计300亩左右。每期项目均自取得土地权证后六个月内动工建设,二年内建成投产、交付使用。整个奥克斯通讯科技产业园在5年时间内全部建成。

工程实施进度计划表

序号	项目名称	实 施 进 度 计 划							
		第一年				第二年			
		1季	2季	3季	4季	1季	2季	3季	4季
1	可行性研究	—							
2	初步设计		—						
3	施工设计		—	—					
4	土建工程施工			—	—	—	—		
5	设备订购及安装调试					—	—	—	
6	验收投产								—

五、项目投资估算

本项目总投资约12亿元人民币,其中:建设投资8.8亿元(不含土地购置费),

建设期利息 5000 万元,铺底流动资金 2.7 亿元。

建设投资 8.8 亿元,其中:建筑工程投资(不含土地购置费)5 亿元,约占 56%;设备购置及安装 3.8 亿元,约占 44%。

资金来源:

项目建设投资 8.8 亿元,其中企业自筹资金 5 亿元,申请银行贷款 3.3 亿元。

项目建成投产后需铺底流动资金 2.7 亿元,项目建设期利息 5000 万元,全部由企业自筹资金解决。

六、财务经济分析

项 目	指 标	备 注
新增销售收入	400000 万元/年	
净利润	35000 万元/年	
税金及附加	23000 万元/年	含增值税/所得税/城建税/教育费附加/水利基金
总投资内部收益率(税前)	23%	
全部投资回收期(税前)	6.0 年	

此表测算依据:

①项目计算期 15 年,其中建设期 4 年,第 5 年达到设计生产能力;

②增值税税率为 17%,营业税金及附加包括城市建设维护税,税率为增值税的 7%,教育费附加,费率为增值税的 3%,水利基金,税率为营业收入的 0.01%;

③房屋建筑物折旧率 3.17%(30 年,残值 5%),机器设备 6.79%(折旧年限 10 年,残值 5%),采用直线折旧法。

奥克斯集团有限公司

2010 年 1 月 8 日

第十章

政府关系管理是项目成功的必要条件

政府关系管理的重要性和必要性

企业对外战略投资活动中最炙手可热的一个话题,莫过于政府关系管理,敏感而又十分重要,有所顾虑但必须主动面对。

企业异地投资,无论是依托现有产业优势,走出去到外地区建基地、搞扩张,拓展和深化企业现有业务,还是依托企业品牌和实力,进军某一新产业领域,或者两者兼而有之,都将面临两个基本问题:获得资源和节约成本。政府掌握着土地资源和政策资源,还掌握着立法执法和制定政策等一系列非经济手段。从项目考察接触的第一天起,其实已经同政府部门和官员打起交道。

随着项目往前推进,日益显示企业政府关系管理的重要性和必要性。任何一家希望从政府手中低成本获得土地资源和政策资源,想"以小博大、以巧博大",实施战略项目投资的企业,应该明白:

- 如何理清政府管理机构与运作程序,提高工作成效?

- 如何与政府部门创建一种建设性的战略合作关系?

- 如何面向政府官员成功"公关",争取得到支持?

- 如何制定企业的政府关系策略和方法,实施有效沟通与管理?

- 如何架构企业内部的政府关系管理机制,提升员工政府公关能力?

这些问题必须引起企业家和战略投资职业经理人团队的重视与关注,进行必要的企业人力资源和财务资源的投入。

做大事,必须与政府有良好的沟通,需要企业将政府关系管理放到企业的战略高度加以重视。联想集团创始人柳传志曾说过:"把70%的时间用在了为企业营造良好的外部环境上。"我对此话的理解是,用在处理政府关系及社会事项相关的非市场活动,占了柳传志三分之二多的工作时间。

企业再大也只是企业。这是企业与政府打交道,主动与官员沟通的基调。有人说,为企业提供一个良好的公平竞争的环境,和为企业竞争提供服务,这是政府的职能。这话说得一点没有错,但是这绝对不能成为不想同政府打交道的理由。要知道,政府掌握着经济资源和管理经济的手段,有一只强有力的"无形之手",时刻在干预着经济发展并影响企业的经营。一个成功的企业,必须同时兼备两种能力,一种是做好企业内部运营的能力,另一种是政府公关的能力。成功的政府公关可以让企业的发展事半功倍。因为这样的关系决定着企业资源和政策的多寡,并进而决定企业生存空间的大小。与经营市场不同,经营政府关系面对的是更加复杂的人与事,"会玩一个球的人都要学会同时玩多个球",这话讲得很在理。

政府关系管理的步骤

政府关系管理是一门科学,对此我虽然没有去做系统地学习和研究,但因为分管对外战略投资,所以同政府接触"一马当先"。投资总裁的角色定位就是战略投资人沟通政府关系的使者、桥梁与纽带。八年中做了六大项目策划推进,对如何搞好政府关系有了自己的见解与体会。

我认为,取得信任是建立政府关系的第一要务。信任是交往的基础,是成事的基石。信任很普通,人人都有;但信任很宝贵,是一件很不容易得到的稀世珍宝,想得到它往往需要付出艰辛努力,甚至付出惨重代价! 特别是在当今的商品社会,金钱至上,物欲横流,信任就显得更加珍贵。信任是金,信任是一种高尚的情感,更是连接人与人的纽带。政府官员是否投给你信任票,决定着你所策划项目的成与败。

那么,战略投资职业经理人如何同政府部门建立信任、发展信任、巩固信任呢?

1. 要明确企业政府关系管理中的主、客体,认识人脉重要性

所谓企业政府关系管理,是指以企业作为行为主体,利用各种信息传播途径和手段与政府进行双向的信息交流,以取得政府的信任、支持和合作,从而为企业建立良好的外部环境,促进企业的生存和发展。在企业政府关系管理中,企业是主体,政府公众是客体,也即企业政府关系的作用对象。

在战略投资项目体系构成中,人脉资源与土地资源、政策资源同等重要。建立企业政府关系,换句话讲,就是企业要在政府部门和机构中建立起人脉关系。政府关系管理,说得直白一点,就是政府人脉管理。"专业如利刃,人脉如秘密武器。"以极其自然而有创意的、互利的方式去经营政府人脉,这是做战略投资项目的成功之道。

政府公众是一个庞大而复杂的体系结构,从公共关系的角度可分为三个层次:

- 一是国家的中央政府和与这些利益所触及的各级地方政府;
- 二是政府组织机构的职能部门,企业通过这些部门同政府打交道,接受政府的管理与约束;
- 三是政府组织中的工作人员,在与政府交往过程中,企业需要接触到政府的各级官员,行政部门的助理和秘书,以及职能部门的其他工作人员。

2. 要明确企业政府关系的实质,发挥企业的主动性

"互相需要,互相依赖,但不平等",即政府大、企业小,政府是主导方,企业是从属和服从方。这就是政府与企业关系的实质。

互相需要和互相依赖,是因为和谐的政府与企业关系,是和谐社会的关键一环。在政企关系中,企业的发展为社会创造财富、就业、收入,这是社会和政府都希望和需要的。而政府则为企业发展创造良好环境、提供基础设施、社会秩序等必要条件,这些也是企业发展所离不开的。

虽然互相依赖,但不能说这个关系是完全平等的。在政企关系中,主导方是政府,因为它有资源优势,政府的资源优势体现在其对资金、土地和政策的掌握。除了经济资源,政府还掌握着立法执法,制定政策等一系列非经济手段,以确保其在与企业经济关系中的权威性。政府与企业这种相互依赖和需要的关系中,企业对政府来说总体上是处在从属和服从的地位。

因此,企业要获得政府政策和资源方面的支持并且最好是低成本获得,这就给企业家和战略投资职业经理人指明了方向,即在理解政府需要的前提下,要发挥企业在处理政府关系上的主动性。

一般来说,企业政府关系的处理,在思维方式和行为方式上有三层递进式关系。

> - 第一层次,与个体官员和部门官员的关系。这是最直接和常见的,属于初级阶段;
> - 第二层次,发展到与一级政府的关系,这已经具有战略性,属于高级阶段;
> - 第三层次,参与到政府的规划编制、决策制定之中,这是同政府打交道的最高境界。

3. 结合项目推进工作流程,做到政企关系"顺势而为"

由于社会是一个非常复杂的系统,政府需求也是随着形势、时间、人员的变化而变化的,企业项目从策划到签约、从建设到投产也会有调整和变化,所以政府关系管理不是能够在一段时间范围内可以完成的,也要与时俱进,是一个动态的管理过程。

结合战略投资项目的主要工作流程,我将企业对外投资的政府关系管理的流程,称之为信任管理的流程,用图 10-1 表示。

政府关系管理的信任环节

政府对企业的信任来自于哪里? 我认为主要集中在以下四个方面:

1. 企业的综合实力

战略投资职业经理人同政府对话,底气源于企业实力。但是,职业经理人介绍

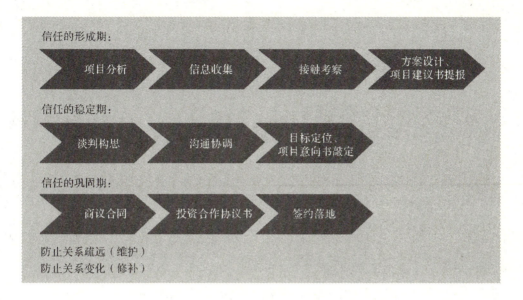

信任的形成期：
项目分析　信息收集　接触考察　方案设计、项目建议书提报

信任的稳定期：
谈判构思　沟通协调　目标定位、项目意向书敲定

信任的巩固期：
商议合同　投资合作协议书　签约落地

防止关系疏远（维护）
防止关系变化（修补）

图 10-1　民企战略投资的政府关系管理流程图

企业、介绍项目，必须始终坚持实事求是的原则，坚持"让政府更理解具体内容而非更模糊态度"，坚持用最基本、最朴素的语言词汇同政府官员进行沟通、交流、协商。

当今社会，处于信息爆炸的时代，政府有足够的视野去看透一家企业在宣传攻势背后的内容，有足够便利的渠道去了解一家企业的真实情况，最终找出最值得信任的理由或者最能够否认的原因。

2. 经理人的综合素质

包括战略投资职业经理人的逻辑思维能力、语言表达能力以及精神风貌与行为习惯等。政府官员与职业经理人从素不相识到相互了解再到彼此信任，需要的是你的诚恳、谦逊、真实、坦然，而不是虚伪、自傲、做作、拘谨。"路遥知马力，日久见人心。"

做战略投资项目，对经理人要求是十分高的。你必须付出百倍的努力，不断学习充实自己，并且学以致用，知识与实践相结合，不断发掘自己的潜力，提高自己的综合素养。

3. 项目投资内容的真实性、可靠性

政府招商引资,遵循两条原则:一是投入强度与进度,二是项目产出与税收。多用数据说话,体现实事求是;少用甚至不用"最大规模、最好效益、最快速度"之类的口号式语言,把话讲过头了,只会失信。

将有限的企业资源插上愿景的翅膀,将以小博大放在支点的杠杆上,这是项目谋划、包装、谈判的综合技巧。职业经理人的项目建议,让政府官员听着津津有味,感兴趣,让他看到地方的利益所在,会兴奋,你才有机会从政府那里获得政策边界的最大化。

4. 言为心声,行由心起,用心工作,一切皆有可能

战略投资职业经理人要懂得细节决定成败的道理,铸就诚信,被别人信任,就得从小事做起,大处着眼,小处着手。把每一件简单的事做好就不再简单,把每一件平凡的事做好就不再平凡。

在工作中应该经常问自己三个问题:

面对工作我是否采取积极有效的行动?

当工作出现问题之后,要改变的是我自己,不是别人?

我做的一点一滴能同时得到企业和政府的肯定吗?

商务谈判是开创合作新局面的催化反应

民营企业开展对外战略投资项目，一般分为两类情况：

一类是，"有中生有"，复制、转移产业，到客地要资源。即基于企业自身产业优势，走出去到外地拓展和深化企业现有业务，异地建厂，搞产业扩张。

另一类是，"无中生有"，利用品牌实力，进军新产业，去客地占资源。即基于获取资源为前提，以企业中长期发展战略为指引，对战略资源采取策略行为，达到经济资产和资源为企业优化利用，培育新的竞争优势与增长点。

政府对上述两类项目，会持两种不同态度。对"有中生有"项目，特别是优势产业(有品牌、有实力、有规模)项目，政府持十分欢迎的姿态。双方沟通交流中，企业一方占有主动地位，握有谈判主动权。对于后一类"无中生有"项目，政府一方各种担心与顾虑相对会多一些，不轻易答应企业提出的条件。于是，企业方要运用谈判杠杆连接理想与现实，成就伟大事业。

项目合作谈判的特点

何谓谈判？顾名思义，那就是谈＋判，先谈而后再判。"谈"是指双方之间的沟通与协商，"判"是最后决定一件事做出判定。简而言之，项目合作谈判就是企业为达到投资目的而跟政府一方进行交流、协商的过程。谈判讲究战术和策略。一次成功的谈判,不是简单地表达自己想法的过程,而是应该有技巧地进行沟通,将不对等变为对等,将不可能变为可能。也就是说,沟通协商过程中,通过一套战术尽可能地达到预定目标,这才是谈判的精髓。西方人有句格言:不要相信自己的眼睛,要相信自己的大脑。对于谈判,千万不可被表面现象迷惑,要运用自己的智慧去挖掘出深层含义。

项目合作谈判有四个特点,如果各用一句话概括它,可以这样描述:

- 自觉遵循"双赢"规则,不要用买方和卖方的观点看待问题;
- 长远利益比眼前利益更重要,把建立长期合作关系放首位;
- 谈判是工具,获取信任、开发创意、开创建设性合作局面;
- 有效整合各类资源为项目服务,将收到事半功倍的效果。

特点之一,项目合作谈判不同于工程项目谈判、技术贸易谈判、机械设备谈判、服务协议谈判、产品交易谈判以及资金借贷谈判等等,不能简单地用买方和卖方的观点来看问题。对于商业谈判而言,一方多要一分钱,另一方就会少赚一分钱,似乎永远是个矛盾。对于项目合作谈判而言,遵循的规则就是"双赢",即在谈判双方离开谈判桌时都感觉到自己一方赢得了谈判。

特点之二,项目合作谈判对于企业而言,包含着双重利益,即:一是企业从谈判中获得实质利益(比如获得资源、节约成本);二是企业通过谈判与政府建立和保持关系的长远利益。从企业发展角度说,与政府保持长远的良好关系要比任何一场特定谈判所得到的实质利益都重要。如果把两者视作眼前利益与长远利益,企业应当将同政府建立和保持长期友好的合作关系放在重要位置。

特点之三,项目合作谈判是企业谋取长远性经济利益的战略工具。企业通过谈判中形成的工作关系和人际之间的理解,寻找真正值得长期信任的领导官员。

谈判不需要添枝加叶地增加中间环节,合作双方直接见面会谈。不要计较某一方面(诸如地价)的斩获有多么丰厚,而在于以小博大、总收益有多大。要实现这一目标,很大程度上靠的是获取信任、开发创意、开创建设性合作局面。

特点之四,项目合作谈判不是一项单一的、孤立的商业运作行为,它涉及政治、经济、社会的各个层面和领域,企业需要了解政策、经济、能源、资源、劳动力、市场、地理文化等方面的资料和信息。通常情况下,政府关注的是合作目标的可行性,不太会关注合作目标的盈利性。因此,企业如果能够有效整合各类资源为项目服务,比如巧妙利用行业协会、科研机构、业务部门、工商联社团组织等,将会收到理想的效果。

项目合作谈判的策略

在第十章"政府关系管理"中,我们已就企业政府关系的实质作了解释。"互相需要、互相信赖,但不平等",即政府大、企业小,政府是主导方,企业是从属和服从方。企业与政府是基于投资项目合作走到一起,双方对共同利益和目标的追求是推进合作的巨大动力。一方面,企业客地投资项目,为社会创造财富、就业、收入,这是当地政府需要和期盼的;另一方面,政府针对项目优惠提供土地、配套政策等,是企业减少成本支出、降低投资风险所希望的。

因此,企业同政府进行合作谈判的指导原则是:

> ● 履行各自责任是核心
>
> ● 实现互利共赢是目标
>
> ● 促进共同发展是基础
>
> ● 确保项目实施是关键

项目合作谈判的关键四要素：

- 共同利益　　　　　Common Interest
- 共识　　　　　　　Common Opinion
- 最佳代替方案　　　Best Alternative to Negotiated Agreement
- 可能达成协议空间　Zone of Possible Agreement

项目合作谈判的策略思想：

- 把谈判看做是一项有着共同利益的合作，努力营造和谐氛围；
- 谈判首先需要扩大双方的共同利益，再扩大单方利益；
- 只要存在共同利益，必然存在一个可能达成协议的空间，即共识，关键看你是否能够找到；
- 优秀谈判者总是在不断寻求最佳的解决方案，失败的谈判者只会为了争取利益而造成冲突。

在深刻领会上面讲到的项目合作谈判四项指导原则、四个关键要素、四条策略思想之后，战略投资职业经理人就可以围绕项目合作内容与目标，预先根据可能出现的问题制定若干个对应的方案，并且在实现目标过程中，根据形势的发展和变化制定出新的方案，或者根据形势的发展和变化来选择相应的方案，将原则性与灵活性做到有机统一，最终实现预定目标，或者尽可能达到预定目标。这就是项目合作谈判的策略所在。

用一句话概括，项目合作谈判的策略就是指谈判人员为实现预期的谈判目标而采取的方针与方法的总和。在谈判中正确地运用各种策略，可收到事半功倍之效。

项目合作谈判的技巧

项目合作谈判,既是一门科学也是一门艺术,更是追求企业利益最大化的关键一环。项目合作谈判的技巧很多,操作方法也因项目和谈判对象不同而存在差异。这里要特别指出的是,项目合作谈判不像其他商务谈判,可以设开局、局中、结束三个阶段,它是合作双方不断进行沟通、协商、妥协的过程,持续时间相对较长。

怎样成为一名谈判高手呢? 我的体会与建议是:

> - 必须真实客观地分析合作双方所有可能利益的交叉点;
>
> - 先定基调,先易后难、由浅入深展开各个谈判议题;
>
> - 有备而谈,提前准备议题并紧扣谈判目标;
>
> - 每次会议,形成备忘录或会谈纪要;
>
> - 前次会谈达成共识的议题不要在下次重复;
>
> - 逐步深入,把最敏感最难问题(如土地价格)放在最后促成。

良好的谈判能力是战略投资职业经理人的必备素养,但它不是天生的。八年的战略投资总裁生涯,我最深的感悟是:谈判能力的培养70%靠信息,30%靠经验,不耻下问、学无止境。

无论项目规模大小,谈判层级高低,战略投资职业经理人都必须精心准备、认真对待,决不允许草率马虎、敷衍了事。这是谈判人员应有的基本态度。因为项目签订一旦失误就会给企业带来难以挽回的经济损失和不良社会影响。因此,我认为在谈判环节把握上要做到以下四点,即:

- 熟悉政策法规
- 了解投资环境
- 清楚项目情况
- 掌握策略艺术

同时,项目合作谈判中经常会出现以下几个毛病和误区:(1)定位不清,误认为一方所得,即另一方所失;(2)急躁冒进,过早"亮底",对谈判下结论,欲速则不达;(3)人为对立,将并不复杂的误会与争议无限放大,诘难与冲突由此而生。

上述情况非常容易给正常谈判带来不良后果,比如容易导致心态浮躁,往往会在谈判伊始就轻易割裂企业与政府之间的有效沟通,并且放弃对双方共同利益的积极探寻;或者容易失去方向目标,策略失当,"捡了芝麻丢了西瓜",纠缠于立场舍弃了利益,多了分歧少了共识,甚至使自己陷入没有选择的境地。

为了避免和克服这些谈判中的毛病,战略投资职业经理人就需要树立正确的合作观:

- 坚持平等互惠、合作双赢的谈判宗旨;
- 正确认识谈判原理:利益+信任。在符合双方利益前提下,更好的信任关系能够快速达成共识;
- 具备良好的心理素质,不能感情用事,有礼有节,尊重对方,做到人与事分开。

战略投资职业经理人通过有效运用谈判技巧,增加项目可信度,变被动为主动,架构起企业和政府合作的桥梁。

第十二章

职业素养是战略投资
职业经理人的立身之本

两封信件

2010 年的最后一天,浙江省成长型企业 EMBA 高级研修班学员周志孟发给我一封电子邮件:

陈老师:

　　2010 年的最后一个双休日,获得了 2010 年最好的礼物,就是有幸听了陈老师的课,通俗易懂,也最震撼人心,投资赚钱不是最终目标,但其过程获得的心灵感受却是最宝贵的人生财富。在新旧更替的时候,谨向陈老师致以真诚的敬意,恭祝老师新年快乐,合家幸福。

学生:周志孟
2010—12—31

2011 年 1 月 4 日,我收读周志孟学员的来信后感慨万分。一方面,因得到学员尊重从内心为之感动;另一方面,因没有及时回信而颇觉内疚。读信后稍作思考,我就给周志孟学员回了一信。

> 志孟:
>
> 　你好! 不知该怎么称呼你,收到你的新年祝福,甚是高兴。因元旦节日出门在外,今才回信,深表歉意。
>
> 　用心想事,用心谋事,用心做事,是我的人生职业追求。所以,我在做好民企战略投资职业经理人的同时,努力对自己所从事的工作加以思考、总结与提高,同你们分享实践中的研究成果。
>
> 　祝你在新的一年里吉星拱照,心想事成。
>
> 　　　　　　　　　　　　　　　　　　　　　　陈迪明
> 　　　　　　　　　　　　　　　　　　　　2011 年元月 4 日

今天再读我同周志孟的往来信函,又带来许多思考,写下了以下这些"用心"感悟。

"用心"感悟

"世上无难事,只怕有心人。"万事都怕"用心"两字。

许多成功的企业家都慷慨地说:"一个用心工作的员工,我们应该发给他(她)双倍甚至更多的薪水。"

无论是大企业家,还是中小企业家,甚至是个体私营老板,谁都希望把工作交给那些真正用心的人去做。有的企业干脆把"认真做事只能把事情做对,用心做事才能把事情做好"作为员工的座右铭,刻录在企业最醒目的地方,警示全体员工要做到"事事用心、时时用心、处处用心"。

"用心工作是一种态度,也是一种方法";"用心工作是员工必须具备的职业品德";"用心工作是创造快乐幸福生活的途径";"用心工作会拥有更多智慧、热情、责任、想象和创造力,让自己变得更好、更优秀、更杰出";"用心的程度决定着成就的高度",等等,这些富有哲理性的言词,早已为大家耳熟能详。然而,一旦将"用心"两字落到每一个人身上,应用于实际工作、生活之中,那几乎千差万别。我们可以肯定:"一个人做事用心与否,其结果有着天壤之别。"

战略投资是企业发展战略的重要组成部分,是企业新阶段发展高度的谋篇布局,是企业转型升级的新起点与新路径,这对企业家和战略投资职业经理人都同样提出了新的、更高的要求。在奥克斯集团副总裁任期内,我对自己明确提出:要全身心辅佐集团董事长,一个接着一个地谋划、推进对外战略投资项目;要努力学习、刻苦钻研,立志成为民营企业战略投资方面的行家里手。为此,我在实际工作中,拿自己作为研究对象,试图回答"怎样成为一个合格投资经理人"的问题;拿奥克斯作为研究对象,不断总结归纳"奥克斯战略投资思想体系"。

我对"用心工作"的理解是:首先,要做到用心想事,有一个比别人更高的职业境界;其次,要做到用心谋事,有一个比别人更多的专业智慧;再次,要做到用心做事,有一个比别人更好的工作绩效。

在这里,我将最近成文的"揭秘奥克斯战略投资思想体系",特意放在本章,用它来佐证我的"用心",用它来兼作全书的总结。

揭秘奥克斯战略投资思想体系

"过去二十多年,我们取得了千倍的跨越发展,奠定了奥克斯之于中国制造的价值和意义。而今面对新的挑战,我们不仅没有放慢步伐,而且确立了更加恢宏的发展战略，以更强大的集团实力来适应快速发展的中国，紧紧抓住国际经济大环境中稍纵即逝的机遇。"

"事实上我们也别无选择，惟有在跨越中持续创新，不断改进而超越自我，以更为丰富和更加充实的品牌形象、文化旨趣进入公众生活，我们才能成就百年基业，才能实现从中国品牌到世界品牌的飞跃。"

奥克斯集团董事长郑坚江一再这样强调，也一再按照这样的要求在做，带领奥克斯勇往直前。

这是奥克斯年销售规模突破 200 亿、挺进 500 亿乃至 1000 亿，超越自我、超越过往的最大动力，也是最大的压力，一种永不满足自我施压的前进动力。

(一) 八年的战略投资布局

2002 年以来，奥克斯站在产业领军者的高度，全面启动了产业布局战略，在中国最具活力的长三角、珠三角、环渤海湾区域，先后建立了宁波、南昌、深圳、上海、天津五大产业基地(西部产业基地在筹)。通过战略投资，优化了集团在全国的产业布局。

1. 浙江宁波产业基地

位于鄞州工业园区，2003 年建设用地 1370 亩的奥克斯国际产业园，现拥有 300 万套空调及配件、1000 万台电能表、600 万千伏安变压器产能。2010 年 7 月，又在宁波市江北区慈城镇用地 550 亩，正在投建集生产、研发、营销为一体的三星电气高科技产业园。

2. 江西南昌产业基地

位于南昌经济技术开发区，2004 年底投产，用地 1230 亩，形成 300 万套空调及配件产能,现为南昌市和江西省重点骨干企业,政府招商引资标杆项目。

3.广东深圳产业基地

位于龙岗宝龙工业区,2006 年投建,形成了 500 万部(自制 300 万部,OEM200 万部)手机生产能力。产业升级计划已启动,在东莞市塘厦镇新建用地面积达 300 亩的奥克斯通讯科技产业园。

4.上海浦东产研基地

位于康桥工业区,2007 年投建,用地近 300 亩,总建筑面积 32 万平方米,集创意、研发、商务为一体的"3W 创研智造"企业总部园,现已引进企业多达 52 家。目前,第二个用地面积 164 亩的企业总部基地项目又在启动中。

5.天津武清产业基地

位于武清开发区,2009 年上半年开工,2011 年 4 月投产,用地 800 余亩,形成年 150 万套空调及配件产能;二期用地 500 余亩,规划建设年产 500 万套数码家电项目。

在战略指引下跨越,奥克斯战略投资有"道"。其他具有转型升级重要意义甚至是里程碑意义的项目有:

(1)2010 年 3 月全面开工建设、建筑面积达 56 万平方米的"成都奥克斯财富广场",开创奥克斯商业地产新纪元。该项目位于成都市高新区;

(2)2010 年 4 月签约,用地面积 1500 亩,与国家体育总局现代五项和马术训练基地合作,共同打造"海南文昌现代五项城市体育公园"。该项目落户文昌市东海岸锦山镇;

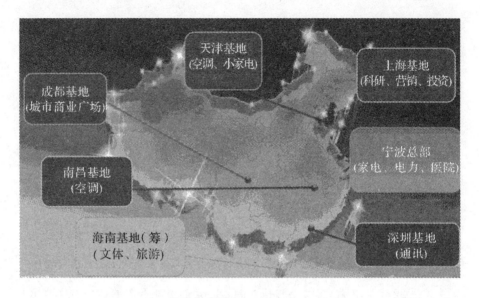

图 12-1 奥克斯集团战略投资的产业布局

（3）2010 年 11 月签约，用地面积 50 亩，投建"奥克斯集团杭州研究院"。该项目落户杭州余杭组团创新基地"海创园"；

（4）2010 年 12 月，位于宁波南部中央商务区，建筑造型为"X"的奥克斯中央大厦落成。

（5）绿色中国文化创意产业园和绿色家电产业展贸基地两大项目，获国家有关部委批准，正在落实选址、用地等积极的筹备之中。

透过奥克斯八年的战略投资布局，我们可以从中看出其未来五年的宏伟大业：国家"十二五"时期，奥克斯集团的发展目标是，实现年销售规模达到或超过 500 亿元人民币。

作为奥克斯人，期待着这一天早日到来，内心感到无比激动和自豪。

（二）独特的战略投资思想体系

奥克斯对外战略投资认识早、行动快，步子大、效果好。通过八年多时间的大胆探索,勇于创新,在实践中形成了独特的"奥克斯战略投资思想体系"。

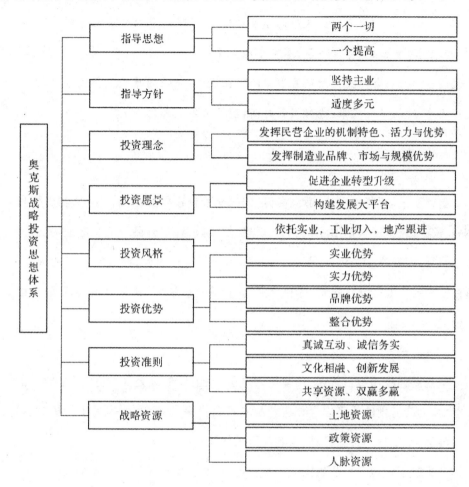

图 12-2 奥克斯战略投资思想体系

1.指导思想

"两个一切、一个提高",即:"一切按经济价值规律办事,一切按有理服从原则办事,一个以提高效率为中心的企业风格"。这是奥克斯管理思想和文化理念的最核心内涵,也是对外战略投资的根本指导思想。

◇ 一切按经济价值规律办事:即对外投资的目的是追求利益最大

化,一切围绕利益,利大多投、利小少投、无利不投;

◇ 一切按有理服从原则办事:即用制度来规范投资决策流程,尊重人才、尊重知识、尊重科学、尊重市场规律;

◇ 一个以提高效率为中心的企业风格:即强调时间是金钱、时间是效益、时间不会重来,管好用好时间,确保效率最大化。

2.指导方针

奥克斯采取"坚持主业,适度多元"的战略投资指导方针,即企业坚持做大做强电力、家电、通讯三大制造业,在扩大规模、提高效益、提升品牌的基础上,推进产业转型升级,积极稳步向地产、医疗、金融等领域拓展。因此,在战略投资的模式上,奥克斯主要采取多元化投资、专业化经营、资本化发展、品牌化生存、创新以持续等新模式。

3.投资理念

奥克斯在战略投资领域,具备两大本质特征:体制上是民营企业;主导产业是制造业。因此,她的投资理念朴实却极其符合自身的特质:发挥民企的机制特色、活力与优势;发挥制造业品牌、市场与规模优势。

抽象的投资理念反映到实际的投资行为上,就形成了三大基本要领:

(1)完全市场导向:利益最大化,将资本往市场需要的产业、产品上转移;

(2)四两拨千斤:以小博大、以巧博大、以时间换空间;

(3)快鱼吃慢鱼:善抓机遇、敢于冒险、抢占先机、夺取高地。

4.投资愿景

奥克斯实施战略投资的愿景:促进企业转型升级,构建发展大平台。

奥克斯在进行项目选择时,重点抓与国家发展战略一致的规划布局,目的是抢先进入潜力市场,通过一个好市场、好机遇,导引产业扩张与升级,形成多区域互动,做大做强企业。

5.投资风格

奥克斯的战略投资始终坚持"依托实业,工业切入,地产跟进"的投资风格,并且把这一"正确的事",反复做、经常做、不断做,取得了跨越式的发展。

投资势必有风险,但是奥克斯坚持主动性、可控性、渐进性,持续稳健地推进产业扩张的步伐。

6.投资优势

实业优势:电力、家电、通讯三大制造业为载体;

实力优势:中国 500 强企业、中国房地产百强企业;

品牌优势:两个中国名牌产品,两个中国驰名商标;

整合优势:把别人的资源变成自己的资源,进而确立市场胜势。

7.投资准则

真诚互动、诚信务实;

文化相融、创新发展;

共享资源、双赢多赢。

8.战略资源

战略资源的重要意义在于:资源蕴藏着的是宝贵财富,谁拥有资源越多,谁在未来获得的财富就越多。战略资源主要包括三类:土地资源(含山地、森林、海洋、河流、矿藏);政策资源;人脉资源。

战略资源解析

(1)土地资源

土地资源具有资源、资产、资本"三重合一"的属性特点。土地,首先是一种自然资源,表现出资源属性;其次,我国土地所有权与使用权分立,使土地使用权特别是建设用地使用权成为可增值、可延展的权属、可交易的商品进入市场，既是有形资产，也是无形资产。再次，土地一旦进入市场，就能发挥其杠杆效应，成为融资手段，具有增值性、返还性、流动性、风险性和社会性等资本的特点，具备资本属性。

不同区域、不同位置、不同性质的土地资源，其价值流向与增值导向有着不同的市场取向。用地选址十分重要，用地数量、质量、结构同样重要。

经济全球化、市场化、工业化进程加快，土地资源供需矛盾日益突出，土地资源的资产、资本属性日益显化。土地是不可再生资源，将越来越变得稀缺而珍贵，拥有它就等于拥有了财富。

（2）政策资源

战略投资所关注的政策，主要涉及财政经济政策、土地价格政策、银行信贷政策，还有其他如项目扶持政策、工业品政府采购政策、人才引进政策等。

政策是由政府机关和政府官员制定的，具有鲜明的目的、目标或方向。政策具有时效性与选择性。政策不是物质形态，而是外化为符号表达的观念和信息。政策资源是有限的，它受制于地方政府的财力。

搜集政策信息，搞清楚哪些政策会对企业的投资活动带来影响，十分必要。战略投资职业经理人不仅需要对已经出台的政策有全面了解，而且对于未来出台的政策也要有一个正确的判断。

（3）人脉资源

人的生理生命是以血脉为支持系统，人的社会生命是以人脉为支持系统。人脉即人际关系、人际网络，体现人的人缘、社会关系。

人脉如同金钱一般，也需要管理、储蓄和增值。要建立和发展有利于企业投资活动的人脉,并对每一个人脉进行客观评价,清楚能给企业带来的利益,实行动态梳理、分级管理。

"专业如同利刃,人脉如同秘密武器。"以极自然而有创意的、互利的方式去经营人脉,这是必胜的成功之道。

(三)确保投资项目成功的基本条件

开展战略投资的民企,一定是完成了原始积累,企业上了一定层次、一定规模,企业家确立了二次创业理念,导入了战略管理思想的民营企业。

由于社会公共资源配置的不平等,民营企业更要重视战略投资。战略投资开阔民营企业家的发展视野,是企业新阶段发展高度的谋篇布局,是企业调整结构与转型升级的重要手段,是迈向二次创业的新起点、新路径。

民营企业做战略投资,必须牢牢记住两个原则问题:资源有限;以小博大。

◇ 即使是规模很大的企业,它的资源也是有限的。成功的公司将有限资源集中在若干个最具吸引力、影响力、竞争力的项目上。如果不这样做,就会使公司大而不强,关键竞争能力反而会受到损伤和影响。

◇ 以小博大(以巧博大),四两拨千斤。成功的谋划在于聚焦项目的兴趣点、兴奋点与发力点,合情合理地做好项目包装,以较小的资本投入获取较多的资源。开好局,在过程上多花点时间,收效会更好。

从奥克斯的八年战略投资实践经验来看,要确保投资项目成功,离不开以下四个基本条件:战略指引、两创精神、两化融合、两大基石。

1.战略指引

第一是目标,牵引性愿景,是体系再造、差异区隔、资源匹配、挑战未来。

第二是方向,依靠内部资源与外部资源的匹配情况,判断该做什么、不该做什么,做到有所为有所不为。

图 12-3　确保投资项目成功的四大基本条件

第三是策略,这是战术设计,战略落地的支撑点,该开展哪些具体项目,知道怎样去开展。

2.两创精神

创业:人生就是勇者的竞逐,创业尤其如此,苦难也好,困难也罢,一要面对,二要克服,突过去才有出路,突出去才是财富。

创新:它是企业生命力的源泉,是实现持续发展的不竭动力。奥克斯的经验告诉人们,产品创新、科技创新、管理创新、服务创新是产业扩张与提升的"四大引擎"。

3.两化融合

用信息化带动工业化,是现代工业快速发展的助推器。不上信息化的企业做不大,用不好信息化的企业做不强。

采用信息化管理的目的,在于提高效率、提升竞争力,实现传统化管理到现代化管理,经验型管理到知识型管理,家长式管理到自主式管理的跨越。

4.两大基石

文化基石,企业发展生生不息的源泉。美国著名智囊机构——兰德公司花费了 20 年时间跟踪世界 500 家大公司,发现长盛不衰的企业有一个共同特征,就是树立了超越利润的社会目标,他们都有一套坚持不懈的核心价值观,有一种崇拜式的企业文化,有一种有意识地灌输核心价值观的行为。

品牌基石,跨行业和走向世界的保障。品牌就是品德。一个优秀的产品品牌对消费者而言,就意味着优良的品质,良好的服务,意味着该品牌产品是物有所值甚至物超所值!一个优秀的企业品牌对员工而言,就意味着发展的平台和良好的环境!一个企业如果拥有优秀的企业品牌和产品品牌,对经销商、供应商及其他合作商而言,就意味着安全的盈利平台和持续的发展空间!对企业而言,品牌意味着市场,意味着销售量,意味着利润,意味着持续的发展和长远的利益,意味着企业的百年发展、基业长青!

附录篇
小步积累大步跨越

荀子在《劝学》中说:"积土成山,风雨兴焉;积水成渊,蛟龙生焉。"

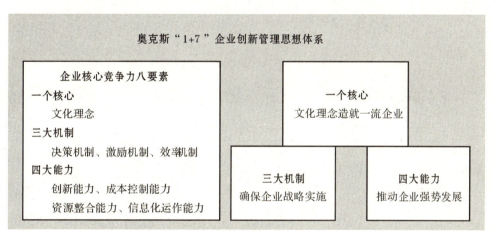

奥克斯集团大事年表

1.【重要历史阶段】

时 间	时 期	阶 段
1986—1994	艰苦创业期	深耕电力(1986—1994)
1994—2004	蓬勃发展期	力拓家电(1994—2002)
		多元发展(2002—2004)
2004—现今	稳健发展期	产业调整(2004—2009)
		稳健治业(2009—现今)

2.【重要历史事件】

时间	主 要 事 件
1986 年	郑坚江先生带领七人承包负债 20 万元的小厂,开始创业
1989 年	创建宁波三星仪表厂,正式跨入制造业
1993 年	创建宁波三星集团公司
1994 年	创建宁波奥克斯电器厂,正式跨入空调制造业
1995 年	改制成立宁波三星集团股份有限公司,成为现代大型股份制企业
1999 年	投资 10 亿元,建设占地 300 亩的三星奥克斯智能工业城

时间	主 要 事 件
2000 年	三星电能表产能位居全球第一,全面进入电力产业 "事件营销"驰名业界
2001 年	投资 3000 万元,全面启动信息化工程
2002 年	相继进入通讯、地产、医疗产业
2003 年	建设奥克斯国际产业园、奥克斯南昌产业园
2004 年	成立奥克斯集团,进行事业部改制 研制商用空调、冰箱、小家电等产品,全面进军家电产业 江南绿洲大酒店正式开业,进入酒店服务业
2005 年	成为国家首批手机生产项目核准企业
2006 年	深圳基地正式启用;明州医院正式营运
2007 年	奥克斯南昌基地二期项目建设 天津武清项目成功签约
2008 年	全面推行文化转型
2009 年	全面推行战略性结构调整 发起组建汇金小额贷款公司,涉足金融服务业 开发建设成都财富广场,开启商业地产新领域
2010 年	成立商业地产公司,整合新的资源 三星电气(慈城)高新技术产业园开工建设 规划长沙·奥克斯广场

3.【产业区域布局】

序号	基地名称	位置	建立时间	土地面积	生产产品
1	宁波基地 (奥克斯国际产业园)	鄞州 工业区	2003 年	1370 亩	空调、电表、变压器
2	宁波基地 (三星电气高新技术 产业园)	江北慈城 卫星镇	建设中	550 亩	智能电力仪表、其他新兴 产业
3	南昌基地 (奥克斯南昌工业园)	南昌经济 技术开发区	2004 年	1230 亩	空调、小家电
4	深圳基地 (奥克斯通讯公司)	深圳龙岗 宝龙工业区	2006 年	标准厂房 6 万 m²	手机、锂电池

序号	基地名称	位置	建立时间	土地面积	生产产品
5	天津基地 （天津奥克斯高新技术产业园）	武清经济技术开发区	2009年	1470亩	空调、数码家电
6	上海基地 （3W创研智造产业园）	浦东康桥工业区	2010年	32万㎡	创意、研发、商务
7	东莞基地 （塘厦奥克斯通讯科技产业园）	东莞塘厦中心镇	建设中	300亩	手机、锂电池

4.【企业文化】

企业宗旨	以人为本，诚信立业
企业精神	稳健、平和、诚信、可靠
核心理念	一切按经济价值规律办事 一切按有理服从原则办事 一个以提高效率为中心的企业风格
企业使命	创领智能生活　成就卓越职境
企业愿景	让奥克斯成为世界品牌
核心价值观	精确、高效、务实、简单 机会来自业绩
WIN战略	全球化、智能化、卓越化、稳健治业，和赢未来
人才理念	激情、思考、学习、敬业、责任
管理机制	刚性集权，有序分权，充分授权，科学用权
人才机制	业绩导向、绩效激励、晋升通道、末位淘汰（人尽其才、人岗匹配）
决策机制	大要准，小要谨，要科学，不盲目（行政决策、专家决策、股东决策）
效率机制	"快鱼吃慢鱼"、"富翁贫民论"、用工具管理、花钱买时间
变革机制	唯一不变的就是变

5.【企业主要荣誉】

● 全球第一

2000 年起,三星电能表产能连续 9 年位居全球第一。

● 名牌

2003 年 9 月,三星电能表被评为"中国名牌产品"。

2004 年 9 月,奥克斯空调被评为"中国名牌产品"。

2004 年 11 月,"奥克斯"被认定为"中国驰名商标"。

2007 年 6 月,"三星"被认定为"中国驰名商标"。

● 硕果

1998 年,荣获"年度出口创业龙头企业称号"。

2001 年 12 月,设立"国家博士后工作站"。

2002 年 3 月,荣获"国家高新技术企业"称号。

2004 年 1 月,入选中国"最具成长性企业"。

2004 年 7 月,被评为"国家信息化 21 家标杆企业"。

2005 年 4 月,成为商务部公布"国家重点培育和发展出口名牌"。

2006 年 1 月,被认定为"国家企业技术中心"。

2006 年 9 月,位列国家统计局"中国大企业集团竞争力 500 强"第 25 位。

2007 年 2 月,荣膺商务部评定的"最具市场竞争力品牌"。

2007 年 5 月,被评为"中国民众满意十佳品牌"。

2008 年 3 月,荣膺 2007 年度中国企业信息化 500 强最佳企业信息化效益奖。

2008 年 9 月,奥克斯高科技荣获"国家高新技术企业"称号。

2008 年 12 月,三星电气荣获"国家高新技术企业"称号。

2009 年 7 月,奥克斯空调斩获"浙江农村市场最具竞争力家电产品"。

2009 年 9 月,被评为浙江省工业龙头企业。

2009 年 9 月,奥克斯电气荣获"国家高新技术企业"称号。

2009 年 10 月,奥克斯空调荣获"浙江省专利示范企业"称号。

2009 年 10 月,荣获"世界环保与新能源 100 强企业"称号。

2009 年 11 月,奥克斯空调荣获"国家高新技术企业"称号。

2009 年 12 月,荣获"国家科技进步二等奖"。

2010 年 3 月,奥克斯地产荣膺"中国房地产百强企业"。

2010 年 4 月,奥克斯集团荣膺"宁波市纳税 50 强企业"。

奥克斯集团荣获"宁波市信息化与工业化融合标杆企业"称号。

三星电气荣获"宁波市市长质量奖"。

三星电气荣获"宁波市创新创业综合示范企业"称号。

2010 年 5 月,集团董事长当选"全国优秀企业家"。

6.【AUX 品牌价值】

2002 年,奥克斯商标被评定为"中国驰名商标",2010 年,奥克斯品牌价值达 68.14 亿元,位居中国最具价值家电品牌第八位。

品牌价值增长表

时间	品牌价值 （亿元）	（与上年相比） 增长幅度	中国最具价值品牌 排名	中国家电 最具价值品牌排名
2000 年	2.83	—	—	—
2001 年	6.71	22.9%	—	—
2002 年	10.03	49.47%	387	42
2003 年	15.47	54.2%	321	29
2004 年	21.05	36.1%	271	18
2005 年	23.65	12.3%	265	18
2006 年	28.73	21.4%	259	17
2007 年	31.96	11.2%	255	16
2008 年	34.77	8.7%	244	14
2009 年	42.56	22.4%	185	10
2010 年	68.14	60.1%	163	8

奥克斯成功理念[①]

摘　要:奥克斯集团凭借经济影响力、品牌影响力、创新影响力和国际影响力卓越的宁波民营经济热土,加上自身"人对了,企业就对了"的人才战略、"优质平价的民牌"营销战略、"优质＋总成本领先"的产品领先战略、"发挥民营经济的特色、活力与优势"的投资理念、"精确、高效、务实、简单"的管理理念、"两个一切、一个提高"的企业文化,在二十多年的发展中,完成了一次裂变。本文着重分析奥克斯取得成功的内部和外部因素,作者期望通过解读奥克斯的企业战略和发展轨迹,探索宁波民营经济活力的源泉,思索奥克斯带来的诸多突破和创新。

关键词:民营经济;用人理念;优质平价;产品领先;企业文化

一、引　言

中国改革开放始于 1978 年,这 30 年中发生了巨大的变化、取得了巨大的成就,举世瞩目。回顾 1978—2008 年的三十年,民营经济的贡献和影响力是值得大

---

① 本文刊登于《宁波经济》,2008 年第 4 期,作者陈颖。

书特书的,宁波民营经济更是领跑全国,非常具有代表性,涌现出一批杰出的民营企业和企业家。奥克斯集团就是其中之一。这家开创于 1986 年,8 个人,负债 20 多万元的乡办小企业,现如今已拥有总资产 80 亿元,员工 3 万余名,涉足电力、家电、能源、通讯四大制造业和房产、医疗、物流三大投资领域。2006 年,实现销售收入 180 亿元(其中出口 3.2 亿美元),利润 8.6 亿元。集团电能表产能居全球第一,空调年产销量位列中国空调行业第四。投资 7 亿元建成的明州医院,是目前中国最大的民营医院之一。奥克斯置业年开发房产 80 余万平方米,也是排名前列的房地产开发商。与此同时,奥克斯集团在浙江宁波、江西南昌、广东深圳、上海浦东建有四大产业基地,2008 年起将在北方天津、西南成都再建二个基地。

20 多年的跨越式发展,奥克斯集团赢得了中国制造业民营企业品牌竞争力 50 强和中国民营企业杰出代表的光荣称号。是哪些因素推动了奥克斯的高速增长?作者认为只有在内因和外因的共同作用下,天时地利人和,才能造就奥克斯的今日辉煌。于是,本文将从外部环境和内部条件中寻找这家民营企业成功的奥秘。

二、宁波民营经济的实力概况

(一)经济影响力

一方面,宁波民营经济活力指数在全国位居前列。截至 2006 年底,宁波市共有民营企业 91762 家,注册资本金 1586.2 亿元,民企户数和注册资本额分别占全部企业的 84.1% 和 56.68%。民营经济创造的 GDP 接近全市总量的 80%,创造的利税占全市的 70%,创造的就业岗位接近 85%,从业人员达 48 万人。值得一提的是,这些数字中还不包括三资企业。

另一方面,宁波市民营企业的经济规模强大。在全国工商联公布的 2006 年度中国民营企业 500 强榜单上,宁波市 25 家民营企业榜上有名,比上海市还多一家;浙江省 2006 年百强民营企业排行榜,宁波市共有 14 家入围,占一成半的比重。此外,全市民营企业资产和主营业务收入都在 5 亿元以上的民营企业集团有 33 家,其营业收入合计达到 1544.8 亿元,户均营业收入 46.8 亿元。

(二)品牌影响力

宁波市在 2005、2006 年连续两年被评为"中国品牌之都"。统计至 2006 年底,全市获得中国驰名商标 37 件,中国名牌产品 44 个,中国 500 最具价值品牌 12 个,国家商务部重点培育和发展的出口名牌 20 个,中国行业标志性品牌 5 个,浙江著名商标 220 件,浙江名牌产品 187 个,宁波知名商标 445 件。以上这些荣誉品牌中,80% 为民营企业所拥有。

(三)创新影响力

宁波市民企自主创新意识较强,2006 年专利申请量突破 1 万件,2007 年 1—6 月专利授权 4698 件,比上年同期增长 81.6%,专利授权量增长率远高于全国平均 44.5% 和全省平均 52.8% 的水平。

宁波民企创新热情高涨,2006 年底全市市级以上企业工程技术中心累计达 163 家,其中省级 66 家,国家级 5 家;市级及以上高新技术企业 365 家,其中省级 292 家,国家级 82 家。

(四)国际影响力

民营企业作为宁波市外贸的第一主体,2006 年全年出口 124.66 亿美元,同比增长 35.65%,占全市出口比重 43.33%,带动全市出口增长 11.39%;全市进口 38.73 亿美元,同比增长 27.48%,占全市进口比重 28.8%,带动全市进口增长

6.2%。全市有 8317 家企业获得进出口经营权。

2007 年初,国家海关总署依据进出口的各项统计数据发布了"中国城市外贸竞争力排行榜",宁波市荣获第六位,比五年前的第九位上升了 3 个位次。在 5 个单项指标中,宁波市凭借外贸主体、出口产品和市场格局等优势,位居全国外贸结构竞争力第一位。

三、奥克斯的成功理念

奥克斯集团就是生长扎根在这片民营经济活跃的沃土上的企业之一。在宁波市营业收入超百亿元的民营企业五强中,奥克斯集团排在了第三位。我们将从人才、营销、产品、投资、管理、企业文化等六个方面来进行一一解析其成功的内在理由。

(一)用人理念:人对了,企业就对了

有一则寓言:一位正为没有好的演讲题目而发愁的父亲,为了不让幼稚的儿子缠他,把一张世界地图给撕碎了,说:"你把这张世界地图拼好,我就陪你玩。"没想到,孩子一会儿就拼好了,父问其故,孩子说:"地图的背面是一张人头像,把人拼对了,世界地图就对了。"于是,一个绝好的命题在孩子的启示下产生了:人对了,世界就对了。

"企"字去人则为"止"。人是企业生存发展最重要的链条。奥克斯建立起了以"识人"为基础的工作分析系统,以"选人"为基础的招聘和选拔系统,以"用人"为基础的配置和使用系统,以"育人"为基础的培训和开发系统和以"留人"为基础的考核和薪酬系统,使得公司在人力资源管理方面做到了优质、高效。

1.引才

用"求贤若渴"来形容奥克斯对人才的向往,一点都不过分。集团每年至少投入 3000 万元用于引进国内、国际一流的经营、管理、研发人才,总裁要引进国际一流人才,总经理要引进国内一流人才,中层干部要引进行业一流人才,车间主任要引进当地一流人才。为鼓励引才,总经理级干部有权审批月薪 5000 元以下、年薪 10 万元以下的人员工资,中层干部如果 1 年内没有引进或推荐 1 名月薪在 2500 元以上的人才,在年终奖中将被扣除 2 个月薪水。

自 2001 年以来,已有包括日本著名空调专家在内的 300 多名中高级专业人才和管理人才加盟奥克斯;2002 年奥克斯集团还被国家人事部评定为博士后工作站,与国内外一流的科研院所联手攻关家电行业的前沿课题,从而保证企业诸多技术产品的先进性和前瞻性。

2. 育才

"引进人才固然重要,但努力实现人才本地化,即在公司内部培养一批素质高、稳定性强的人才队伍,才是企业长远发展的坚实保证。"万余名奥克斯员工队伍中不乏对企业忠诚,又极富有钻劲、上进心的人,稍加引导和培训,很有可能成为奥克斯的中坚力量。在奥克斯卓越的文化理念看来,引不进优秀的人才是一种失职,而发现不了员工当中的优秀人才,更是一种严重的渎职。

3. 考评

奥克斯坚决奉行"能者上,平者让,庸者下"的用人原则,打破论资排辈,按部就班,不问地缘、血缘、亲缘,只要你有一身才能,一腔热血;只要你敢于面对挑战,勇于承担责任,奥克斯就一定会为你创造足够大的空间和舞台;反之,如果你无法通过员工民主评议、演讲、技能测试等综合考评,昔日的人才也将面临下岗、转岗。

4. 管理

近两年来,奥克斯最高层集中三分之一的精力,投入到对人才资源管理的研究上,制定出一套"奥克斯领导力数学模型",即从人际敏感性、资源整合能力、逻辑思维、授权能力、客户导向、业务能力、执行能力、文化融合八个维度,对管理干部进行360°全方位聚焦,这套测评体系经实施十分奏效。

(二)营销理念:优质平价的"民牌"战略

奥克斯在诠释"民牌"时,用了"优质平价"而非"优质低价"。虽一字之差,在奥克斯眼里截然不同:平价销售是一种"得民心、进民家、创民牌"的表现,而低价倾销则是一种非理性的"自杀"行为。"得民心者得市场",奥克斯在这个营销战略思想的指引下,成为了国内事件营销的操作典范。

1.一场"爹娘革命"——提高知名度

空调产品长期稳定可靠的质量,是品牌得以生存和发展的根基;而平民化的价格,是让品牌机普及化的关键因素。要想成为老百姓真正喜欢用、用得起的"民牌"空调,优质和平价缺一不可,犹如人之不可无爹娘。

奥克斯基于对消费者心理的准确把握,制造了"免检是爹,平价是娘"的营销活动,联合行业内的空调免检企业结成降价联盟,将免检的权威性和奥克斯优质平价的"民牌"形象得以广泛传播。当年奥克斯凭借着90.23万套的销量,第一次打入国内空调业前六强,而"爹娘革命"也被《空调商情》评为2001年度家电业十大策划之一。

2.一纸空调成本白皮书——提高可信度

对空调行业来讲,2002年4月20日是一个特殊的日子。这一天,奥克斯向外界首家披露了空调成本白皮书,并宣布10款主力机型全线降价。对高价品牌和超低价空调而言,奥克斯通过公布成本白皮书,至少达到三个目的:

(1)通过公布空调的真实成本,缔造优质空调标准价,澄清消费者对空调价格的迷惘;

(2)迫使潜在进入空调行业的企业,知难而退,避免重复投资,减少资源浪费;

(3)净化空调市场,让优质空调的价格回归价值,确保消费者利益的最大化。

这出以"行业背叛者"的身份,放胆揭露"一台空调究竟该卖什么价"的行业秘密的营销行为,不但为自己赢得了很高的"收视率",而且进一步强化了产品平民化特征和"民牌"形象,提高了品牌的可信度,并一举抢占了更大的市场空间。

3.一张"米卢牌"——提高美誉度

"实施全球战略,缔造世界民牌"的营销目标使奥克斯于2001年年底聘请时任中国足球外籍教练的米卢出任其空调形象代言人,塑造"响亮、深具亲和力"的品牌形象。从米卢"巡回路演"和售空调赠签名足球活动,到斥资6000万元在央视高频度播出"米卢"篇广告,再到"200万巨奖任你赢"世界杯欢乐竞猜活动,前后四大活动丝丝入扣、步步为营,全年有活动、月月有高潮。

一张"米卢"牌,最大限度地利用社会、百姓、球迷、新闻媒体对米卢和世界杯的关注,来导入奥克斯关注体育、关注社会的公众形象,最终达到了提高社会知名度,塑造企业良好形象和促进产品销售的目的。

(三)产品理念:优质＋总成本领先

产品领先,是奥克斯集团制定的企业三大发展战略之一,概括起来有三点:

1.欲工必先利其器

2000年建成的三星奥克斯智能工业城堪称一座设备联合国:12套日本日高精机两器生产线;5套制造电控的西门子SMT贴片机;4台德国瓦格纳尔快速转动喷涂生产线;10台日本大进自动焊接机……

2004年12月建成的占地1200亩的奥克斯南昌空调生产制造基地,进口设备价值1.5亿元人民币,比之宁波本部其装备更为先进,是一个博采众长的设备联合国。

2.一身"证气"闯江湖

从 1997 年 2 月奥克斯空调一次性通过 ISO9002 质量体系认证开始,奥克斯空调先后共获得国家质量免检认证、环境管理体系认证、质量管理体系认证、节能产品认证等累计达十七项之多。在奥克斯集团,"以质量求生存,以品种求发展"已成为企业的管理方针。

3."技术突围"一路快跑

技术之于企业,恰如宝剑之于侠客。荣膺"国家认定企业技术中心"、博士后科研工作站常设单位、国家火炬计划高新技术企业等称号的奥克斯在过去的 20 年时间里,以其强大的技术创新能力,逐步在激烈的市场竞争中确定了自己的规模优势和竞争优势,并先后使得三星电能表、奥克斯空调、手机、变压器等一系列产品成为国内和国际上的行业翘楚。

(四)投资理念:发挥民营经济的特色、活力与优势

奥克斯集团随着企业经营规模扩大和综合实力增强,于 2003 年起就在全国进行产业布局,除宁波外,先后分别在南昌、深圳、上海建立了空调基地、手机基地和研发基地。下面以"奥克斯在江西"的投资发展为案例,来介绍奥克斯的投资篇。

1.项目背景

奥克斯集团积极响应国家"中西部崛起"的号召,根据自身家电产业发展的需要,本着"投资南昌、服务江西经济建设、为打造南昌市先进制造业做贡献"的企业发展宗旨,在江西省、南昌市等各级政府的感召下,于 2003 年 6 月 26 日与国家级南昌经济技术开发区签署了投资 16 亿元,创建产能 300 万套空调的奥克斯(南昌)工业园项目协议书。该项目是奥克斯集团对外投资的最大生产性项目,同时也是江西省、南昌市当年洽谈、当年签约、当年开工建设的大型招商项目之一。

2.良好开局

这项建筑工程量达 17 万平方米现代化厂房,建设工期只用了一年零三个月,一举刷新了南昌市乃至江西省特大型工业项目规划建设最新速度。

投产运营阶段,2005 年空调销售收入 9.2 亿元,进入南昌市工业销售收入排名第十八;2006 年销售收入增长 30%,排名第十七,上升一位;2007 年销售收入达 22.5 亿元,排名第十五。

3.产业效应

奥克斯的到来不仅给江西南昌带来了巨额投资,同时也带来了先进的管理思想,先进的企业文化,先进的设备、技术、人才和品牌,以及由此产生的"产业集聚效应"。随着奥克斯空调落户南昌,带动了江西家电业物流配送、配件生产、劳动就业等第二、三产业的发展。目前已在当地形成一定规模的空调产业链,现为南昌公司配套的企业已有近百家,其中当地企业三十五家。

4.企业标杆

在当地政府和集团领导的高度重视下,依托奥克斯集团良好的企业文化和管理理念,奥克斯南昌公司目前已经成为当地的标杆企业,公司总经理被评为江西省十佳创业能人。在奥克斯南昌公司的建设和发展过程中,中央及省、市等各级领导曾多次亲临公司视察指导,对南昌公司快速发展给予了充分肯定。奥克斯南昌公司现已成为南昌市工业参观基地,南昌市"3010"工程的标志企业之一。

(五)管理理念:精确、高效、务实、简单

奥克斯总是在不经意间创造着传奇和历史,它所首创的"员工直选企业干部"、"500 万元大摆金点子擂台"等管理新招,曾被国内多家商学院作为教学案例。

近几年,奥克斯在采用信息化管理方面,一直走在全国前面,成为全国 21 家信息化标杆企业之一,并荣获由国家信息化测评中心颁发的"最佳企业资源规划(ERP)应用奖"、"最佳办公自动化(OA)应用奖"、"最佳产品数据管理(PPM)应用奖"。

奥克斯成功实施信息化管理的基本经验是:

(1)确立了企业是信息化主体的战略定位;

(2)确立了企业信息化就是要见实效的根本目的;

(3)确立了企业主要领导是信息化项目第一责任人的问责原则。

正是"三个确立",使奥克斯走出了一条民营企业信息化的成功之路,企业管理登上新坐标,企业的运营走上了健康良性发展轨道,企业规模和效益实现了飞跃式提升。"奥克斯空降 ERP"案例被《经理人》杂志评为 2004 年度八大最佳管理案例,理由是其操作方法和所秉承的理念,对高速发展的中国企业有相当重要的借鉴意义。

(六)企业文化:两个一切、一个提高

从表面上看,支撑奥克斯倍速增长的是独特的决策机制、激励机制、资源整合能力以及信息化运作能力,但归根结底是企业二十年里不断提炼、完善、积淀的文化理念及在此文化理念下打磨形成的核心竞争力。

在奥克斯集团,企业文化的推动与建设是"一把手工程",在集团总裁的大力推动下,奥克斯对企业文化理念的探索始终抱着一种与时俱进、不断自我超越的精神,最终形成了"一切按经济价值规律办事,一切按有理服从原则办事,一个以提高效率为中心的企业风格"。这是奥克斯经营思想和文化理念的最核心内涵。"两个一切"中,一切按经济价值规律办事,就是用经济手段去激励员工的工作热情,用经济手段去规范员工的工作行为;一切按有理服从原则办事,就是用制度来规范决策者权威办事的行为,用制度来构建全员化创新竞争的平台。"一个提高"就是用"富翁贫民论"来激励企业的活力,用管理工具来确保效率的最大化。

这样一个以经济价值规律为刚性平台,以理服从原则为柔性理念,将严密性和开放性有机统一,并强调效率为中心的企业,被评为中国百佳企业文化建设单位,

集团总裁荣膺中国杰出企业文化功勋人物,《三星奥克斯报》、《奥克斯文化》双双荣获中国百佳优秀企业内刊特等奖是不足为奇的。同时,强大的企业文化也使得奥克斯从"企业巨人"晋级为"管理巨人"。

四、结束语

"宁波帮"这是中国改革开放总设计师邓小平对海内外宁波商人、实业家的最高褒奖。如今,在这片生机勃勃的民营经济的沃土上,涌现着一大批"新宁波帮",他们的共同点是对速度和效率的追求,"不进则退,慢也是退"。

"未来·有敢而生"。这是奥克斯集团动员全体奥克斯人"激情创新、勇于进取、共赢2008"提出的响亮口号。二十多年的发展历程中,"勇与敢"两字始终流淌在这个企业的血脉之中。在硝烟弥漫的商业战场上,奥克斯敢于"亮剑",敢于创新,敢于自我超越,敢于向行业极限挑战。敢想、敢做,既浓缩了她辉煌的过去,又将激励她创造出更加辉煌的未来。

提升南昌经济技术开发区
家电产业竞争力研究报告

前　言

南昌经济技术开发区(以下简称南昌经开区),是江西省唯一的国家级经济技术开发区,在南昌市和江西省的区域经济发展格局中具有重要的战略地位和影响力。家电产业是南昌经开区近年来重点扶持和发展的支柱产业之一,目前已经形成一定的产业基础与比较优势。

据有关资料显示,未来中国将是世界最大的家电生产和消费大国。产业集聚,是中国家电业发展的重要特征与方向。

随着国家加快中部地区崛起战略的全面实施,作为工业经济主战场和新增长极的国家级开发区,迎来了新一轮发展的关键时期,同时也面临着在高起点上如何重新定位、超越自我,如何做大做强家电产业,如何整合资源、集中优势、提升综合竞争力等诸多重大课题。

本研究报告的主要内容是:在基于中国家电产业的宏观形势分析,和南昌经开区家电产业发展条件、优势与劣势、企业与产品,以及南昌市和江西省辖区内家电产业的要素资源分析,提出南昌经开区做大做强家电业的战略定位、基本思路、发展目标及对策措施;同时也为南昌市及江西省家电产业快速、持续、健康发展,提供参考决策建议。

第一部分 中国家电产业宏观形势分析

20 年历练——中国跃居世界第三家电生产大国

产业集群——家电产业发展的重要特征与方向

梯度转移——中西部地区经济崛起的机遇所在

新的标杆——安徽成为中国家电产业的"第四极"

一、20 年历练——中国跃居世界第三家电生产大国

中国家电产业起步于上世纪 80 年代中期,经过 20 多年的发展,从一个基础薄弱、年产值只有 8.6 亿元的产业,发展至今天已成为仅次于美国和日本,年产值将近 5000 亿元,位居世界第三的家电生产大国,取得的成绩令中国家电产业军团骄傲,令世界为之惊叹。下面是 2006 年中国家电产业运行情况和小家电产业发展态势的概述。

1.2006 年家电产业主要经济指标分析

(1)家电产品的产量保持稳定增长

来自中国行业企业信息发布中心的数据显示:2006 年,中国全年冰箱产量约 3600 万台,洗衣机 3200 万台,空调 6000 万台,冷柜 900 万台,热水器 900 万台,微波炉 5000 万台,彩电 8000 万台,各种家电产品的产量保持稳定增长。

全国家电产业中有 4000 多家中型和大型的家电企业,专业范围涉及冰箱类、冷柜类、空调类、洗衣机类、厨房家电类、家电配件类等 12 大类,28 种家用电器的

产量居世界首位,其中冰箱、洗衣机、空调的产量分别占世界份额的34%、35%、67%,显示了中国制造的实力。中国的家电产业也因此成为最具有国际竞争力和驰名世界最具代表性的一个行业。

(2)全行业产、销、利基本保持同步增长

根据国家统计局的统计,2006年1—12月家用电器行业完成总产值为4794.56亿元,比上年同期增长20.06%,产销率96.77%;主营业务收入累计4542.72亿元,比上年同期增长18.84%;利税总额累计完成196.27亿元,比上年同期增长19.67%;利润总额累计完成113.94亿元,比上年增长22.22%。其中空调行业主营业务收入2130.28亿元,比上年同期增长17.39%,利税总额83.35亿元,比上年增长3.43%;利润总额47.95亿元,比上年增长2.91%。

2.2006年家电行业进出口分析

2006年,家用电器行业全年累计进出口总额达269亿美元,同比增长18.99%。其中出口248亿美元,同比增长20.47%;进口21亿美元,同比增长4.2%;累计实现贸易顺差226亿美元,同比增长22.28%。

对出口的国别和地区进行分析(图1),我们得到,中国内地对欧盟25国出口位居第一,累计出口额为63.04亿美元,同比增长12.30%,占同期出口额比重23.51%;对美国出口居第二,累计出口额为63亿美元,同比增长18.83%,占同期出口额比重23.50%;对日本出口居第三,累计出口额为30.80亿美元,同比增长22.7%,占同期出口额比重11.49%;对中国香港出口居第四,累计出口额为15.80亿美元,同比增长9.72%,占同期出口额比重5.89%。

表1 2006年中国内地家电出口国(地区)排名表

出口排名	出口国家 (地区)	1—12月累计出口额 (单位:亿美元)	同比增长 (单位:%)	占同期出口额比重 (单位:%)
1	欧盟	63.04	12.3	23.51
2	美国	63.0	18.87	23.5
3	日本	30.80	22.71	11.49
4	中国香港	15.80	9.72	5.89

与此同时,2006年,大型家用电器产品基本保持较好的出口增长势头(表2)。

表2 2006年大型家用电器主要商品出口数量表

品名	1—12月累计出口量 (单位:万台)	同比增长 (单位:%)
电冰箱	1728.61	25.7
洗衣机	1140	20.12
空调	2632.4	5.98
微波炉	4641.2	9.88
冷冻箱	425.8	9.38
冰式制冷压缩机(冰压机)	763.5	25.32
空式制冷压缩机(空压机)	998.6	6.4

3.小家电的生产和消费呈快速增长

根据中国家电市场调查研究课题组调研数据显示,自2002年以来,中国小家电产业的产量一直保持10%以上的增速,国内小家电市场近几年每年也以10%—14%的增长速度快速发展。2006年,国内小家电产量达到127497万台,销售额接近800亿元;2007年国内小家电销售额预计将达到1000亿元,市场潜力巨大。

从市场需求量来看,欧洲平均每个家庭有30多种小型家用电器,而中国平均每个家庭仅有3—4种小家电。随着居民收入的增加,百姓对生活要求也随之提高,小家电有快速进入消费者家庭的态势。另外,伴随着经济发展带来的财富增长,国家鼓励消费政策的出台等背景下,今后两年将是我国小家电发展的黄金时期,年需求量增幅在 30% 以上(包括出口)。

国内市场全面升温的同时,国外市场的需求依然强劲。小家电旺盛的出口需求已经成为国内小家电产业繁荣兴旺的主要支撑。从海关出口统计数据来看,2005 年中国大陆吸尘器出口数量总计 8762.5 万台,出口金额 14.9 亿美元,国内出口总量占全球总销售量的 68%;2005 年中国大陆电风扇出口总量达到 12180.8 万台,出口金额达到 12.3 亿美元,国内出口总量占全球总销售量的 42%;2006 年,中国大陆小家电出口总量达到 92511 万台。国际市场巨大的需求,拉动了我国长三角和珠三角地区两个小家电产业基地外向型经济的持续发展,形成了一大批专门面向国外市场的小家电生产企业。这些企业不但盈利能力强,而且从技术、工艺和企业标准等方面已经与国际接轨,带动了国内小家电制造水平的提升。

4. 中国家电市场需求预测

预计今后 5 年内中国家电市场年需求量将达 6500 亿元人民币。主要家电产品结构比重如图 1,中国家用电器协会会长霍杜芳女士说:"家电业是中国制造业最具国际竞争力的行业之一;中国的家电消费市场也将成为全球最具规模的消费市场。"

二、产业集群——家电产业发展的重要特征与方向

家电产业是充分市场化的行业,市场竞争异常激烈。世界各国具有竞争力的产业基本都是由大小不等的产业群所组成。中国家电产业的成长、发展和壮大的过程,也充分体现了产业集群化这一重要特征与方向。

何谓产业集群?迈克·E·波特认为,产业集群(Industrial Cluster)是在某一特定领域内互相联系的,在地理位置上集中的公司和机构的集合。具体而言,一个成熟的产业集群通常包括相互依赖性很强的企业(专业供应商)、知识生产机构(大学、研究机构和工程设计公司)、中介机构(经纪人和咨询顾问)和客户组成,这些产

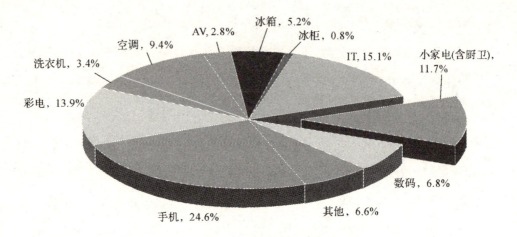

图1　中国家电产业的产品结构比重

资料来源:奥克斯家用电器 2007 年销售年度运营方案

业集群中的不同角色通过增值链相互联系形成网络,这种网络就是群。产业集群中的各个企业和机构,可以被区分为:

(1)主导企业。这种企业通常是产业集群的构成核心,如广州的美的电器、宁波的奥克斯电器、青岛的海尔电器等;

(2)关联企业。这种企业往往构成主导企业的上下游;

(3)服务单位。包括提供专业化培训、教育、信息研究和技术支持的政府和其他机构。

产业集聚的本质是规模经济。集聚使得产业集群内部的交易效率得以提升,整体规模的扩大使得各要素的成本得以下降,加上相互间的知识交流、信息传导、学习效应等,集聚产生力量,产业集聚缔造区域或国家经济优势,这种强大的竞争优势一旦形成,会使该国或该区域长期受益。

我国家电业的成长、发展和壮大过程,就是典型的家电产业集群日益扩大、成熟和强大的过程。

1.中国家电产业的成长期

这个时期的特点是计划体制下的定点生产、全国布点。

1984年,是中国家电产业的关键年。在这一年,国家计划定点生产冰箱、洗衣机,实行了生产许可证制度。当时全国共有70多个冰箱定点生产厂家,80多个洗衣机定点生产厂家。全国大部分省、市、自治区都有自己的家电企业和与之相关的上下游配套企业,形成了国内最早一批的家电产业布局。位于南昌经开区内的齐洛瓦牌冰箱生产厂也是那个年代的定点生产厂家之一。冰箱、洗衣机实行定点生产的同时,由于商品短缺,市场实行凭票购买。在上世纪80年代,空调企业被严格控制其发展,原因是当时空调属于耗电大户。

2. 中国家电产业的发展期

这个时期的特点是放开搞活政策下的全面快速增长,涌现出三大家电产业群。

1991年,整个家电产业突破了定点生产限制,国家出台首个空调发展规划。家电产业进入市场经济条件下的充分竞争时期。与此同时,随着人民生活水平的显著提高,家电产品拥有量成为一个家庭富裕程度的体现。洗衣机、冰箱和彩电成为新婚家庭的最高追求。到1996年,我国家电产量进入世界前列,家电工业销售额占世界总量的7%,仅次于美国、日本,位居第三。上世纪90年代中期,在广东顺德、江苏沿江、山东青岛形成了三大家电产业群。顺德产生了美的、科龙、格兰仕、万家乐、华帝、万和等知名家电企业;青岛出现了海尔、海信这样的家电产业典型代表;江苏沿江(南京、苏州、无锡一带)诞生了春兰、小天鹅、香雪海、熊猫等家电龙头品牌。

3. 中国家电产业的壮大期

这个时期的特点是产业集群的区域范围不断扩大,发展成为以城市群为单元的新三大产业群。

在提高地方经济竞争力和国家竞争力,应对全球化发展的背景下,中国的家电产业越来越呈现产业集群化的特点,且区域范围不断扩大,集群模式不断升级。原来以城市为单元的广东顺德、江苏沿江、山东青岛三大产业群,很快发展成为以城市群为单元的珠三角、长三角、胶东半岛三大新家电产业群,并且日益成熟、强大。

(1)珠三角

据有关统计数据显示,广东的电冰箱、洗衣机、空调、电风扇等4种主要家电产品的销售收入一直约占全国总量的三分之一比重。在小家电领域,广东成为全国最大的出口基地,其中电风扇、烤面包机、电水壶的出口量占全球出口总量的一半。珠三角一带集聚了上万家的中小型家电制造厂、配件厂和服务商,形成了各有特色的顺德、中山、南海、湛江子产业群,以及深圳、东莞两大家电出口加工区。

在顺德市容桂镇,3000多家企业中,超过一半的企业是做家电配件,由超短距离的采购半径、产业链的专业分工而形成良性供应链,对增强产业群的领导品牌(美的、科龙、格兰仕等)起到了极大的助推作用。

(2)长三角

首先,浙江家电产业的崛起是长三角产业群格局发生变化的重头戏。仅在宁波地区,就有家电整机企业2000多家,配套企业万余家,产品涉及空调、洗衣机、抽油烟机等系列。同时宁波还是全国最大的饮水机、电熨斗、电吹风、双缸洗衣机和电源插座的生产基地,形成了全球知名家电配件集散地和国内最大的家电园区,并拥有了双缸洗衣机、饮水机、电熨斗、电吹风和电源插座等十多个全国"单打冠军",出现了奥克斯、富达、方太、惠康、先锋、沁园等一批名牌企业。这里的很多家电配套厂家如同一个独立的生产车间,每家只做一道工序或只做一个配件,形成越来越细的专业分工,其相互间的协同作用使得配件产品无论是技术、还是价格竞争力都得到了提升,这也使得当地的家电行业能够就地配套、就地取材,从零配件生产到整机制造,形成了一条完整的产业链。"海尔"、"海信"、"长虹"、"小天鹅"等家电大牌及伊莱克斯、樱花、阿里斯顿等外资品牌都选用了宁波产品为其配套。

其次,安徽的异军突起,是中国家电业产并购大戏和产业梯度转移的典型。美的、日立、科龙、实达在芜湖落户,或整机组装、或配套部件生产;康佳、西门子在滁州建有彩电和冰箱生产基地;至于合肥,不仅有荣事达、美菱这样的企业,而且海尔也建立了彩电和洗衣机的工业园区,全国空调第一品牌格力电器也落户合肥市高新区。每一家企业都是大手笔投入。因此,安徽的家电产业,号称中国整个家电产业崛起中的第四极。

最后,尽管近几年江苏家电产业的本土品牌出现颓势,但沿长江流域以西门子、伊莱克斯、LG为代表的大家电和SAKURA、ARISTON、AO.SMITH等小家电外资品牌却得到了极大的发展。而上海,在家电产业发展早期,上海将家电作为支柱产业来发展。随着产业结构的调整,上海政府逐渐将家电产业转给国外品牌来经营,引入了日立、夏普、大金等外资企业,本土家电品牌随之慢慢消失,但上海家电的整体实力并未减弱。

(3)胶东半岛

胶东半岛已经形成了以海尔、海信、澳柯玛、LG等为核心企业的家电产业群。

海尔,作为青岛较早开始进行产业集群化尝试的企业,经过上世纪90年代的高速增长,到1998年时,已经构建起了一个较为强大的产业集聚平台,仅零配件与原材料分供企业就达到2000多家。海尔在产业集群中处在了主导地位,本着产业集群必须是优秀企业集群,海尔这条产业链必须是最优质的理念,通过三年的时间,海尔对自身的产业链进行了重塑。原来的2000多家供应商优化锐减至700多家,但质量和效率却大幅提升,在这700多家供应商中,属于世界500强企业体系的就有近60家。位于胶州的海尔工业园里,有三洋压缩机、爱默生电机等20多家国际化供应商。这些国际化供应商所具备的研发和制造优势,一方面增加了海尔产品的技术含量,确保了海尔产品的技术领先优势,另一方面提升了胶东半岛制造业的零部件配套能力,使胶东半岛的家电产业链得到进一步优化。

海信,则始终秉持技术孵化产业的理念,通过自身技术研发实力的增强,利用技术平台构建自己的产业集聚平台。海信的集群模式理念是:每涉足一个新的领域,首先考虑的就是要在这个行业占据技术优势,然后在技术中心成立研究所,进行该领域的技术研发与人才储备,在技术、人才充分成熟后研究所裂变成公司。如变频空调等产品都是从这一平台诞生的。

三、梯度转移——中西部地区经济崛起的机遇所在

1.梯度转移理论

区域经济学中有一个重要理论——梯度转移理论,它的基本概念是:无论是在世界范围,还是在一国范围内,经济技术的发展是不平衡的,客观上已形成一种经济技术梯度。有梯度就有空间转移。生产力的空间转移,要以梯度的实际情况出发,首先让有条件的高梯度地区,引进掌握先进技术,然后逐步依次向处于二级梯度、三级梯度的地区转移。随着经济的发展,转移的速度加快,也就可以逐步缩小地区间的差距,实现经济分布的相对均衡。实践表明,以"梯度转移理论"为基础的非均衡地区发展战略为中国经济建设做出了重要的历史贡献。

2.世界范围三次大的产业转移

第一次是20世纪50年代美国将传统产业向日本、西德等国转移;第二次是20世纪60至80年代,日本、西德等国将附加值较低的劳动密集型和资源密集型产业转移到亚洲"四小龙"等新兴工业化国家和地区;第三次是20世纪80至90年代,亚洲"四小龙"以及美、欧、日等发达国家的低端产业,向中国东部沿海及其他发展中国家和地区转移。每一次产业转移,都促进了承接地的经济腾飞。

3.新的产业转移浪潮已经到来

我国改革开放三十多年来,珠江三角洲和长江三角洲地区,是中国区域经济中最具生机和活力的地区之一。近年来,珠三角、长三角的产业,尤其是家电产业,呈现加速向内陆转移的态势,为中西部省区主动承接产业转移、加快经济发展提供了

难得的机遇。产业转移中获得经济质量提升、经济规模扩张,已是东部沿海地区政府和企业的共识。主动承接产业转移,发展本地经济,"只求所在、不求所有",成为中西部地区的共同发展观。

4.正确认识家电产业梯度转移的规律性

梯度转移理论的科学性,决定了它对转移地和承接地制定家电产业发展战略的指导性,主要体现在以下三个方面:

(1)梯度转移理论强调区域经济发展必须遵循由不均衡发展到均衡发展的客观规律,主张区域经济布局以"效率优先"为原则,突破了平衡布局、均衡增长的传统模式。

(2)梯度转移理论强调:长期、超长期的生产力布局、远景规划的统一整体设计,使地区性经济发展与生产力布局纳入整个中国的经济发展战略。

(3)梯度转移理论强调区域内各地区之间产业结构转换的接续关系,主张集中资金和资源实行重点发展,使产业或空间分布与地区经济发展战略重点联系起来。

珠三角地区和长三角地区相对而言,积聚的企业数量最多,产业规模最大,品牌优势最突出,市场竞争也最激烈。但是由于当地土地资源、劳动力资源日益短缺,环境承载日益透支,在政府正确引导和市场经济规律作用推动下,我国东部沿海的产业尤其是家电产业,开始向内陆地区转移,形成第四次大的产业转移浪潮。

产业梯度转移将助推中西部地区经济快速崛起。我国中部地区有江西、安徽、湖北、湖南、河南、山西6省,西部地区有甘肃、青海、宁夏、陕西、内蒙古、新疆、云南、贵州、四川、广西、重庆11个省(市、区)。中西部17个省(市、区)经济发展意识都一样强烈,谁能抢得东部地区产业梯度转移中的先机,成为主要的承接地,在激烈的竞争中胜出,最关键的一点是:谁能正确认识并自觉遵循产业梯度转移一般规律,在"效率优先"、"资源整合"上下真工夫,胜利将属于谁。

四、新的标杆——安徽成为中国家电产业"第四极"

安徽,一个位于我国中部地区的内陆省份。省会城市合肥,前不久已正式向国家有关行业主管部门申请"中国家用电器制造基地"的称号,据称即可授牌。此前拥有这一称号的城市只有广东省的顺德和中山两市。中国家电协会副秘书长陈钢说,合肥市家电行业品牌集聚度在全国同一等级城市中是非常少见的。正是基于此,中国家电行业协会才有授牌的考虑。

目前,包括海尔、三洋、美的、长虹、格力等品牌都在合肥落户。2006 年合肥市家电企业生产冰箱 455.4 万台,洗衣机 415.6 万台,空调 185.7 万台,彩电 294.7 万台,整个家电产业包括配件企业产值超过 200 亿元人民币;2007 年,长虹、美的、格力等新项目相继投产,家电及配套产业年产值预计突破 300 亿元人民币。其中家用洗衣机和家用电冰箱年产量位居全国第三位,家电整体产量也排名全国第三。而在整个安徽省范围内,合肥、芜湖、滁州三市已经形成了家电"金三角",日立、美的已经在芜湖建立了生产基地;而在滁州,西门子和康佳也早已建厂。

在中部六省(江西、安徽、湖北、湖南、河南、山西)来说,安徽省的家用电器产业规模位居第一,占了全部六省的三分之一强。安徽省对家电业的发展规划目标是:铸就千亿元规模的产业链体系。安徽省的优势在哪里,成功经验又在哪里,为什么中国家电业"第四极"是安徽,这是一个值得探究的课题。安徽省以下五条做法与经验值得学习与借鉴:

首先,省市政府从 1996 年就率先在国内提出"不求所有,但求所在"的改革指导思想,并得到有效贯彻落实,使已经呈现疲态的本土家电企业,通过引入国内家电强势品牌而产生新的活力。如 1997 年引入海尔和康佳,分别对黄山电视机厂与滁州电视机厂兼并重组,起到立竿见影的效果。

其次,创造良好的投资环境和氛围,从政策上确保投资者的利益。数年来,当地政府都积极主动地带着项目到沿海等地招商引资,而非坐等其来,反映出政府务实和工作的高效性。先来者已经获取的利益刺激并促进了后来者的跟进和投资转移。

第三,一个相对完整的产业链已经形成。美的、日立、科龙、实达在芜湖落户,或整机组装或配套部件生产;康佳、西门子在滁州建有彩电和冰箱生产基地;至于合肥,不仅有荣事达、美菱这样的企业,而且海尔也建立了生产彩电和洗衣机的工业园区。格力电器合肥工业园项目也已全面启动,美的集团在安徽省的第五大项目即投资 10 亿元冰箱压缩机也已正式签约落户合肥。随着高端品牌生产基地的转移,必然带来相关配套企业的跟进和转移,整个产业链则日臻完善。

第四,人才优势。合肥被誉为"中国四大科技城"之一,市民的整体素质较高,高科技人才多,这为家电产业提供了良好的人才环境。同时,由于家电业长期占据整个制造业的主导地位,当地形成了一个规模庞大、技术娴熟的产业工人队伍。

第五,安徽省相比较东部沿海省份,尚处于经济发展初期,劳动力、生产成本较为低廉,加之安徽独特的地处中部的区位比较优势,交通便捷,以合肥为圆心 1500公里半径内涵盖了中国东中部最发达的七省一市,可以为企业节省物流运输的在途时间和成本。

2007 年 10 月 10 日,首届中国(安徽合肥)国际家电博览会顺利召开,向世人告示:合肥新的名字叫"家电之都"。合肥市政府宣布,用八到十年左右的时间,将以合肥为中心的家电"金三角"建设成为中国乃至世界最大的家电制造基地之一。

第二部分　南昌经开区面临的新形势、新任务、新要求

一、南昌经开区的现状与优势

南昌经济技术开发区创建于 1992 年,2000 年经国务院批准升格为国家级经

济技术开发区。经开区位于赣江之滨的北面,与南昌老城区隔江相望,与红谷滩新区南昌市新的行政中心连成一体。辖区面积 118 平方公里,辖区人口 18 万人。经开区按照南昌市"一江两岸"的城市发展战略,根据自身的特色和优势,在 2007 年进一步调整确定了辖区范围新的发展定位:承接东部沿海地区产业梯度转移基地;高等院校科研成果转化的实验基地;现代加工制造业的重要基地;生态科技工业新城。这标志着南昌经开区已经从过去单纯以工业为主战场的定位,向以二、三产业互动,建设生态科技工业新城的战略目标迈进,整体建设开始步入一个崭新的发展阶段。

前十六年,经开区的发展经历了二个不同发展阶段:1992 年—1999 年的 8 年发展缓慢,累计开发面积不足一平方公里;2000 年—2007 年的 8 月,进入高速发展期。政府投入 25 亿元加强园区基础设施建设,实现道路、供水、供电、排水、排污、通讯、天然气管网以及土地平整(七通一平)的高标准配套,建立了一流的项目承接平台。来自欧、美、日等十多个国家及港澳台地区的 368 家企业在这里建成投产,其中外资项目 156 个。8 年间,经开区实际引进外资 6.6 亿美元,实际引进内资 102 亿元人民币,进区项目总投资达到 260 亿元人民币,其中投资超过亿元的项目共有 39 个,位于上市公司序列的企业有 8 家。全区税收收入从 2000 年的 0.9 亿元,增长至 2006 年的 5.7 亿元。"十五期间",全区经济实现了五年翻三番的总体目标。综合经济实力在中西部 16 个国家级经济技术开发区中跃升至第三位。2006 年,经开区的地区生产总值(GDP)突破了 100 亿元人民币,出口创汇 2.3 亿美元(在 2005 年,这一数字仅为 7400 万美元)。开发区内产业形成了以江西晨鸣纸业有限公司为龙头的现代造纸,以南昌硬质合金有限责任公司为龙头的稀土钨制品制造,以南昌市奥克斯电气制造有限公司为龙头的空调家电,以南昌江铃陆风汽车有限公司为龙头的汽车制造,以诚制股份有限责任公司为龙头的生物医药,以江西洪都钢铁厂为龙头的现代钢铁制造六大产业核心。

进入 21 世纪的短短几年时间,南昌经济技术开发区产业结构由传统加工型向技术创新型转变,一批规模型企业呈现勃勃生机,经开区真正成为了江西省产业经济的引领示范区,首创的"四最投资品牌"(成本最低、回报最快、效率最高、信誉最好)成为招商引资的一张靓丽名片。

二、南昌经济技术开发区面临的挑战与问题

南昌经济技术开发区相比较全国大多数国家级开发区,起步较晚,因此在新的形势面前,遇到的问题和困难也会更多。

中共中央政治局委员、原国家商务部部长薄熙来在纪念邓小平同志题词"开发区大有希望"二十周年座谈会上,针对全国开发区二十年的发展发表了重要讲话。他提出:"20 年来开发区不断发展壮大,取得了巨大成就,有效地发挥了窗口、示范、辐射和带动作用,促进了地方经济发展,优化了产业结构,推动了城市化进程,加快了体制、机制创新,培养了一大批高素质人才,成为改革开放的排头兵、试验田和区域经济的增长极。"薄熙来部长认为,国家级经济技术开发区的创建和发展是中国改革开放的缩影,20 多年间已经取得了巨大成就,开发区的作用是显著的,影响是深远的。经过 20 多年的超常规快速增长,几乎所有国家级开发区都已完成了工业化,第一产业产值占区域内 GDP 的总值在 10% 以下,90% 以上的产值均由二、三产业创造。伴随着工业化的脚步,城市化程度也快速提升,多数开发区的人均 GDP 都已经达到或超过中等发达国家水平。

在这次座谈会上,来自全国开发区的代表都发表了对国家级开发区未来形势的看法,普遍认为开发区目前的发展已经到了一个新的阶段,其发展战略需要进行新的调整,共同面临着政策、资源、体制、优势不再明显后的四大挑战。南昌经开区必须正视自己,主动迎接挑战。

挑战之一,开发区成立之初,国家在财政、税收、金融、行政管理、外贸等方面的一系列政策倾斜措施,对开发区的发展起到了巨大的推动作用,几乎所有的国家级开发区都成了当地经济发展的"龙头"地区,不少开发区都从小岛渔村、荒滩盐碱地迅速崛起,开发区工业化基本完成,城市化突飞猛进。然而,随着我国全面改革开放步伐的加快,各个行政区域都在实施政策创新,开发区原有的体制、政策优势被迎头赶上。在这种情况下,开发区的发展之路和区域未来发展需要重新调整与定位。

挑战之二,土地是开发区建设最根本的资源和最重要的载体,也是开发区面临的一个最敏感问题、一个最大制约因素。"转型"是2004年12月国家级开发区创建20周年纪念会后各地提得最多的一个关键词。开发区如何跳出"圈地"思维,如何成为城市制度创新和投资环境优化创新的示范区,对此,我们必须对开发区的发展提出新要求。

挑战之三,"小政府、大社会"的管理体制模式为开发区的发展注入了强劲的动力。绝大多数国家级开发区都采取"管委会"的"准政府"管理模式,这种高度授权、特事特办、专心发展经济的管理体制,基本实现了管理机构最简、成本最低、效率最高的最优状态。然而,由于一方面开发区建成区规模扩大,另一方面又受制于新开发用地紧缩,不少开发区走上了行政区域调整之路,通过开发区与所在地行政区合并,来拓展新发展空间。但是,两区合并后,机构问题就成为管理体制中的又一重大难题。

挑战之四,在产业规模和产业链上下衔接方面,一些开发区产业多而杂,企业缺少自主创新能力,或贸而不工,或科而不研,或研而不果,企业之间进行低层次的、重复性的经营竞争,区内企业和机构之间的产业和技术关联度不高,企业聚集呈现"形聚而神不聚"的发展形态。这是一些开发区水平低下、缺乏竞争优势的原因所在。

目前,摆在南昌经济技术开发区领导面前的任务十分艰巨,形势相当严峻,任重而道远。如何挑战自我、战胜未来,出路只有一条:在党的十七大提出的科学发展观思想指导下,继续发扬"由敢而为"精神。

三、南昌经济技术开发区"转型"中实现新跨越的路径选择

南昌经开区跨入国家级开发区行列虽还只有短短八年,但天津、上海、北京、青岛等地的国家级开发区已经走过 20 多年的发展历程,他们在实践探索中积累了丰富的做法与经验,可以供南昌经开区学习与借鉴,以利自身在"转型"时期实现新跨越,做出正确的定位判断与路径选择。

面对新形势、新任务、新要求,经开区探索的基本方向和工作要点大体可以归纳为以下六个方面:

1. 创新体制——实现经开区新跨越的根本动力

创新体制是推动经开区发展的动力与基础。实现经济关系市场化、经济发展集约化、经济管理法制化,从而率先建立社会主义市场经济体制,是加快推进南昌经开区与国际经济全面接轨、提高区域核心竞争力的基础和条件。为此,南昌经开区应主动适应国际经济体制的大环境,始终坚持并不断完善"小政府、大社会,小机构、大服务"的精简高效的行政管理体制,不断推进发展模式、经济管理、土地经营、社会保障、科技、环境、党建等方面的改革和创新,努力构筑有利于开放和开发的经济运行机制和社会服务机制,切实做到按照国际惯例施政,按照国际惯例开放,最终按照国际惯例运作,以体制的最大活力,求得南昌经开区持续、稳定、健康发展的最大动力。

2. 超前规划——实现经开区开发建设的高品位、高质量目标

超前规划是经开区开发建设的基本原则。要强化规划的主导作用地位,把规划作为提升土地价值、提高园区知名度、吸引外来投资的第一要务来抓。加强对沿江、沿湖、沿山、沿路经济发展用地规划,通过一系列规划编制,向全世界描绘经开

区的美好发展蓝图,增强经开区的魅力,吸引外来投资者和观光客。积极探索健全规划工作机制,建立重大规划设计方案公示制度和专家评审制度,形成公众参与、专家评审、政府决策三位一体的规划审批机制。强化规划的刚性地位,规划一旦确定就必须严格执行。

与此同时,确立一批园区精品工程,设计市场上积极引入竞争比选机制,提高国内外高水平设计单位参与主要建筑工程规划设计的比例和建筑方案设计招标投标的比例。围绕精品工程,注重抓好设计和建设质量关。

3.战略定位——实现经开区经济社会协调发展的目标指向

国内外经验表明,没有商贸、金融、文化事业的相应发展,经济很难繁荣,最终将制约第二产业的发展。人气、商气也是一种重要的投资环境。开发区发展到一定程度,必然要经历以工业化带动城市化的发展阶段,必须把建设国际化、现代化新城区作为新的战略规划与布局。

今年以来,南昌经开区重新确立了开发区向科技工业新城过渡的发展定位,在大力发展工业的同时,加大了教育、金融、信息、商贸、交通、房地产、咨询服务等为主要内容的第三产业,通过培育、完善生态环境、流通环境、金融环境、市场环境,不断提高第三产业的设施水平和服务效率,从而为工业的发展提供强有力支持,加快昌北地区城市化建设步伐。

4.投资环境——提升经开区核心竞争力的关键因素

环境就是生产力、环境就是竞争力,优化环境就是发展生产力,发展环境就是打造竞争力,这是所有开发区的共识。多年来,南昌经开区始终把投资环境作为第一品牌和第一竞争力来抓,提出打造"成本最低、回报最快、效率最高、信誉最好"的"四最投资品牌",成为南昌市大力优化投资环境工作的一个创举。

经开区在全国率先改外商投资项目审批制为登记制,首创"经济110"投诉服务,还实行客商办证代理制,建立了多层次、全过程的新型投资服务体系。这些行之有效的做法,值得在实际工作中进一步量化、细化。同时要以营造与国际惯例相接轨的投资环境为目标,从硬、软、外、内四方面环境入手,增强环境的吸引力。具体而言,包括努力使以基础设施建设为重点的硬环境条件高起来;努力使以构筑为外商立体化服务网络为重点的软环境实起来;努力使以园区道路、绿化整治为重点的外环境美起来;努力使以提升经开区干部素质为重点的内环境强起来。

5.产研互动——带动经开区经济结构优化升级

南昌经开区内有江西财大、华东交大等6所高等院校,以及稀土研究所等十多个科研院所,又先后落户了清华、北大两家一流水平的国家级大学科技园区,可以称得上是江西智力密集区。这些智力资源是经开区创新发展的动力源。

管委会要主动加强与辖区内高等院校、科研单位的联系、沟通和协调,积极搭建产、学、研联系合作的桥梁,搭建科研成果转化为生产力和科技人才创业的平台。为最终实现经开区的新跨越,由工业园区发展成为一座科技工业新城,应该专题研究并花大力气抓好产研互动,带动经开区经济结构优化升级,推动经开区经济社会又好又快发展。

6.品牌与文化——实现经开区新跨越的两块基石

(1)品牌基石

跨出国门、走向世界的保障。南昌经开区是在全国开发区中第一个提出并推行"四最投资品牌"的园区,并且在开发开放实践中得到了广大外来投资者的认同和赞许。管委会及各园区职能部门,都应该认真地对这一品牌加以总结提高,具体可以从以下三方面丰富品牌内涵:其一,从投资品牌发展到园区品牌甚至城市品牌;其二,有了知名度,更要追求美誉度和忠诚度;其三,积极完成由地方品牌向全国品牌和世界品牌的飞跃。

(2)文化基石

一座工业新城发展生生不息的源泉。南昌城市文化可用"红色文化"做出概括,它既反映了南昌厚重的革命历史,又展示了美好未来,更激励全体南昌人民自强不息。

南昌经开区园区文化,建议可用"由敢而为"四字来诠释,当然需要论证和时间来考证。"由敢而为",如果成为经开区每个人共同的理想信念,价值观念和行为准则,南昌经开区就没有跨越不了的发展阶段。经开区应尽快地把这项工作抓起来,园区文化是经开区未来持续、快速、健康发展的基石,是凝聚各方面力量的精神支柱。

第三部分　南昌经开区做大做强家电产业的思路、对策与建议

一、正确把握家电产业总体发展趋势

1.家电的概念及其产品范围

家电是家用电器的简称。一般认为凡是进入家庭,以电作为动力的产品统称为家电。可包含两大类:

第一类为家庭服务产品。这类产品又称为传统家电、白色家电,如空调、冰箱、洗衣机,也包括厨卫家电,如微波炉、电饭煲、洗碗机、消毒碗柜等,还有小家电,如热水器、电吹风、电须刨、电搅拌器、吸尘器等;

第二类为家庭娱乐产品,这类产品又称消费类电子产品、黑色家电,如电视机、音响、收录机、音频放送机(CD、VCD、DVD)、电子玩具等。

随着经济社会发展和电子技术的进步,家用电器产品日益多样化,家庭健身类、家庭自动检测类、家庭网络类等产品不断得到开发和应用。家用电器在人们的生活中显得越来越重要。家用电器产品已经成为现代家庭中重要的物质组成

部分。

2. 市场需求使家电产业成为独立于其他轻工行业的重要行业

20 年前家电产品只是轻工业的一部分,在全国的工业产值中所占比例不到 2%;现在,在全国消费品市场上,家电类产品几乎占了半边天。家电行业已经成为社会经济的重要组成部门,成为独立于其他轻工行业的重要行业。以广东省家电业为例,已经形成了在广东省国民经济中占主要地位的家电产业大军,其净产值占全省工业总产值的 33%,达到了 3000 亿元以上。浙江、山东、江苏、上海、安徽等省市的家电业都成为了当地支柱产业,其规模与比重远远超过了其他轻工行业。

随着电子计算机、自控技术的发展,新材料、新工艺的出现,家电适应最大的市场需求,将进入蓬勃发展的时期。这一行业不但不会衰退,而且将在不断创新中持续快速发展,且在各行业中比重会进一步增长。

3. 未来家电业发展的重要方向

(1)技术向数字化、信息化、网络化发展。

家电产品的数字化,特别是在消费电子类家电,如音响、音频放送机(CD、VCD、DVD),已经全部数字化,传统的模拟 CD、VHS 录放像机将逐渐被淘汰;白色家电的控制部分已经全部微机化、数字化。据预测,未来五年内,模拟音频产品将以每年 2% 的速度萎缩,而数字音频产品将以每年 40% 的速度攀升,而其他产品如相机、玩具等也将以相同比例变化。

家电数字化正在实现,家电信息网络化也不是遥远的梦想,近几年出现了信息家电的新名词。所谓信息家电,指的是计算机技术、网络技术与传统家电相结合的产品。原来分散独立的各种家电在数字化的基础上提高信息的存储控制能力和交互能力,通过联网部件(如电视机、电冰箱的机顶盒),实现家电产品的室内联网、外部联网或连接互联网(Internet)。目前,通过机顶盒连接互联网,点播电视节目、网上购物、炒股、订票已是现实。网络冰箱、网络微波炉、可视电话、自动窗帘等网络家电,国内也已研究出十多个门类、上百种品种。人们可以通过友好的界面(如计算机),在任何地方、任何时候控制家中的家电运作,监视家电的故障信息及家中的安防系统,下载各种家电的操作程序,不断升级、更新家电的运行情况。

家用电器的数字化、信息网络化是信息技术在家电技术中的应用,保证了人们满意度最大化的要求,是今后家电发展的方向。

(2)性能上向节能、环保、安全和智能化方向发展。

能源与环保,是当今全球在经济社会发展过程中遇到的两大最重要的问题。家电的发展需要时刻考虑这两个问题,特别是传统的家电如冰箱、空调、洗衣机是耗能大件,也会造成水和大气的污染。因此,应用代替材料、新工艺(如氟利昂代替、洗涤剂代替、蓄冷板材料的更新等)和应用各种新技术(如低温热源技术、变频技术、压缩机技术等),使产品具有环保、智能、节能的特征,是家电发展的另一追求。此外,新型家电产品对使用的安全性更加重视,无论对使用者、对家居、对其他产品的电磁干扰等都应是绝对安全的。

(3)小家电进入快速增长期。

家电是家庭应用电器的简称,小家电是一个相对的概念,相对于一般家电或大家电而言,它的体积较小,价值较小,用电量较小。

近几年,由于国内城镇居民生活水平的提高,对小家电的需求与日俱增。巨大的市场空间与丰厚的利润成为市场的根本驱动力量,国内家电巨头、国际家电大鳄与小家电专业厂商三大板块博弈小家电,争夺"最后的蛋糕",一场更高层次的竞争已经拉开帷幕。据有关资料统计,2006年国内小家电市场规模约800亿元人民币,2007年接近1000亿元。预计今后五年每年将以10%—15%的速度递增。

二、南昌经济技术开发区现有家电产业的基础

在江西省、南昌市各级政府部门大力支持下,南昌经济技术开发区家电产业经

过多年的发展,特别是"十五"时期的建设,已成为开发区工业经济的重要支柱产业之一,主要代表性企业有:

1.江西鸿源数显科技有限公司

专业致力于数字电视、光电显示等系列产品研发和生产的高新技术企业。公司汇集国内外LCOS相关领域的一流专家和管理团队,完成LCOS产品的技术组织、人才组织、生产组织、资金组织等,拥有研制、生产LCOS光学数字显示关键部件的技术,目前主导产品为50、60、80、100英寸等型号的高清数字背投电视及投影机,并具备各种大型电视显示墙的制造能力。公司已在LCOS产业链的整合方面取得进展,主要关键的光学引擎系统已通过国家广播电视产品质量监督检验中心的测试,通过了3C认证,已具备产业化的基础条件。目前,鸿源数显在国家发改委、信息产业部和省市地方政府的大力支持下,通过并购整合和研发创新,形成了年产5万台的批量能力。

公司还凭借自身掌握核心技术和产业化基础的优势,整合海外的技术型、生产型、销售型的相关企业,打造一个以江西为基地的数字电视中国产业链。台湾老牌电视机生产企业歌林公司拟与鸿源数显公司共同建设的目前我国最先进的一条显示芯片液晶封装生产线将移到江西基地;台湾第一家集成电路公司台湾联华电子公司(UMC)、全球最大的专业晶圆制造服务公司台湾积体电路制造股份有限公司(TSM/TSMC),跨国集团公司香港精电集团Varitronix,都将与江西鸿源数显合作开发成以资金为纽带、技术为核心的产业集团。

2.南昌市奥克斯电气制造有限公司

专业致力于家用空调的生产制造。奥克斯(南昌)空调生产制造基地项目,是近年来经开区引进的最大工业项目。该项目于2003年6月26日签约,9月18日破土动工,2004年12月18日建成投产。项目一期工程设计年产能力为150万套,年产值22.5亿元,建有四条自动生产流水线,另建有两器、铜管、钣金、塑胶四个零部件分厂和一个总装分厂,同时配备行政办公大楼和两个大型物流仓库以及职工食堂、宿舍等配套设施,总建筑面积达 17 万平方米。

整个项目建设工期为一年零三个月,一举刷新了南昌市大型工业项目建设最快速度。投产后的第一年,即 2005 年实现年产值 9.2 亿元,销售收入近 8 亿元,当年进入南昌市工业企业销售收入第十八强。2007 年冷冻年度,一期工程设计能力达产。2007 年 12 月 27 日举行二期工程开工仪式,累计年设计产能扩大至 300 万套,到 2009 年冷冻年,一个以南昌市奥克斯电气制造有限公司为龙头、周边上百家配套企业共同所构成的百亿空调家电产业链将在英雄城南昌市诞生。随着空调产能的进一步扩大,海立电器已正式决定将空调压缩机项目落户南昌经开区,这将对经开区乃至南昌市家电产业的技术提升和品牌提升起到积极推动的作用。

3.南昌齐洛瓦电器(集团)总公司

专业致力于冰箱、冷柜的生产制造,是地处南昌经济技术开发区的老国有企业,占地面积 25 万平方米,资产总额 4.2 亿元。"齐洛瓦"牌冰箱、冰柜有过辉煌的过去,曾被中央电视台评为"上榜品牌",被中国统计学会评为"中国家电十大畅销品牌","齐洛瓦"牌冰箱曾在家电行业中排名第 10 位,"齐洛瓦"牌冷柜曾在行业中排名第 5 位。

2004 年 5 月起,由江西科龙实业发展有限公司租赁经营,直至 2005 年 12 月终止协议,退出租赁。2006 年,公司自行组织生产,全年实现产值 15 万台,产值 1.2 亿元,上交国家税收近 500 万元,出口创汇 500 万美元,创造了齐洛瓦生产经营历史最好成绩。2007 年,预计年产值将比上年翻一番。

三、南昌经开区家电产业的战略定位、基本思路与发展目标

家电产业是南昌经开区具有比较优势和竞争力的重要支柱产业,经开区是目前南昌市家电产业集聚地之一。为贯彻南昌市委、市政府提出的"十一五"期间经

开区打造百亿产业发展目标,带动全市家电产业升级,做大做强。根据国家和江西省产业政策要求,根据《南昌市工业经济"十一五"发展规划》和市委、市政府《关于南昌市推进新型工业化、实施工业重大项目("3010"工程)的意见》精神,经开区需要重新制定家电产业的战略定位、基本思路与发展目标。

1.战略定位

根据南昌市"十一五"发展规划纲要,省市对经开区提出的新的发展要求,南昌经济技术开发区要紧紧抓住家电产业发展的三大机遇:一是家电产业转移机遇;二是国家促进中部崛起政策机遇;三是国际国内巨大市场需求机遇。家电产业的梯度转移、国家宏观政策引导、国际国内巨大的市场需求,再加上区域经济发展导向的支持,这些都给经开区家电产业的发展提供了广阔空间。

加速经开区家电产业发展的新的战略定位是:坚持以科学发展观和大开放战略为指导,全面贯彻中央、省、市经济工作的一系列指示精神,抓住国际国内产业转移机遇,以打造"大产业、大企业、大项目"为主线,以家电生产制造业与家电商贸流通业"两元"同步发展为方向,以"以工促贸、以贸促工、工贸联动"和内外资、内外贸并举为方针,扩大招商引资平台,加大家电产业投资强度,扶持重点骨干企业,引导家电配套企业发展,加快管理创新、体系创新、企业技术创新步伐,把经开区真正打造成为江西省和南昌市家电制造业和家电商贸流通业快速发展、比翼双飞的战略高地,为实现全市家电产业总量的快速提升作出贡献。

2.基本思路

坚持创新发展模式,创新管理体系,走家电生产制造业和家电商贸流通业"两元"同步发展的路子。

(1)坚持走新型工业化道路,打造先进的家电制造业高地。

既要加大对现有区内家电企业的支持,同时又要加大对国内外家电企业的招商引资力度,在省、市家电发展整体战略布局指导下,努力提高家电产业增长规模和质量,围绕《南昌市工业经济"十一五"发展规划》,积极参与市"3010"工程振兴计划的实施,呼应昌九工业走廊建设,呼应省"总量倍增工程"、"产业提升工程"和"千亿百亿工程"建设。

积极规划实施龙头企业带动战略。在扶持鸿源数显、奥克斯空调、齐洛瓦冰箱做大做强的同时,大力引进多品牌企业,着重引进和扶持适度规模企业,依托整机品牌企业强大的凝聚力和纽带作用,吸引国内外更多家电配套企业集聚,形成以整机品牌企业为核心、众多零部件企业配套协作的家电产业链。

积极促进和大力发展各类小家电,这是做大做强经开区家电业的一个重大契机。广东、浙江两省是小家电主要集中产地,受土地资源紧缺、市场环境条件等制约,浙江与广东两地的小家电企业正进行着一场轰轰烈烈的产业转移"圈地运动"。要充分利用南昌充足的土地资源和劳动力资源,整合经开区及周边两个省级开发区(英雄开发区和桑海开发区)区域性资源,统一规划打造小家电产业园,提升小家电招商引资平台,有针对性地主动邀请国内外著名小家电品牌企业参与小家电产业园的投资建设,依托品牌企业带动相关配套企业跟进投资落户,培育和完善小家电产业链。

(2)贯彻家电商贸流通业与家电生产制造业同步发展的方针。

以培育和做大家电产业经济规模为出发点,打造以数码产品、家庭电器、家居用品、交电五金、机电设备等日用工业消费品和工业中间产品为主要内容的大型专业批发交易市场,经营业态汇集商品交易、展示展销、专业会展、物流仓储、咨询服务、商务办公、宾馆酒店、配套商住等多种现代服务业。

奥克斯集团于2003年起投资经开区,打造年产300万套家用空调生产线的同时,已决定2008年在经开区再投资建造"南昌市数码家电城",且《南昌市数码家电城项目可行性报告》编制工作业已完成。

项目选址基于以下三点考虑:一是与现有产业协同发展,带动园区产业集聚;

二是与现有市场形成联动,加快昌北科技工业新城建设步伐;三是与开发区招商引资工作相对接,创造招商引资新平台。本项目拟建在经济技术开发区与红谷滩新区庐山南大道接合部,毗邻国际汽车城。数码家电城与国际汽车城遥相呼应,形成具有国家级开发区鲜明特征和科技工业新城特色的专业商贸市场群。

3. 发展目标

经开区承担着江西省和南昌市工业经济主战场和新增长极的重要使命。看全市乃至全省家电业发展的高度与宽度,首先要看南昌经开区。因此,经开区家电业发展目标必须具有超前性,同时具有可行性。

(1)家电生产制造业发展目标

依据中国家电业前二十年平均增长速度和未来五年的增长预测,经开区和南昌市工业经济"十一五"发展计划指标,南昌市和江西省区域内社会家电需求量增长速度,结合经开区工业经济增长指标必须走在全市、全省前列要求,制定家电业发展目标如下:

① 新家电企业发展数量:每年引进二家以上品牌企业,引进十家以上配件企业落户经开区,年完成家电工业投资规模达 10 亿元人民币以上;

② 新家电产品发展数量:从 2008 年起,从现有家用空调、冰箱、冷柜等产品基础上,每年新增 2 个以上新家电产品形成规模化生产。

③ 培育本地企业,提高就地配套加工能力:从 2008 年起,家用空调、冰箱、冷柜产品的零部件就地配套率每年递增 5%－10%,到 2012 年,形成空调、冰箱、冷柜等大家电上下游完整的产业链,提升南昌制造。

(2)家电商贸流通业发展目标

依据奥克斯集团《南昌市数码家电城项目可行性报告》,数码家电城投资规模为 8.56 亿元人民币,用地面积 33 万平方米(约 500 亩),项目于 2008 年下半年正式进入建设期,整体规划分二期建造,计划至 2010 年上半年进入一期建设项目的商业试运营,至 2012 年上半年进入二期建设项目的商业试运营,2012 年下半年起市场进入正常培育运营期。本项目建成后的交易额、提供的就业岗位与财政贡献预测如表 3。

表 3　南昌市数码家电城交易额、就业岗位与财政贡献预测表

	2011	2012	2013	2014	2015
市场交易额(单位:亿元)	16	33	61	90	90
劳动就业岗位(单位:万个)	1	1.5	2.4	3	3
财政贡献(单位:亿元)	0.8	1.7	2	3.5	3.5

四、促进南昌经开区家电产业加速发展的措施与建议

家电产业是中国改革开放以来发展最快的行业之一,然而地处中部地区的南昌,家电产业基础相对还是薄弱,几乎很难找得出名列前茅的家电品牌,这是目前南昌市不得不面对的客观现实。南昌市与东部沿海一些城市相比,家电产业明显存在差距,具体表现在综合实力上的差距、规划建设上的差距、品牌数量上的差距、政策支持上的差距等。

南昌经开区这几年家电业的发展虽然取得了一些可喜成绩,但也存在对支持家电产业发展的重要性认识不够问题。为改变南昌市和经开区家电产业的发展现状,加快推进家电产业的发展步伐,建议先从以下几个方面采取措施。

1.正确认识加快发展家电产业对振兴全市、全省经济的重要意义。

江西省反映在家电方面的两大数据十分可喜:

(1)江西省在国内产业转移承接方面成绩突出。

根据国家发改委经济运行司今年 8 月公布的《2007 年上半年行业经济运行分析》显示,今年 1—6 月,东、中、西部工业发展速度分别为 26%、35%和 33%,中部地区发展速度分别快于东、西部;中部 6 个省份中的 5 省增长速度超过 30%,其中

江西增长速度达 49%，居全国之首。这说明江西省在国内产业转移承接方面成绩不菲，工业基础较扎实。

(2)社会消费能力不断上升。

据南昌市统计局调查，2006 年南昌市城市居民家庭设备用品消费占消费性支出的 10% 左右，通信支出占消费性支出的 8% 左右，两者合计占消费性支出的 18% 左右。

2007 年 8 月全市百户家庭数码、家电产品拥有量为：电脑 51 台，与上年同比增长 32%；手机 136 部，同比增长 20%；空调 117 台，同比增长 5%；彩电 150 台，同比增长 7%；冰箱 86 台，同比增长 10%；洗衣机 97 台，同比增长 6%；影碟机 71 台，同比增长 10%。预计 2007 年，全市城市居民人均可支配收入 12965 元，消费性支出 9724 元，按照其中 18% 用在数码、家电、家居用品等方面，则南昌市每年的市场需求为 39 亿元左右，并且以每年 15%－20% 的速度增长。预计江西省 2007 年城镇居民人均消费性支出 8580 元，按照其中 12% 用在数码、家电、家居用品等方面支出，则每年的市场需求为 417 亿元，并且以每年 10%－15% 的速度增长，市场需求巨大。

同时，我们也需要正视两大问题：第一，承接家电产业梯度转移数量不多，步伐不快；第二，面对快速增长的消费需求，家电市场几乎完全被外来产品占领。相比较一些先进地区，南昌市和江西省对发展、支持家电产业重要性的认识还是欠缺。至今尚难看到本地家电产业的行业报告，相关政策性文件，以及有效地针对家电产业发展的具体措施。这方面，应该积极主动地向广东、浙江、山东、安徽等地学习，从别人那里看到重视和发展家电产业的重要性，学到支持与扶植家电业发展的办法与经验。

2.加强领导，把家电产业作为全市工业经济的重要产业来抓。

南昌家电产业虽然基础薄弱，但决非跟不上发展步伐。把家电产业发展成为全市具有举足轻重地位的主导产业,完全是有条件和可能的。南昌经开区家电产业已经形成一定的产业基础和比较优势,并且已经成为南昌市家电产业主要集聚地之一,目前区内有鸿源数显、奥克斯空调、齐洛瓦冰箱三家家电骨干企业以及十多家家电配件企业。

建议南昌市委、市政府加强对家电产业发展的领导,协调家电产业招商引资、培育发展过程中的重大政策性问题,像抓汽车产业那样重视抓好家电产业发展工作,把发展家电产业作为推进工业经济进程的重要举措,上下行动一致,把经开区打造成为家电生产制造业和家电商贸流通业战略高地。

3.统一规划,整合区域资源,加快家电产业园区建设。

由于家电产业基础薄弱,当地缺少品牌企业,因而长期以来南昌家电产业的发展没有引起各级政府和领导的高度关注,在产业发展过程中,缺乏统一规划和政策倾斜。如奥克斯空调落户南昌经开区,虽投产三年,当地缺乏配件工业支撑,发展步伐一样艰难。经开区 2004 年准备规划建设的家电配件产业园区至今迟迟没有开工建设。市家电配件企业招商工作一直没有形成声势,2005 年上半年在奥克斯集团全力支持下召开过一次空调配件企业招商会,此后再也没有组织过有关家电产业招商引资的重大活动。南昌市有三个市管开发区,产业发展规划与方向比较模糊,招商引资重点不突出。

建议市委、市政府根据国家级开发区担负的重大使命、建立的产业基础,重新调整三个开发区的规划与布局,在市主要领导亲自指导下,加强对家电产业园的规划与发展工作,使三个开发区成为率先发展家电产业的主阵地,尽快创造家电产业的集聚效应。

4.出台专门政策,加大招商引资力度,鼓励、支持家电及配套企业发展。

家电是一个产业链比较长的产业,除涉及许多传统工业制造产业外,还涉及机械、塑料、模具、控制电器等精密技术制造和集成电路制造等,家电产业的发展可以促进相关行业和配套产业的发展。

建议市委、市政府在调整研究基础上尽快出台加快家电业发展的政策性文件。对现有家电企业,一方面要出台鼓励支持家电企业进行技术创新、技术改造的优惠政策,调动其做大产业规模、提升品牌形象的积极性;一方面要出台政策鼓励大企业对配套供应链企业进行招商,提高家电产品本地配套率,通过赋予优惠政策,调动其招商引资、本地配套的积极性。

对招商引资工作,建议专门成立家电产业招商引资团,针对广东、浙江家电产业密集和重点家电企业多的情况,展开针对性地一对一、一对二招商活动,务求重点突破。出台招商引资奖励政策,鼓励以商招商,友情招商。"只求所在,不求所有",迅速扩大家电业招商引资规模,扩大全市家电产业规模。奥克斯集团投资建造数码家电城项目的建议,这是一个好主意、好项目,要举全市之力、全区之力,支持这个项目,办好这个项目。

本文作者:陈颖。

电子供应链在企业营销管理中的应用——以奥克斯集团为例[①]

摘　要：本文选取一家知名电能表生产厂商——宁波奥克斯集团，对电子供应链在企业营销管理中的应用展开研究。文章首先概述了企业背景和研究方法，随后从宏观和微观角度进行环境分析；最后从价值链的角度探讨了企业供应链管理，包括进料后勤、生产作业、发货后勤、销售、服务、采购与物料管理、研究与开发、人力资源管理和企业基础制度九个方面。

关键词：电子供应链；企业营销管理；价值链；案例分析

E-Supply Chain Management in Business Marketing Management
——Case Study of AUX

Abstract：This paper selects a famous electricity meter manufacture——Ningbo AUX Group Ltd. for the research on E－Supply chain management in business marketing management. The research starts with an overview of the

---

　① 本文刊登于《Proceedings of Hangzhou Conference on Management of Technology》，2009 年 ISSHP 收录。作者：陈颖，高长春。

company, followed by a critical description of qualitative methodology of in-depth, personal interview, and the participants. Next, environment analysis mainly from macro and micro aspects is conducted. After that, the supply chain management are examined from the theory of Value Chain, including inbound logistics, operating, outbound logistics, marketing and sales, service, procurement, selling, technology development and human resource management these nine aspects.

Key words: E-Supply Chain Management, Business Marketing Management, Value Chain, Case Study

1 Introduction

Business marketers serve the largest market at all: The dollar volume of transactions in the industrial or business market significantly exceeds that of the ultimate consumer market. However, special challenges and opportunities confront the marketer who intends to serve the needs of organizations rather than households. Thus, business-to-business customers represent a lucrative and complex market worthy of separate analysis (Hutt & Speh, 2004). A Chinese company, Ningbo AUX Group Ltd. is selected for this research on E-Supply chain management in business marketing management. The reason is that the author wants to gain insights of how this company developed from such a small company with approximately RMB 200,000 debts and eight staffs, to be a giant with total assets of RMB 2.5 billion and staffs of around 1,500 within 18 years.

2 Overview of AUX

Ningbo AUX Group Ltd. is one of the typical enterprises in China Electricity meter industry, with total assets of RMB 2. 5 billion and staffs of around 1,500. In 2003, AUX was awarded China Top Brand. In 2005, AUX had ¥425 million sales from electricity meter, taking up 20% of market share of electricity meter and 25% of electromechanical meter in the domestic market. AUX ranks No. 1 in China with its production capacity of 25 million units. At present, AUX has more than 160 categories of product with different functionalities. AUX is the first e-lectricity meter manufacture who gets ISO9001 approval and KEMA approval from world authoritative quality test organization, and it successively passed the "State Test of Quality Control" from 2001 to 2005. The company and its products are on the list of "Recommended Products and Manufacturer for National Elec-tricity Net" made by State Economic and Foreign Trade Ministry. DD20 series of long life electrical meter self-developed by AUX is listed in "State Torch Pro-gram", and it is the first one to pass the max long life test over 26. 6 years by China Poser Science Academy. Three-phase multi-functional electromechanical meter is on the list of "State Key New Product Program".

3 Research Methodology

3.1 Method

A qualitative methodology was chosen for this research. As Burns & Bush (2003) advocates that, "Qualitative research is a study to evaluate the potential of concepts to be further investigated. It can bring out the emotional and value-laden feelings and attitudes rather than numbers or percentages". Kent (1999) also explained that qualitative research as "provides rich data in ideas, insights hypothesis, explanations and suggestions. It answers questions such as 'what', 'why' and 'how'···the focus is always on understanding consumers···from their own perspective; it is never a key role to measure the extent to which these views feelings, or behavior are held." The technique used was the in-depth, personal interview and a semi-structured interview guide was designed according to insights gained from the literature on business marketing. As has been seen in other research, semi-structured depth interviews have proven very successful in developing a rich view of a variety of topics. Further, the in-depth interview methodology was expected to be helpful in discovering the problems of the business strategies and offering possible suggestions. In addition, a wide variety of sources, including the Internet, annual reports of the company from 2004 to 2006, industry reports, business marketing journals were used to provide an abundant secondary data and framework for this research.

3.2　Respondents

Five interviewees (see Table 1) are selected for this study. Four respondents from Ningbo AUX Group Ltd. offer an insight into its business, while another respondent from Ningbo Yinyi Real Estate Co., Ltd represents the end-user in this research.

Table 1　Respondents

Respondents	Title
Mr. Zheng Jianjiang	President of Ningbo AUX Group Ltd.
Mr. Chen Diming	Vice-President of Ningbo AUX Group Ltd.
Mrs. Wang Zongyin	Sales Administrator of Ningbo AUX Group Ltd.
Mr. Lee Xiaolong	Marketing Manager of Ningbo AUX Group Ltd.
Mr. Xiong Xvqiang	President of Ningbo Yinyi Real Estate Co. , Ltd.

4　Business Marketing Environment Analysis

4.1　Macro-Environment Analysis

Four macro-environment factors, including political, economical, social and technical aspects, have their impacts on AUX. Firstly, there are some policies related to consumption of electricity and electricity meter. One is "Power Development Policy": The policy of urban & rural network construction & innovation comes to the end in the following years. Next is "Electricity Meter Policy": "One electricity meter for each residential family" was implemented from year of 1998. Last one is "Electricity Price Policy": "Flexible Tariff Scheduling" was implemented from year of 2003.

The development of power industry is very sensitive to the macro-economy. This is particularly true in China where three quarters of the electricity consumption comes from industrial demand. Generally, the faster of GDP growth, the higher the needs of energy consumption. In 2006, China's GDP growth grew at 10.6% to 2.7 trillion US dollars, according to the National Bureau of Statistics, ranking fourth in the world after United States, Japan and Germany.

China has become the world's second-largest country in power capacity and consumption since 2001. While from year of 2003, some provinces in China experienced shortages of electricity, and the problem became even worse in 2005. Twenty five of China's provinces and autonomous regions pronounced running short of electricity. The government encourages industrials, commercials to shift production to evenings or weekends in order to avoid shortages of electricity during the period of peak demand. Multi-tariff series and multi-functional series of electricity meter are developed to meet changed consumption style of electricity.

The technology of digital meter is improved in the past few years, with more accurate measurement and automatic reading system, which are better than electromechanical meter. However, the disadvantages of digital meter are significant as well. It has higher price, shorter life time (5—8 years) than electromechanical meter (8—10 years).

4.2 Micro-Environment Analysis

Top 10 manufacturers produce both electromechanical meter and digital meter, and the former one accounting for much more percentages in the sales, they are Holley Metering Ltd., Ningbo AUX Group Ltd., Washion Meters Group Ltd., Suzhou Hecui Electric Co., Ltd., Zhejiang Holley Nisko Electric Co., Ltd., Jiangyin Changyi Group Corporation, Chongqing Holley Shareholding Co., Ltd., Landis+Gyr (Zhuhai) Ltd., Henan Star Hi-Tech Co., Ltd., and Nanjing Postel Electric Co., Ltd. However, some manufacturers, such as Linyang, Hualong, producing only digital meter, do not appear in this ranking. They are still strong competitors to AUX in the digital meter market.

According to the research did by China Instruments Manufacturers Association (2005), "Holley and AUX are the only two manufacturers with annual production capability exceeding 10 million in China". Table 2 illustrates a comparison between them, mainly focusing on price and technology.

Table 2 Comparisons between AUX and Holley

Items	AUX	Holley
History	18 years	30 years
Ranking	ranked first (2002—2004)	ranked first (1993—2001, 2005)
Production Capability	25 million annually	23 million annually
Technology	2 R&D institutions 11 national patents Better in electromechanical meter	5 R&D institutions; 47 national patents Better in digital meter
Price	Low price of electromechanical meter High price of digital meter	High price of electromechanical meter Low price of digital meter
Distribution	194 salespeople; 25 cities	360 salespeople; 28 cities

5 Supply Chain Management

Supply chain management is one of the predominant management approaches driving many organizations (Brewer & Speh, 2000:75). The following paragraphs illustrate the key members in the AUX supply chain, to demonstrate who they are, where they are, and the values they want. Once the members have been defined, the chapter will highlight how AUX manages the supply chain.

5.1 Supplier Analysis

Good suppliers can help manufacturers during the development of new products and processes, with long-term quality improvements, cost reductions and can provide enhanced delivering performance. Therefore, "the challenge of AUX is to maximize supplier performance better than competitors", Mr. Lee said. The supplier selection criteria used in purchasing are: (1)Unit price, but also total purchase costs (Including ordering, transport and inventory costs); (2) Quality performance (Including current quality, quality record, potential for further quality improvement); (3) Speed of delivery (Including delivery and cycle times, JIT delivery capability). Firstly, the parts and materials account for majority percentages of the total cost, therefore, savings are particularly important to AUX. "In these cases, a saving of 1% on purchasing costs can have the same effect on profit as 8% — 10% increase in sales" Mrs. Wang said. In order to lower the total purchase cost, which includes ordering, transport and inventory costs, eight of Top 10 suppliers of AUX are in the east of China, where is close to the company. And first two suppliers, Ningbo Zhenghai Dongdu Electrical Co. , Ltd. and Ningbo Yinzhou Golden Star Instrument Fittings Co. , Ltd. are in the same city of AUX——Ningbo. Secondly, quality control is another key point of supplier management. AUX emphasizes that good quality is produced rather than be examined. Only with a good quality component, the end electricity meter will be accurate, reliable and durable. Annual National Supplier Conference is one of the most important channels that AUX communicates with its suppliers. During the conference, AUX announces the results of annual competitions of suppliers, such as "Best Supplier", "Supplier with Reliable Quality", to emphasize that quality is the key point in the supplier management. Meanwhile, AUX publishes "Annual Quality Report" to illustrate the advantages and disadvantages of each supplier.

5. 2　Channel Customer Analysis

As the only channel customers of the electricity meter, power companies are run by two Power Utility Structural Organizations, SGCC and CSPG. Both of them are state-owned. According to Mrs. Wang, "minimum power loss and minimum measurement error are the most important features the power companies e-valuate the potential product". On the one hand, the power companies have to increase the efficiency of power utility. As we know, the problem of electricity shortage becomes worse at present. Twenty five of Chinese provinces and autonomous regions pronounced running short of electricity in 2005. It is crucial for the power companies to choose the electricity meter with minimum power loss, in order to improve the efficiency of power utility. On the other hand, the power companies have to improve their own profitability by decreasing the error in the measurement. Since the profitability of power companies is calculated by volume of electricity consumption multiply price. The sales forces of AUX have extended into 25 cities, north part (Beijing, Jinan, Taiyuan, Zhengzhou, and Shijiazhuang), central part (Nanchang, Wuhan, Changsha) and south-west part (Chengdu, Chongqing, Guiyang, Kunmin) of China are the most important places for AUX in the year of 2005 and 2006. And power companies in these places are the main channel customers in these two years.

5.3　End-user Analysis

In the electricity meter market, the builders are the end-users only. However, they have no right to choose and decide which electricity meter they would like to use according to the government policy. After estimating the total electricity consumption in new apartments daily and the suitable total volume of electricity meter, the builders send this information to the power company to let the engineers check it out. When it is decided by the engineers in the power company, the power company will sign a contract with builders without any bargaining about price, quality or brand of electricity meter. Thus, reliability (delivering by power companies on promise) is the most important value to the builders. With the transmission of electricity to new area, power companies deliver the electricity meters to builders and fix them in each flat. This task influences the following construction process of the builders, since without electricity and electricity meter, builders cannot start the following construction process.

6 ERP System in the Supply Chain Management

According to Hutt & Speh (2004), "firms that can enter the e-commerce marketplace by leveraging Internet capabilities with information processing, delivery capabilities, inter-organizational collaboration, and flexibility may be able to develop important differential advantages in selected market segments".

Enterprise Resource Planning (ERP) system is a key ingredient for gaining competitive advantage and streamlining operations for AUX. It not only speeds up and automates the company's internal process, but also spreads the efficiency gains to the business systems of its suppliers and customers. In 2004, AUX won the award of "Chinese Benchmarking Enterprises in Informationalization", and it was the only one of two private enterprises who won this title. The impacts of the ERP system in AUX will be analyzed from value chain perspective.

6.1 Activities Relating to Purchasing

From the inbound logistics point of view, the ERP system results in electronic data integration and establishes intimate linkages between AUX and its suppliers. Such data integration produces inventory and coordination savings for AUX especially when it purchases in bulk. This implies less time and paper work associated with coordinating and dealing with suppliers.

From the operating aspect, ERP is used to seamlessly move the flow of information, materials, and finance within the organization and throughout the supply chain, for example, placing orders, receiving invoices, tracking shipments, and processing payments. By implementing ERP system, the ratio of cash in hand decreased by 32%, and the fund utilization rate increased by 35% in AUX in 2006. AUX kept a stable inventory carrying time, which was 107days, 95 days, and 104 days from 2004 to 2006.

From the inbound logistics point of view, ERP system enables physical distribution networks to be simplified to move the product from the suppliers to AUX directly, eliminating some of the "middle parties". AUX feels that significant cost savings are generated for them due to the elimination of many middle parties that they no longer have to deal with.

From the marketing and sales aspect, ERP system serves in two ways: First, it results in more effective sales representatives because they can concentrate on solving customer problems and building customer relationships. Second, it significantly reduces publication costs such as catalogs.

From the service aspect, customer service has been improved through improved access to information and decreased lead times. Through ERP system, orders can be processed quickly and shipments scheduled accurately. ERP allows for the incorporation of more timely and accurate data into the company's planning and control system.

6.2　Activities Relating to Coordination Costs

As Hutt & Speh (2004) said, "Functional products have predictable demand and firms should design supply chains that minimize inventory, logistics, and manufacturing costs". AUX implements ERP system to achieve cost control.

As to the procurement aspect, ERP system allows for the effective management of multiple vendors, contractors and other contributors to the production process. The main advantage of ERP in AUX is that it can deal with 25 bills of OEM per day currently, which is 7.5 times more than initial 3 bills per day.

As to the selling aspect, the adoption of ERP facilitates faster processing of invoices and payment. The company generates further benefits in terms of savings due to the reduction in average time for payment from initial 15 days to only 3 days currently.

As to the technology development aspect, by decreasing the time needed to process an order transaction, the products can be shipped to buyers sooner. Delays in shipment are minimized thus ensuring a higher probability of meeting promised due dates.

As to the human resource management aspect, the electronic processing of transactions eliminates paperwork. Decreased costs are directly attributed to reduction of activities related to manual sorting, matching, filing and reconciliation of mailed documents. AUX can devote staff to work with higher margin customers requiring personal attention.

7 Conclusions

ERP system in AUX incorporates "modules" relating to Materials Management, Production Planning, Sales & Distribution, Financial Accounting and Controlling. It does not only relate to the traditional accounting information system but also to stock control, material resource planning and logistics. ERP system seamlessly moves the information, materials, and finance over networks, bringing together previously separated groups inside the organization and throughout the supply chain.

References

[1]Baker, K. R. Safety Stocks and Commonality. Journal of Operations Management, 1985, 6(1):12—22.

[2]Barclay, I. The New Product Development Process: Past Evidence and Future Practical Application. R&D Management, 1992, 22(3):255—63.

[3]Berry, W. L. , Tallon, W. J. & Boe, W. J. Product Structure Analysis for the Master Scheduling of Assemble-to-order Products. International Journal of Operations & Production Management, 1992, 12 (11):24—41.

[4]Brewer, P. C. & Speh, T. W. Using the Balanced Scorecard to Measure Supply Chain Performance. The Journal of Business Logistics, 2000.

[5]Burns, A. C. & Bush R. F. Marketing Research: Online Research Applications, (4th ed). USA: Prentice Hall, 2003.

[6]Collier, D. A. The Measurement and Operating Benefits of Component Part Commonality. Decision Sciences, 1981, 12(1):85—96.

[7]Gerchak, Y. , Magazine, M. J. & Gamble, A. B. Component Commonality with Service Level Requirements. Management Science, 1988, 34 (6): 753 —60.

[8]Goffin, K. , Szwejczewski, M. & New, C. Managing Suppliers: When Fewer can Mean More. International Journal of Physical Distribution & Logis-

tics Management, 1997, 27(7):422—436.

[9]Green, R. F., Zimmerer, T. W. & Steadman, M. E. The Role of Buyer So-phistication in Competitive Bidding. Journal of Business & Industrial Market-ing, 1994, 9(1):51—59.

[10]Hutt, M. D. & Speh, T. W. Business Marketing Management: A Strategic View of Industrial and Organizational Markets, (8th ed). USA: Thomson, 2004.

[11] Kent, R. Marketing Research: Measurement, Method and Application. Thomson: 1999, 28, 71, 93 and 94.

[12] O'Hara, B. S. Evaluating the Effectiveness of Trade Shows: A Personal Selling Perspective. Journal of Personal Selling and Sales Management, 1993, 13 (3):67—78.

[13]Piercy, N. F., Cravens, D. W. & Morgan, N. A. Sources of Effectiveness in the Business-to-Business Sales Organization. Journal of Marketing Prac-tice: Applied Marketing Science, 1997, 3(1).

[14] Sánchez-Rodríguez, C., Hemsworth, D., Martínez-Lorente A. R. & Clavel, J. G. An Empirical Study on the Impact of Standardization of Materi-als and Purchasing Procedures on Purchasing and Business Performance. Supply Chain Management: An International Journal, 2006, 11(1).

论奥克斯创新管理与管理信息化①

摘 要：奥克斯集团的核心竞争力要素，即"1＋7"企业创新管理思想体系贯穿企业的成长过程，推动奥克斯的发展。本文详细阐述了思想体系的科学内涵，以及不断创新管理招式，特别是用信息化技术规范企业管理的实践。

关键词：创新管理；管理信息化；企业文化；机制

一、引 言

奥克斯集团位于东海之滨的宁波。她开创于 1986 年，8 个人，负债 20 多万元，集团董事长郑坚江接管了当时负债累累的乡办小企业。秉承"以人为本、诚信立业"的企业宗旨，集团现拥有总资产 80 亿元，员工 2 万余名，涉足电力、家电、通讯三大制造业和房产、医疗、物流三大投资领域。2007 年，集团实现销售收入 171 亿元，位列宁波市超百亿企业第四位。23 年的成长历程，奥克斯集团跨越了 1000 倍

---

① 本文刊登于《中国信息化》，2009 年 6 月，作者陈颖。

的发展轨迹,是哪些因素推动了奥克斯的高速增长? 笔者认为,奥克斯这个企业巨人的产生,源于她的管理。管理激发了员工的工作热情和创造力,管理使领导和员工都变得具有创造力。本文侧重分析奥克斯的创新管理体系,即一个核心、三大机制、四大能力的"1+7"企业创新管理思想体系,以及奥克斯突出的信息化管理。

二、奥克斯"1+7"企业创新管理思想体系

奥克斯企业核心竞争力要素包括一个核心、三大机制、四大能力,构成了品字形的独特的"1+7 企业创新管理思想体系"(见图 1)。其中文化理念,是企业的核心和灵魂,占据品字的头部位置;机制和能力,是企业的支撑和动力,位居品字的基部,似是"两块基石"。

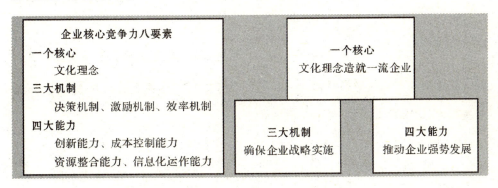

图 1　奥克斯"1+7"企业创新管理思想体系

1. 一个核心:企业文化理念

如何把企业做得一流? 笔者认为首先是要发现自己企业最为擅长的文化能力,其次是使自己企业的文化个性高度顺应所从事的行业个性,最终使这一文化个性成为企业全体人员的普遍的高度的自觉行为。对于企业而言,企业文化应该也必须成为一个企业员工的共同追求,使之成为企业的"公共人生观"。

在奥克斯集团,企业文化的推动与建设是"一把手工程",在集团董事长的大力

推动下,奥克斯对企业文化理念的探索始终抱着一种与时俱进、不断自我超越的精神,坚持"以人为本,诚信立业"的企业宗旨,本着"精确,高效,务实,简单"原则进行创新和定位,最终形成了以经济价格规律为刚性平台,以有理服从原则为柔性理念,将严密性和开放性有机统一,并强调效率为中心的管理特色。

奥克斯从来不把企业文化当做形式和口号,企业文化的作用,一方面教育、引导员工树立责任感和危机感,另一方面节制决策者们的头脑过热和权威行事。

2.三大机制:决策机制、激励机制、效率机制

机制是奥克斯实施一切战略战术的保障和依托。奥克斯的活力,很大程度上得益于企业机制的生命力。奥克斯的机制包括三个方面:一是决策机制,二是激励机制,三是效率机制。

(1)决策机制。正确的决策是企业走向成功的起点。企业必须围绕经营目标与价值去进行决策定位,才能形成科学的决策机制。

奥克斯的决策方式有三种:行政决策、股东决策、专家决策。三种决策方式都以不脱离市场规律为最高准则,形成以行政决策为指导,以专家决策为参考,以股东决策为"终审意见"的复合型决策关系。

(2)激励机制。激励机制是企业的活力之源,更是企业经营管理中的一门学问。要引导启发员工自觉地克服惰性,主动追求,通过实现企业目标而达到自我利益的满足,这就得采取各种有效的激励手段。

奥克斯对员工激励的方式有六种:目标激励、物质激励、荣誉激励、竞争激励、股权激励、处罚激励。"多得奖金是奉献"、"干部竞聘上岗",是奥克斯最有效的激励手段之一,它有效地激发全体员工奋发向上,激发出员工创造活力。

(3)效率机制。市场经济是"快鱼吃慢鱼"的时代,谁最先对效率理念做出深刻理解和运用,谁就能成为竞争的主角。

奥克斯一直坚持用"富翁贫民论"来激发企业的活力,用管理工具来确保效率

的最大化。奥克斯的快速成长,最成功的一条,就是建立了一套严密快捷的效率机制。"省一个人省10万元,省一环节省5万元,集成一个零件省10万元,通用一个零件省5万元,停产一天损失50万元",这是奥克斯对效率与效益关系的理解;"今天事、今天毕",这是奥克斯对工作效率的要求;《会议纪要》、《承诺书》、《工作联系单》、ERP工程、OA系统等,这是奥克斯确保效率的管理工具;"三讲"(讲依据、讲对比、讲承诺)、"四化"(准确化、高效化、务实化、全员化),这是奥克斯对效率机制的严格实践和精细化动作。

3. 四大能力:创新、成本控制、资源整合和信息化运作能力

四大能力是奥克斯集团23年快速发展的"四大引擎",相辅相成、缺一不可,共同推动企业强势发展。

(1)创新能力。它是企业生命力的源泉,是实现持续发展的不竭动力。

产品创新、科技创新、管理创新、服务创新是奥克斯企业创新的四大支柱。以市场为导向的产品创新能力,推动奥克斯走出了一条从无到有、从弱到强的成长轨迹,最终促成了从三星电能表、奥克斯空调到变压器、手机乃至医院的产业扩大与提升;以人才和设备引进为核心的科技创新能力,是确保奥克斯竞争优势的强大后劲;以"两个一切、一个提高"为核心文化理念的管理创新,是奥克斯健康、快速发展的保证;以满足客户需求为最高标准的服务创新,是奥克斯快速拓展市场,在竞争中立于不败之地的根本所在。

(2)成本控制能力。在市场竞争如此残酷,各个品牌都在疲于应付"价格战"的今天,没有成本优势对一个企业而言无疑是致命的。

长期以来,奥克斯坚持"质优价平"的营销理念,牢牢把握成本管理这个核心,使三星电能表和奥克斯空调两大主导产品,均能够在市场竞争中取得骄人业绩,深受客户青睐,迅速成为在同行业中占据领先地位的品牌,奥克斯的成功,一定意义上说是成本控制的成功。在企业经营过程中,奥克斯将成本控制渗透到日常管理

的每一个环节,并因此建立了"成本活动月"制度。奥克斯建立的"大集团、小核算"的市场化运行体制,对外采购的"定价十法",内部经济承包考核的"六定原则"等,都为企业积聚了成本领先优势。

(3)资源整合能力。它是度量经营者智慧、悟性的标尺,是企业成长过程中取长补短、快速发展壮大的捷径。

奥克斯从一个地处革命老区偏远农村的小厂,一跃发展成为天下闻达的中国500强企业,其始终把握着这样一种能力,把他人的资源变成自己的资源,把世界的资源消化吸收为奥克斯企业的资源。"嫁接大品牌"、"四两拨千斤"是奥克斯整合资源常用的手段。"二八黄金分割定律的故事"、"四两拨千斤的故事"、"500万比一个亿做得好的故事"、"法国鲤鱼牌的故事",是发生在奥克斯企业里以小博大的真实故事,把资源整合好,达到"四两拨千斤"的效果,最终演变成企业拥有市场的胜势。

(4)信息化运作能力。采用信息化管理的目的,在于提高效率、提升竞争力,实现传统式管理到现代化管理,经验式管理到知识型管理,家长式管理到自主式管理的跨越。

奥克斯的管理迈上了信息高速公路。比价系统提高了企业成本竞争力,规章制度模块使公司各类制度得到了有效整合,会签审批发文模块加快了文件传递速度,合理化建议、质量信息、价格信息、奖罚通报平台等模块促进了企业激励竞争机制的全员化、透明化。信息化使"精确、高效、务实、简单"的管理理念得到更好的贯彻。

三、奥克斯"1＋7"企业创新管理思想的应用

1.学习型组织

在先进企业文化指导下,奥克斯集团与时俱进,不断创新管理思想,强化企业

核心竞争力和战斗力。奥克斯集团把管理视同土地、资本、劳动一样,并列为企业的"四种经济资源";把管理与人力、物力、财力、信息合称为企业的"五大生产要素"。

2.管理新招

奥克斯首创的"员工直选企业干部"、"500万元大摆金点子擂台"等管理新招,曾被北京大学、清华大学、传媒大学等11家国内顶尖高等院校的商学院作为MBA教学案例。《会议纪要》、《承诺书》、《工作联系单》、《质量三分析三不放过》等看似形式化的东西,奥克斯也把它总结提炼成一系列的管理工具。近几年大小会议全面推广PPT应用和"一张纸"汇报,这又成为推动各级管理者加强学习,衡量干部能力素质,提高企业经营管理水平的标尺之一。一年一次的年度总结大会,奥克斯也一改过去的"老三样"(总结表彰会、奖金发放会、大型聚餐会),设计出年度工作总结会的六个方向与目的:即年会就是"排行榜"、"案例库"、"加油站"、"相马台"、"民主会"、"冲锋号",从而使一年一次的年度总结大会开成学习会、交流会和励志会。

3.系统化管理创新

(1)首先体现在工作观和人才观的创新上。

①工作观:人人当家作主,工作就是娱乐,效率就是回报,人人平等原则;今天事,今天毕;讲依据、讲对比、讲承诺;高效化、准确化、务实化、全员化;②用人观:人对了,企业就对了;有多大能力给多大空间;优胜劣汰,新旧同仁,能者上,平者让,庸者下;四公(公心、公平、公开、公正);五会(会讲、会算、会想、会做、会写);四意识(市场意识、经济意识、用户意识、服务意识)。

(2)其次体现在制度和技术的创新上。

制度创新的核心是使制度实现流程化、工具化、简单化和信息化;技术创新重点突出产品设计创新、集成创新、研发管理技术创新。

(3)信息化建设硕果累累。

企业信息化包含两个方面:一是技术信息化。奥克斯的技术信息化是借助于国际先进平台而实行的,其国际产业园堪称一座博采众长的设备联合国,国家级企业工程技术中心,基本实现了生产设备和生产流程的信息化。2005年,奥克斯集团被国家信息化测评中心认定为中国21家信息化标杆企业之一,2007年又荣获十大重大企业信息化建设成就奖、最佳企业信息化效益奖。

二是管理信息化。"在国际上评价管理信息化有六条标准,而这六条标准贯穿于奥克斯的信息化实施中,基本都实现了。"这是国家信息化测评中心给出的评价与肯定。"奥克斯降服ERP"与"可口可乐决胜奥运"、"华为转型"等管理案例,被著名《经理人》杂志评为2004年度八大最佳管理案例。获评理由是认为其操作方法和所秉承的理念,对高速发展的中国企业有相当重要的借鉴意义。国家信息化测评中心等权威机构,2005年认定奥克斯为中国21家信息化标杆企业之一,中国信息化500强企业(列第32位)。同时奥克斯还相继荣获由国家信息化测评中心颁发的"最佳企业资源规划(ERP)应用奖"、"最佳办公自动化(OA)应用奖"、"最佳产品数据管理(PDM)应用奖",十大重大企业信息化建设成就奖,最佳企业信息化效益奖,最具远见的信息化领导者和信息化建设优秀团队奖等。同时,信息化应用也给企业带来直接经济效益,据评估,企业资源规划(ERP)项目给公司创造了2.6亿元的价值,产品生命周期管理(PCM)项目为企业创造了2.1亿元的价值等。

"用信息化技术规范企业管理",这是六年前奥克斯集团董事长提出的新管理思想,是全面提升奥克斯整体管理水平的总目标和总要求。六年来,奥克斯集团从推行管理信息化中领悟到:"只要你能想得到,信息化就能做得到。"奥克斯成功实施管理信息化的基本经验是确立了企业信息化主体的战略定位;确立了企业信息化就是要见实效的根本目的;确立了企业主要领导是信息化项目第一责任人的问责原则。"三个确立",使奥克斯走出了一条民营企业信息化的成功之路,企业管理登上新坐标,企业的运营走上了健康良性发展轨道,企业规模和效益实现了飞跃式提升。

四、结束语

奥克斯代表了"草根浙商"普遍的发展轨迹,对速度和效率的追求,使她无时无刻不再有一丝懈怠,"不进则退,慢也是退"。

近几年,奥克斯集团一直是市场中的活跃分子。这种活跃,来自于企业的聪明。而她的聪明,则来自她的管理。一旦好的管理理念成为企业文化的一部分,这个企业就获得了超出任何个体的智慧,创造出惊人的业绩。奥克斯的成功,源于她的出色而优秀的管理。

纵观奥克斯集团 23 年的发展历程,"勇与敢"两字始终流淌在这个企业的血脉之中。敢于创新,勇于自我超越,既浓缩了她辉煌的过去,又将激励她创造出更加辉煌的未来。奥克斯以先进的企业文化、精湛的创新管理、优秀的产品品质、强大的品牌魅力,必定会在强手如林的竞争中胜出,成为全国乃至全球真正具有号召力和影响力的领导品牌。

《民企战略投资"知"与"行"》课程讲义

2010 年 12 月 26 日,我应邀在由浙江省经济和信息化委员会、浙江万里学院联合创办的"浙江省成长型企业高级工商管理(EMBA)研修班"上,结合自己多年实践探索和理论研究,与企业家们共同分享了《民企战略投资"知"与"行"》。下面摘录的是第一课时 PPT 专用讲义的第一部分。

民企战略投资
"知"与"行"

陈地明
2010年12月

"知是行之始,行是知之成。"
——明·王阳明

➤ 懂道理,是做事的基础
➤ 做事情有所行动,是懂道理的表现(结果)
➤ 以知为指导的行才能行之有效,脱离知的行则是盲动
➤ 以行验证的知才是真知灼见,脱离行的知则是空洞的

一、民企战略投资

进入战略投资的民企

(1) 一定是完成了资本原始积累
(2) 企业上了一定层次、一定规模
(3) 企业家确立了二次创业理念
(4) 导入了企业战略管理思想

一、民企战略投资

"定义"

在民营企业发展战略导引下,为推动企业转型升级,提升竞争能力,在企业一定产业基础上,通过项目包装谋划、同政府沟通交流、投入资本要素等一系列策略行为,从而获得企业长期发展所需战略资源的经济活动。

一、民企战略投资

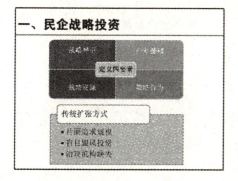

传统扩张方式
- 片面追求规模
- 盲目跟风投资
- 治理机构缺失

一、民企战略投资

战略投资准则——"三选三性"

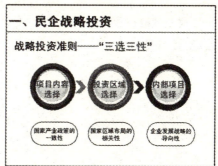

一、民企战略投资

战略投资"必要性"

➤ 社会战略资源配置的不平等,迫使民企更要重视战略投资

➤ 战略投资能开阔企业家发展视野与思路,谋求跨越式发展

➤ 战略投资是民企做大规模、增强实力的重要手段、途径之一

➤ 战略投资改变民企靠简单规模扩张的传统增长方式

一、民企战略投资

战略投资"意义"

1. 企业发展战略的重要组成部分

2. 企业新阶段发展高度的谋篇布局

3. 企业量的扩大、质的提升的新起点、新路径

一、民企战略投资

战略投资"路径"

·有中生有、复制、转移产业

基于企业自身产业优势,走出去到外地区拓展和深化企业现有业务,通过新建或收购或参股等多种方式,实现企业低成本扩张,提升企业规模、效益和声誉。

·无中生有、利用品牌、实力占资源

基于获取资源为前提,以企业中长期发展战略为指引,对战略资产采取策略行为,达到经济资产和资源为企业优化利用,形成新的竞争优势。

一、民企战略投资

战略投资"项目"

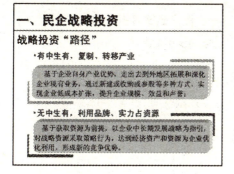

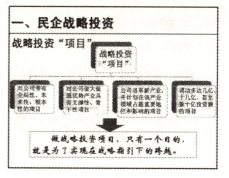

做战略投资项目,只有一个目的,
就是为了实现在战略指引下的跨越。

一、民企战略投资

战略投资"基本要求"

1. 找准投资方向
2. 坚持互利多赢
3. 规避投资风险

一、民企战略投资

找准投资方向

应坚持有所为、有所不为的方针，按照国家产业政策，遵循比较利益原则，根据企业的相对优势和实力，选准适合本企业特点的投资方向和地域，积极地走出去谋求新发展。对非擅长和不熟悉的领域，切忌盲目跟风投资。

一、民企战略投资

坚持互利双赢

走出去投资，既要坚持以我为主为我利用，又要坚持互惠互利、共同发展，寻求合作各方利益（特别是政府）的汇合点。合作讲诚信，办事讲真心。诚信务实，精干高效；文化相融，创新发展。

一、民企战略投资

规避投资风险

应树立风险意识，遵循市场经济规律，重视成本收益分析、科学论证、审慎决策，循序渐进，量力而行，抑制急功近利的短期行为，规避各种风险，努力提高对外投资的成功率

一、民企战略投资

两个战略性问题

资源有限

即使规模再大的企业，它的资源也是有限的。要将有限资源集中在其有吸引力、影响力、竞争力的项目上。

以小博大

以小博大（以巧博大），四两拨千斤，将项目包装好，以较小的资本投入夺取较大资源和经济收益。

一、民企战略投资

理论与实践高度

战略投资是一门科学，它让民营企业做投资，要做得更有道理，做得更为长远，做得更加有效。

战略投资，是中国民企发展中转型、转型中升级、升级中壮大的新举措，是 21 世纪引领企业做大做强做优的新引擎。

特别致谢

　　兔年春节过得特别开心快乐，因为这本书赶在春节前的几天脱稿，终于让自己躁动的心瞬间平缓下来，同时使半年多以来白天工作、晚上写作的辛劳，也在瞬间被"有了书"的满足感所全部替代，带给自己，也带给家人更多的节日愉悦。

　　一开始我并没有写书的打算，从某种程度上说是被"逼"出来的。郑坚江董事长一贯主张把企业办成学习型组织，集团高管有培训授课任务，一个季度上一堂课。2010年上半年，因奔波于海南文昌和东莞塘厦两地，在公司内部授课通报栏上第一次吃了"红灯"。为此，心里感到内疚，紧"逼"自己赶在下半年完成培训授课任务。

　　为了让同事们了解奥克斯对外投资理念与成功做法，我就认真地梳理实践中获得的心知。意想不到的是，民营企业战略投资"知"与"行"的课程内容，深得同事们好评，这给我以莫大鼓舞。在同一段时间里，宁波一些高校和企业也邀请我去讲课，同样受到欢迎。随之，我就利用工作之余，将准备讲稿与撰写书稿做到了有机结合。

　　当此书即将面世的时候，我对家人的感激之情油然而生。爱妻和女儿，是她们带给我工作的激情和人生的幸福快乐，她们是我事业的坚强后盾。长江后浪推前浪，女儿陈颖作为此书的合作者，在第二部分解析篇和第三部分附录篇中，贡献了自己的聪明才智和十二万字文稿，军功章里有她的一半功劳。

　　同时，我心里最想感谢的是郑坚江董事长。在奥克斯集团工作八年多时间里，我时刻都能感受到董事长的关爱和信任,并在他身上学到许多东西,是他让我在为奥克斯集团谋划、推进对外投资项目的同时,有机会探寻民企战略投资这一重大课题。作为一名战略投资职业经理人,我以"用心想事、用心谋事、用心做事"勉励自己,认为惟有做到这样,才能对得起自己,对得起关爱我、信任我的人。我深深地道一声:谢谢郑坚江董事长,祝您开创的奥克斯事业蒸蒸日上!

在夜以继日的伏案撰写过程中,此书还综合整理了诸多战略投资理论研究者和实践者们中肯的意见。非常感谢中国社会科学院经济研究所裴长洪所长、中国十大品牌专家黄江伟老师、东华大学旭日管理学院高长春教授、浙江财经学院工商管理学院陈惠雄院长、浙江万里学院商学院闫国庆院长、浙江大学宁波理工学院李兴森教授等,在案例总结、理论研究上给予的指点;感谢奥克斯集团、"关键点品牌策划"、"浙仑海外"、"浙江飞跃"等民企高管在听完《民营企业战略投资"知"与"行"》的培训讲座后结合自身企业和工作实践提出的宝贵意见;感谢浙江财经学院MBA 教育中心、浙江省成长型企业高级工商管理(EMBA)研修班、浙江万里学院商学院选用《民营企业战略投资"知"与"行"》作为学生的培训教学内容;感谢浙江大学宁波理工学院汪翔同学利用无数个休息日协助我完成本书的整理、校勘与打印。

"知是行之始,行是知之成。"我认为,以知为指导的行才能行之有效,以行验证的知才是真知灼见;脱离知的行是盲动,脱离行的知则是空洞的。因此,这本著作实际上就是一位任职于民营企业战略投资职业经理人在实践中不断地学习民企战略投资知识,积累民企战略投资经验,探索民企战略投资新途,思考民企战略投资之妙,感悟民企战略投资真谛,提升民企战略投资能力过程中的心路历程的写照,谨供众位读者参阅并指正。

陈迪明

2011 年元月于宁波

图书在版编目(CIP)数据

民营企业战略投资的知与行/ 陈迪明,陈颖著. —
杭州:浙江大学出版社,2011.6(2011.8 重印)
ISBN 978-7-308-08742-1

Ⅰ. ①民… Ⅱ. ①陈…②陈 Ⅲ. ①民营企业—风
险投资—研究—中国 Ⅳ. ①F279.242

中国版本图书馆 CIP 数据核字(2011)第 105098 号

民营企业战略投资的知与行

陈迪明　陈　颖　**著**

责任编辑	周卫群
封面设计	刘依群
出版发行	浙江大学出版社
	(杭州市天目山路 148 号　邮政编码 310007)
	(网址:http://www.zjupress.com)
排　　版	杭州中大图文设计有限公司
印　　刷	杭州日报报业集团盛元印务有限公司
开　　本	710mm×1000mm　1/16
印　　张	19.25
字　　数	260 千
版 印 次	2011 年 6 月第 1 版　2011 年 8 月第 2 次印刷
书　　号	ISBN 978-7-308-08742-1
定　　价	42.00 元